専修大学社会科学研究所 社会科学研究叢書 6

現代企業組織の
ダイナミズム

池本正純 編

専修大学出版局

まえがき

　本書の成立は，執筆者グループが専修大学社会科学研究所の2001～2003年度特別研究助成を得たことがきっかけになっている。もともと新制度派経済学を中心に経済学と経営学との接点に関心をもつ伊東洋三，丹沢安治，池本正純の3人で行っていた読書会形式の研究会に，岡田和秀，坂口幸雄が後に加わり，やがて社会科学研究所の特別研究助成の対象となるとき，山﨑秀彦，小西範幸も加わった。

　その際，単に理論レベルの勉強会に終わらせず，学際的視点も取り入れて日本の企業組織のダイナミズムに言及するような研究会にしようということになった。その後，丹沢と小西は他大学へ移ったが，研究面での交流は依然として続いている。

　本書は，そのグループ研究の「中間報告」という性格をもっている。「中間」というのはめざした研究課題，とくに学際的特徴を充分に達成したとは言いがたいからであるし，今後もこのテーマのもとに継続して一緒に議論を積み重ねていきたいという意欲があるからである。とくに今後の課題として残されたと感ずるのは，このテーマを国際的な拡がりをもって論ずることである。それはまたの機会に譲りたい。

　第1章は，企業家論の視点から企業組織理論の再構成を試みている。市場経済が，取引の仲介機能を担う商業抜きでワークしえないように，企業組織も，ビジネスリスクを主体的に担い組織のガバナンスの核となる企業家機能抜きではワークしないことを論じている。

　第2章は，前章の視点を日本のコーポレートガバナンスの問題に適用した議論である。

　第3章は，新制度派経済学の新しい展開を踏まえた上で，最近の企業組織のダイナミズムを具体的に整理しようとする試みである。力点は「企業境界がだんだんと薄れつつある」ということの指摘にある。

第4章は，前章の視点から中国の深圳テクノセンターを分析したケーススタディである。

第5章は，日本の電気通信産業の展開過程を歴史的にサーヴェイしたものである。技術進歩とともにじつにダイナミックな展開を遂げつつあるこの分野を産業組織論の視点を織り込みながら分析している。

第6章は，企業再建のプロセスにおけるいくつかの代替的な財務手段について，新制度派経済学の視点も取り入れながら，その意義を整理しようとする試みである。とくに第三者割当増資の役割に注目する点に特徴がある。

第7章は，日本の戦後の企業による研究開発の取組みを経営学の視点から整理するとともに，最近の動きと特徴を洗い出している。とくに，制度的変化との関連に言及しているのが興味深い。

第8章は，現在，会計システムの国際的標準化が模索されつつある中で，インカムフローとキャッシュフローの両面から包括的に企業の財務業績を報告・評価すべきであるという点を積極的にうち出している。とくに倒産に向かう業績悪化プロセスでインカムフローとキャッシュフローとが相互にどのように業績を反映するかを統計的に検証しようとしている点が興味深い。

第9章は，コーポレートガバナンスにおける監査の位置づけについて論じている。とくにこの問題領域においての最近の日本経団連の考え方とそれが与える影響について分析している。

最後に，このグループの研究活動を財政的に支え，研究成果を本の形で発表する機会を与えていただいた専修大学社会科学研究所にまず何よりも感謝したい。「社研叢書」として発表するということが，「押しつけられた義務」というよりも「主体的にコミットすることへの励み」となったからである。グループメンバーの誰一人脱落することなく原稿を出すことができたのは，その一つの証しである。

ただ，建前としての「完成原稿」を無事上梓にまでこぎつけさせるには，編集者の人知れぬ苦労が潜んでいる。専修大学出版局の上原伸二氏のきめの細か

い親切な対応に助けられたというのが正直なところである。あらためてお礼申し上げたい。本書が上梓の運びとなるその年に，長年専修大学社会科学研究所の「専従事務職員」として勤めてこられた竹内佐和子さんが退職されることになった。我々グループももちろんお世話になったが，私を含め多勢のわがままな所員の「介護」にあたられたこの四半世紀にわたる「世話女房ぶり」を思うと，この場を借りて「御苦労さまでした」と一言お礼を申し上げたい。

2004年3月

編者・池本正純

目　次

まえがき

第1章　企業組織論の新しい地平
――企業家論の視点からの企業組織論の再構築――
………………………………………………………………池本正純　1

1. はじめに――価格理論の問題点――　1
2. シュンペーターの倒錯　3
3. 「発見の過程」としての市場メカニズム　5
4. 市場メカニズムを支える商業　7
5. 自由企業体制（Free Enterprise System）　16
6. 資本市場と企業組織　19
7. 労働市場と企業組織　32
8. 組織における経営者の役割　39
9. 企業家論の視点からの企業組織論　48
10. 結び　63

第2章　企業組織のダイナミズム　――日本の問題点――
………………………………………………………………池本正純　67

1. はじめに　67
2. 「日本型経営体制」からの脱皮　68
3. 資本と経営（企業家機能とは）　72
4. コーポレートガバナンスの重大性　74
5. 資本市場が果たすべき本来の機能　75
6. 株式持ち合いの問題点　77
7. コーポレートガバナンスの形骸化　79

8．資本市場の機能の麻痺　80
　9．日本経済のダイナミズムの喪失　82
　10．結語　84

第3章　現代企業組織のダイナミズムと知識ベースの企業理論
……………………………………………………丹沢安治　87
　1．序文：現代企業組織のダイナミズム　87
　2．新たな理論的枠組みの必要性　91
　3．知識ベースの企業理論（KBTF）と2つのパラダイム問題　97
　4．結論：KBTF：知識ベースの企業理論と market place and network　103

第4章　事例報告：新たに現れつつある日本的「ケイレツ」
──深圳テクノセンター：日技城製造廠──
……………………………………………………丹沢安治　107
　1．はじめに　107
　2．訪問調査の概要　107
　3．深圳テクノセンター：日技城製造廠の概要　109
　4．神谷氏によるプレゼンテーションの内容　110
　5．工場見学　115
　6．質疑応答　116
　7．所感　117

第5章　電気通信産業 ……………………………伊東洋三　121
　1．日本電信電話公社による電気通信事業の独占　121
　2．日本電信電話公社の民営化と新規公衆通信事業者の登場　123
　3．ボトルネック独占とアクセスチャージ　127
　4．電話ネットワークの特性　131
　5．料金問題　133
　6．携帯電話　137

7．データ通信　138

8．料金とサービスの質　141

第6章　コミットメントと柔軟性
　　　　――第三者割当増資から再建型倒産手続きの移行プロセスに基づく考察――
　　　　………………………………………………………………坂口幸雄　147

1．はじめに　147

2．問題意識　147

3．機会主義と学習及び不確実性：既存研究のモデルとその改良　149

4．概念モデルの財務的窮境期への応用　153

5．不確実性下のケイパビリティ識別のための倒産手続き　159

6．結語　167

第7章　研究開発（R&D）マネジメントと制度的環境の変化
　　　　………………………………………………………………岡田和秀　171

1．はじめに　171

2．研究開発（R&D）マネジメントの戦略的意義　172

3．日本における研究開発（R&D）マネジメントの発展　173

4．研究開発（R&D）をめぐる環境の変化
　　――制度的環境の変化を中心に――　179

5．おわりに――今日の研究開発（R&D）マネジメント戦略　197

第8章　財務業績報告の新基軸――フロー報告の統合化へ向けて――
　　　　………………………………………………………………小西範幸　199

1．はじめに　199

2．分析方法　200

3．インカムフローとキャッシュフローの関係　205

4．キャッシュフローの先行指標性　208

5．包括的な財務業績報告のあり方　215

第9章　コーポレート・ガバナンスと監査
　　　──日本経団連がコーポレート・ガバナンスと監査に関して公表した見解を中心にして──
　　　………………………………………………………………山﨑秀彦　223
　1．はじめに　223
　2．日本経団連がコーポレート・ガバナンスと監査に関して公表した見解　225
　3．むすび　246

執筆者紹介　255

第1章
企業組織論の新しい地平
――企業家論の視点からの企業組織論の再構築――

池本 正純

1. はじめに――価格理論の問題点――

　従来の標準的価格理論の市場機能把握の特徴は，究極的経済活動としてある生産と消費とを客観的に確定できるものと仮定し，両者の合理的な接合を直接的に価格体系の調整によって図れると理解するところにある。経済の究極的要因のみを抽出し，その関係を整合的（コンシステント）な体系として表現するという意味では，価格理論はたしかに「理論的」といえるかもしれない。だが，経済全体の生産と消費とを最も効率的に接合できるような均衡状態が一義的に存在することを証明したからといって，その状態を実現する具体的プロセスが明らかにされた訳ではない。需給ギャップが存在すれば，それを調整するように価格が調整されればよいということはわかるが，そのギャップを誰がどう認識し，価格を修正していくのかという肝心な点については何も答えていない。否，答えようともしていない。ただ，「適切な調整」を仮定しているだけである。需要と供給に関して，究極的には何らかの客観的な根拠にもとづいてそれぞれ説明できるはずだということと，全体の需給関係については容易にその情報を入手することができるということとは全く別のことがらである。需給関係が関数の形で数学的に明確に表現されたとしても，それはあくまでもそのように仮定しただけの話であって，実際に「明確に」知ることができる訳ではない。

　この点を深く追求しないまま，ただ超越的に，超過需要があれば価格が上昇

し，超過供給があれば価格が下落するはずだと仮定するだけならば，その価格調整の役割をオークショニアに任せるか，国家に担わせるかは便宜的な問題にすぎない。

　国民経済を円滑に運営しようとすれば，需要と供給の情況をどのように探りあてるかということは重大な問題となる。自由な取引を根幹に据えた市場経済の存在意義も，じつはこの課題にかかわっているはずなのだ。それを最初から，需給関数が客観的に存在するのだからおのずとその状況についてもわかってくるはずだというのでは，何ら解決にならない。真の問題を避けているに等しい。市場の役割を論ずるはずの価格理論は，じつは市場経済が実際に果たしているはずの最も本質的な課題を解き明かしていないことになる。

　しかも注意が必要なのは，上記で指摘した価格理論のもつ制約はあくまでも価格調整メカニズムの動因に関する問題点に限定した話だということである。重大な問題がまだ残されている，まず第一に，実際には，市場で取引される財についてはその全体の需給関係どころか，その品質も自明のものではない。品質の決め手となる生産技術の情報はどの生産者にも容易に知られるというものではなく，他方，品質を見定める消費者の側の認識能力も保証されたものではない。まして取引相手の契約履行における忠実性・信頼性の問題は取引の成立において大変重大な影響をもつにもかかわらず，意識すらされていない。もしそのような点も考慮しなければならないとすれば，市場経済を機能させるうえにおいてさらに大変な情報の問題が潜んでいることになる。自由な市場経済制度が計画経済よりすぐれているとすれば，そのような課題をどう解決しているかにも答えなければならないはずである。

　第二に，一般に企業は組織的拡がりをもっているはずであるが，価格理論ではその点を捨象し，全体として一貫性のある意思決定を行う「質点」としてしか企業を捉えていない。もし，組織運営上何ら重大な課題が存在せず，環境への適合がまるで合理的な一個人と同じように円滑に行えるというのならば，一つの工場の運営を「国営」で行おうが，「民営」で行おうが差はないはずである。自由競争の中で企業が生き抜こうとするとき，情報の不完全性の問題や将

来の不確実性の問題を克服する上での独特の組織機能が生まれるからこそ、社会主義とは違う差が生まれるのではないか。市場経済のもつ活力にはこの経営の果たす役割を抜きに考えられない側面がある。組織の問題を捨象した価格理論では、自由企業体制を基盤とする市場経済の根本的な機能が明らかにならないのである。この第二の組織の問題も本質的には情報の問題である。

　以上のような価格理論のもつ制約を考えると、諸市場の一般均衡の成立を数学的・論理的に証明してしまうことによって市場経済の機能の「本質」を説明したとすることには大きな飛躍が伴っていることがわかる。情報コストがゼロであるという仮定によって飛び越えた溝を埋めることが、じつはそのまま、市場経済の活力を具体的に支えている様々なビジネス活動の役割を明らかにすることにつながってくるのである。

2．シュンペーターの倒錯

　資本主義発展のダイナミズムという視点から、伝統的経済学の静態的性格を批判した有名な経済学者がシュンペーターである[1]。彼は一般均衡理論の市場経済分析としての完成度を高く評価しながらも、資本主義が本来的にもっている活力（景気変動を伴いながらダイナミックな発展を遂げる生命力）が均衡理論によっては描かれていないと批判した。そこで彼が採った解決策は、一般均衡の成立を機械的・自動的なプロセスとして認める一方、創造的なイノベーションを実現することを通じその均衡を断続的に破壊する役割を担う「企業家」という概念を新たに追加することであった。この世の中に沢山の生産者が存在するが、そのほとんどは、市場から送られてくる価格シグナルに反応するだけの受身的な存在にすぎない。受身的な反応の結果、均衡は成立するだろうが、経済のダイナミックな発展を生み出す原動力にはなり得ない。生産者の中で、新しくイノベーションを導入するもののみが「企業家」の名に値するという訳である。

　このような処理によって、一方での市場＝自動的均衡化＝静態、他方での企

業家＝創造的破壊＝動態という二つの特質を組み合わせ，併存させる二元論的な資本主義のビジョンが成立する。この考え方はこれまで多くの人々に影響を与えその心を捉えてきたが，われわれはここである疑問に遭遇せざるを得ない。つまり，一般均衡理論はたしかに見事に美しい一幅の絵には違いないのだが，それはあくまでも「絵に描いた餅」にすぎず，その実現の具体的プロセスが明らかにされている訳では決してないということである。シュンペーターは均衡の成立を自動的・必然的なものとする均衡論的立場を容認したうえで，その均衡を「破壊する」ところに人間の創造的役割を見出そうとした。しかし，すでに述べたように均衡の成立はじつは虚構でしかないのである。

人間の創造的な働きを引き出すからこそ，自由経済に活気が宿る。もし，シュンペーターのように均衡の成立を慣行の軌道（ルーティン）と認めてしまっては，人間の創造性を発揮する余地は均衡を破壊するところにしか見出せないことになろう。だが，経済において創造性とは一体何であろうか。芸術においてなら，これまでの誰にも見られなかった新しさ，つまりユニークな個性というものが基本になるだろう。経済の世界では，これまで満たされていなかった潜在的ニーズを発見したり，あるいは利用可能な技術を活用して生産要素の潜在的な利用価値を引き出したりすることではなかろうか。

慣行の軌道から脱け出すのがたしかにイノベーションである。しかし，不確実性という情報の壁に遮られた現実の世界で，均衡の達成は「慣行の軌道」といえるほど生やさしいものではない。価格情報のみならず，つくるべき商品の種類や品質，投入すべきインプットの質，さらには可能な生産技術までもが，個々の企業にとっては不確定なものでしかない。将来の市場の動向を洞察し，潜在的な需要と潜在的な生産要素の能力とを効率的に架橋するところに企業家の本質的な役割がかかわっているはずなのに，情報の不完全性を排除した均衡理論では，その役割が雲散霧消してしまう。均衡理論を容認したうえで企業家の役割をひねり出そうとしたところにシュンペーターのそもそもの落し穴があったのである。とくに，潜在的ニーズがありながら，取引が実現されていなかった生産者と消費者との間を架橋し，新たな流通ルートを確保する商業の役

割や，将来のリスクを引き受けながらビジネス活動にイニシアティブを発揮していく買収ファンドやベンチャーキャピタルの活動，更には労働サービスの取引を効率的にコーディネイトし市場環境の変化に適合すべく方向づけを与えていく経営者的行動の意義が，均衡理論を前提にしたシュンペーターの考え方ではまったく明らかにならないのである。たしかにシュンペーターの言うように，均衡理論では資本主義のダイナミズムは捉えられない。しかし，企業組織のダイナミズムについては，シュンペーターの企業家論をいくら振り回しても見えてこないのである。

3．「発見の過程」としての市場メカニズム

もし情報の問題を捨象してしまえば，市場経済と計画経済との差が見えなくなってしまう。経済全体の究極的課題である生産と消費についてその情報を客観的に確定できるのであるならば，そもそも市場は必要ない。計算にもとづく計画があればよいことになる。では市場システムと呼ばれるものは一体何のために存在しているのか。

一般的均衡理論は究極の均衡において最適な状態となることは証明したが，そこへ行き着くプロセスを説明してはいない。市場経済の意義を，情報の行きわたった均衡において捉えるのではなく，取引が自由に行われる中でその情報自身が競争的に発見されていくプロセスに見出そうというのが，ハイエクである[2]。要するに市場経済とは，情報獲得競争の場だということである。

市場経済の意義は，社会全体においてあらかじめ想定された最適な均衡点の達成にあるのではない。個々の人間が限られた範囲でしか知り得ていない情報をできるだけ広範につき合わせ，取引の可能性を探り，その実現を促進するところにある。いち早くその情報を察知した人間には取引の実現によって利益の機会が転がり込む。そのような情報能力（感知能力）に長けた人間をカーズナーは企業家と捉えた[3]。

個々の人間の間の情報がつき合わされ，相互に交換の機会があることが発見

され，それらの取引が実現されていくこと自体に市場経済の存在意義があることを最初に明示したのはC.メンガーである。彼は限界効用逓減の法則を用い，個人間で交換が実現することによって相互に高い効用水準に辿り着くことができることを証明した。

自由な取引の意義は，それを通じて各人が保有する諸資源の再配分を繰り返す中で，個々の人々の消費者余剰が増大していく点にある。取引が自由（自発的）でなければならないのは，ひとえに，自分の消費者余剰の状況（自らの効用関数の形状）については基本的には自分しか知り得ないという点にかかっている。

ただし，そのような取引が成立するためには，特定の人々の間で相互に有利な交換機会が存在するという状況そのものを認識できなければならないことを，そしてその財の移転を遂行できる力をもっていなければならないこと，この二点が必要となることをメンガーは正しく指摘している[4]。つまり，取引の実現にあたっては情報コストと物流コストがかかるということである。この取引コストの処理にあたる専門家が商人である。

とくに，カーズナーは，個人間の交換機会についての情報察知能力に着目し，その取引を仲介することによって利益機会をつかみ取る商才に長けた人間を「企業家」と名付けた。もちろん，そのような企業家（商人）が存在すればこそ，多くの人々の交換の機会は発見され，その実現が促進される。特定の財の均衡価格はこれらの仲介にあたる商人間の競争のプロセスの中で次第に形成されてくるという訳である。

注意が必要なのは，市場経済の意義は，最適とされる均衡点に究極的に到達するはずだという点にあるのではなく，取引を自由に任せることによって個々の人々にとって相互に有利な取引機会が発見され，実現されることが促進されるという点にあることである。つまり，取引が自由であればこそ，利益機会を求めて人々は正確な情報を広範にいち早く集めようと努力するのであり，結果として分散した多様な情報を結集することができるのである。

傾向として共通の品質の財には同一の価格がつけられるようになるだろう

が，それは事前に同一の種類の商品について均質な品質が保証されているという状況での均衡価格の模索とは訳が違う。品質を見分けること自体が利益（あるいは損失）につながる情報能力の戦いなのである。同一種類に含まれる財であっても品質が違えば生産者あるいは消費者によってその需給の状況は異なってくる。品質の違いによって需給の色分けをし，適切な値段をつけていくのも，結局は少しでもきめ細かい情報にもとづいて利益を得ようとする商人間の競争の中で達成されていく。

このように，仲介業を通じて取引が自由に繰り広げられる中で，分散した個別の情報が次第に価格に集約され，資源配分が適正化していく。このプロセス自体に市場経済の意義があるとすれば，個々の取引の実現を妨げる要因が何であり，またそれを克服し，取引の実現を促進するうえでどのようなビジネスが必要とされてくるかが大きな問題として浮かび上がってくる。

4．市場メカニズムを支える商業

すでに説明したように，これまで経済学は生産と消費とを客観的に確定できるものとし，両者を最適に接合する条件として均衡価格の体系が存在するか否かに注意を払ってきた。しかし，生産と消費とをそのように直接結びつけることができると想定している裏には，情報の問題が全く存在しないということが仮定されている。そうしてしまうと市場経済と計画経済の違いが見えなくなってくるし，市場経済を支える様々なビジネスの存在意義もわからなくなってくる。

価格メカニズムの役割が，生産と消費とをできるだけ合理的に組み合わせるよう資源配分を促すことにあるとするならば，その機能が情報の不完全性という壁をどのように乗り越えながら果たされているのかを明らかにしなければならない。

(1) 取引相手の模索と価格形成

　実際の取引の実現には，メンガーも指摘したようにいくつかの困難や摩擦が伴っている。彼はそれを取引機会そのものの認識の必要性と取引を実行するのに必要な力だとした。前者は，情報コストの問題であり，後者はいわゆる物流コストの問題である。しかも重大なことに多くの場合この二つは相関している。つまり，時間と空間とが近ければ情報は得やすいが，離れていれば情報入手が難しくなるということである。

　この問題は貨幣と定期市とを比較すればわかりやすい[5]。両方とも取引相手を探し出す情報コストを節減する重要な制度である。定期市は人とモノとが一定の時間と場所に集合することによって交換機会の発見を容易にする。他方，貨幣制度は交換に応じてくれやすい特定の財を媒介手段として用いることによって，物々交換の制約から免れようとするものである。貨幣を用いれば，交換相手を見出すことは時間と場所を問わず容易になる。しかし，個人的な出会いにもとづいて行う取引であれば大口の取引希望量に出合いをつけることは極めて難しく，また自らの交換条件（価格）が果たして公正なものであるかどうか不安となる。同じ品物なら統一した価格で取引したいと誰もが願うが，それをやろうとしたら，その品物の取引に関する情報が集中するように皆がどこかへモノをもって集中するしかない。そうすれば，大口の取引希望にも出合いをつけやすくなる。

　しかし，集中市場を開設・運営するには大変な物流コストがかかってくる。とくに，モノについては運送と保管の費用が，また，ヒトについては移動と時間の経費がかかる。

　このように，人々が分散した生活を維持したままでも，貨幣を用いることによってある程度交換取引を実現することはできるが，発見できる取引機会は限られるであろうし，自らの交換条件が公正なものかどうかとの不安が拭い切れない。他方，集中市場を開けばこれらの問題は解決されるであろうが，物流経費は莫大なものになる。

　この両者の矛盾を止揚するのが商業の役割である。まず，商人は取引相手を

探し出す情報能力に長けており（情報収集や情報処理の能力・ノウハウにすぐれた人間が商人として生き残る），彼らが取引の仲介に入ることによって情報処理コストは大幅に節減できる。カーズナー言うところの機敏な情報察知能力（alertness）[6]のなせる業である。とくに仕入れと転売の継続的な経験を積んだ商人には，生産者と消費者との取引希望を円滑に仲介するうえでのノウハウが蓄積されている。商業が存在していることによって，人々のあいだの潜在的な取引機会の発見とその実現とが効率的に行えるようになるのである。

第二に，仲介取引から利益を得ようとする商人間の競争の中で，統一的な均衡価格が形成されるようになる。商人にとっては，生産者からできるだけ安く買い取り，消費者には高く転売したいところだが，同業の商人間の競争が働くので，それらの価格は必然的にある狭い価格帯に収まらざるを得ない。時には商人同士の取引も発生するので，商人間には密度の濃い価格情報が交流する。専門的な情報能力を備えた商業間のネットワークがまさに需給に関する情報を集約し，均衡価格を模索していく価格メカニズムの中核的役割を担っていることになる。

(2) 信用供与機能

貨幣と集中市場の限界を商業が乗り越えるという点に関連してもう一つの重要な点を付け加えておく必要がある。貨幣の使用や財貨を集中させる工夫によってたしかに取引機会の発見は容易になるのだが，経済活動の量的拡大に伴って逆に貨幣取引や現物取引の制度そのものが足かせになってくる局面がある。つまり，現金取引と現物渡しの制約である。

現金取引の建前が厳しいと，たとえ長期的には収入と支出とがバランスするはずだと見通せていても，現在手元に現金がない限り，折角見出した取引機会にも実現の途がつけられない。また手元に受け渡しすべき現物がなければ契約ができないとしても同じような制約に見舞われる。人格的なかかわりをもたない（不特定多数の人々の間の）取引を前提にした貨幣や集中市場の取引制度があるだけでは，これらの潜在的取引に実現の機会を与えることはできない。

だが，商業には，自らに固有な情報能力にもとづいて，これらの制約からくる機会消失の問題を解決する可能性がある。というのは，商人の継続的な取引経験により，取引相手についてのパーソナルな情報を蓄積することが可能だからである。商人はその情報にもとづいて取引相手の信用度を見積っている。その信用が高ければ，当の取引相手は現金取引や現物渡しの制約を免れることができる。

　現金支払いに猶予が与えられれば，仕入れる側，売る側双方に取引の機会を失わなくて済む。その代わり商人には一定の集金コストや融資コスト，さらには貸し倒れの危険負担コストなどがかかってくる。

　また，同様に信用にもとづいて現物渡しの建前を緩め，先渡し（forward）が許容されるとなると，遠く離れた場所に保管されていたり，これから船積する予定の財貨についてもタイミングを遅らせず契約することが可能となる。時には収穫前の生育中の作物についても取引機会が与えられる。しかしそこでは，保管中，輸送中の様々な事故や災害からくる危険損失を覚悟するか，あるいはそのリスクをカバーする保険費用を商人が負担せざるを得ない。

　このように，商業はその固有な情報能力にもとづいて信用供与能力・危険負担能力を発揮することができる。それによって，貨幣や集中市場だけではなし得ないような取引機会の実現の円滑化を図ることができる。信用供与（融資業務）はいわば商業活動の中から必然的に派生してきた機能であると言えよう。

　以上で見てきたように，商業は取引機会の実現に伴って障害となるいくつかの取引コスト（情報コストや物流コスト）を有効に処理していることを（とくに取引相手模索機能と価格形成機能を中心に）明らかにしてきた。だが，商業がその処理に深くかかわっている重要な情報コストがまだ残されている。一つは，財の品質鑑定コストであり，第二は契約後の取引履行を保証するコスト，第三は，契約条件の改定に伴うコストである。

(3) 品質鑑定

　価格理論では財の品質は均質なものと仮定されているので，品質の認識上の

問題は全く発生しないが，実際には取引される財の品質の保証は自明のことがらではない。購入後の責任は買い手が負わざるを得ないのが原則（caveat emptor）とすれば，買い手に鑑識コストが要求される。品質確認に不確実性が伴わざるを得ない状況で取引を円滑に行わしめるためには，買い手にかかるこの負担をある程度肩代わりし，緩和する必要がある。たとえば，品質を保証する旨を契約の中に織り込むとか返品・返金に応じるとかの措置である。

　商人を仲介にした取引は，この品質の鑑識コストという面でも，情報コストを効果的に節約しているということができる。特定の種類の商品を専門的に扱う商人であれば，鑑識のノウハウが蓄積され，鑑識コストを安く処理できる。また，そのような信頼をかちえた商人の手を経ていれば，消費者は安心して購入することができる。商人の品質鑑定能力と品質管理にかかわるノウハウへの信頼が，消費者の鑑識コストを不要なものとし，取引の円滑化に貢献するのである。

(4) 契約履行保証

　たとえ条件（取引対象や価格）の折り合う取引相手が見つかり契約にこぎつけたとしても，その忠実な履行は相手の人格的要素に依存しており，保証の限りではない。取引相手を選ぶ際には，単に財貨の種類や価格のみならず，相手の人格的信頼度に関するものまで含んだ根の深い情報の問題が潜んでいる。とくに相手が見ず知らずの者であったり，遠隔地に離れたりしていて，過去に取引経験がないような場合には，契約の履行を保証するような工夫を費用をかけてでも行わざるを得ない。たとえば，買い手の代金支払いを保証する「信用状」を信頼のおける第三者（資本力のある商人＝銀行）に発行してもらうとか，売り手の出荷を確認し，その引き取りを保証できるような書類（船荷証券や倉荷証券）をしかるべき第三者（物流能力を備えた商人＝船会社，倉庫会社）に発行してもらうとかの措置である。

　こうしてみると，分散して経済活動を行っている消費者と生産者とが直接交換取引を行おうとしたら，契約の履行を保証するコストは高くなるだろう。だ

が，特定の地域に長年根をおろし，継続的な取引実績を重ねている商人を介してであれば，生産者達はその代金支払いになんの不安もなく出荷ができるであろうし，消費者は注文した商品の到着をなんの疑念もなく待つことができる。商人の備えた信用は取引の遂行を保証する役割を果たし，取引機会の円滑な実現を促進しているということができる。

(5) 契約改定

契約が成立してまもなく，当事者達が予想もしていなかったような環境の変化が生じ，すでに契約しておいた価格で取引を実行することがあまりに非現実的となることがある。このとき契約価格の変更をいずれかが願い出るような事態がたいてい発生する。とくに生産計画や買いつけ計画を長期的見通しのうえに立って行わざるを得ず，契約を長期の先渡しで行っている場合に発生しやすい。

こうした契約を消費者と生産者とが直接に結んでいたら，個人的に堪えがたい危険損失が発生し，頻発するトラブルの処理に大変手間がかかるであろう。しかし，もし取引が在庫や資本をもった商人を仲介していれば，当事者達の継続的取引の経験とその中で培われた信頼関係をバックに，妥当な契約価格の変更が行われ，一方的な危険損失を一時的に肩代わりし，将来の長期的取引関係の展望の中でその負担を回収する方途が講じられる可能性がある。商人達は，急激な需給変動から発生する長期契約の危険とそれに伴う紛議を処理するうえで有効なバッファーの役割を果たすことができるであろう。

だが，だからといって先渡し契約のもつ硬直性そのものが解決される訳ではない。その問題の解決は，先渡しの契約の転売市場として商人間に発達した先物市場制度（futures trading）によって図られることになる。

(6) 取引コストの構造とビジネスの体系

商業の役割を取引コスト，とくに情報コストとのかかわりで説明してきたが，物流コストを含めて表の形で整理すると**表1**，**表2**のようになる。これら

表1　取引遂行コスト

コスト対象＼コスト局面	情報処理	空間移動	時間経過
取引主体（ヒト）	対人情報コスト（紹介斡旋業）	交通費（旅客業）	時間の機会費用（代理業）
取引対象（モノ）	品質鑑定コスト（鑑定業）	運送コスト（運輸業）	保管コスト（倉庫業）
取引条件（カネ）	価格交渉コスト（ブローカー業）	集金・送金コスト（為替業・ファクタリング）	融資コスト（金融業）

表2　不確実性に伴う危険コスト

コスト対象＼コスト局面	情報処理	空間移動	時間経過
取引主体（ヒト）	取引履行保証コスト（信用状）（船荷・倉荷証券）	交通傷害保険	定期生命保険
取引対象（モノ）	返品コスト	運送保険　海上保険	盗難保険　動産火災保険
取引条件（カネ）	契約価格改定コスト（商品先物市場）	送金保険（書留料）	貸し倒れ保険

のコストを効率的に処理する商業組織が存在してはじめて，市場経済は機能する。商業機能の分化，専門化が進むと，それぞれの取引コストの処理が，独立した専門業務として現われる場合が出てくる。各欄のカッコ内はその例示である。

　価格形成全体を見渡してみれば，ロットの大きなまとまった量を継続的に取引し，流通在庫の主要部分を抱える卸売業者間の競争で，相場の実勢が形成されることが多い。その段階に，在庫保有のリスクのみならず，生産と消費に関する末端の情報が集中することになるからである。また商人同士の転売のプロセスで，とくに大口取引の場合，直接の相対売買ではなかなか出合いがつけられないことがある。その出合いをつけるのに専業の「ブローカー」が現われることがある。商人同士の売買希望はブローカーに集中的に継ぐことによって，

折り合いのつけられる価格と取引量が容易に発見できるようになる。ブローカーを介して結ばれた通信ネットワークが，いわば集中市場と同様の情報集中機能と均衡価格模索機能を果たすことになる。外国為替市場（インターバンク市場）はその代表例であり，商品取引所も専業の商人達のネットワークの中からブローカー機能を効率的に集中させる商人組織として発生した。

適切な取引相手を見出すうえでの情報コストを専門的に処理する「紹介斡旋業」の場合は，取引契約を実際に行うのは最終的売り手と買い手であり，斡旋業者が自己の勘定で取引（買い取り・転売）をするわけではない。一般に「代理業」と呼ばれているのは，本来の取引主体（販売主）に代わって，買い手を探し出すのに要する情報コストと時間コストとを負担しているところの手数料商人である。

商人が買い手に信用（支払いの猶予）を供与したときの融資コストは，通常販売価格に織り込まれているが，手形や債権の買い取り（手形割引，ファクタリング）を通じてその融資が専門的金融業によって肩代わりされると，融資コストは金利として明示的に料金化される。

表1は契約の成立，取引の実行に伴うコストを分類したものであるが，注意が必要なのは，不確実性からくる危険要素が**表1**の各欄に対応してコストとして入り込んでいるということである。それを**表2**として別に挙げてある。これらの危険コストの多くは「保険業」として営まれている。たとえば，取引主体が商談をまとめるために特定の地域（遠隔地や危険の伴う地域）におもむかねばならないときには，交通費や時間的機会費用がかかってくるだけでなく，乗物を利用する空間移動のプロセスで発生する可能性のある危険損失を保障するために「交通傷害保険」が必要となるし，商談をまとめる期間に特定の危険が固有につきまとうときには，その間についてのみ有効な「定期生命保険」に入る必要がでてくる。モノを輸送したり，保管したりしている最中においても，不確実な要因からくる危険損失を保障する保険費用が必要である。

ただ，契約履行保証機能については，それを業務の一分野として行っているビジネスが存在する。たとえば，支払いを保証する「信用状」の発行は金融業

が，また出荷を確認し，商品の引き取りを保証する「船荷証券」「倉荷証券」の発行は船会社や倉庫業などの物流業が専門的に行っている。

　言うまでもないが，商人の融資が手形の買い取りを通じて金融業に肩代わりされれば，貸し倒れ（不渡り）の危険も金融業に転嫁されることになる。それゆえ手形の割引率（金利）には，貸し倒れ危険の保険料も含まれていることになる。

　また，返品コストや価格改定コストの多くは，取引当事者の間で処理せざるを得ないが，ただ商品取引所に上場されている商品については，先物取引を通じて先渡し契約の硬直性から解除されることが可能である。その商品の価格変動リスクは先物市場に参加する投機家達によって担われており，先物市場が価格変動リスクを処理する保険市場として機能している。

　以上で明らかになったように，市場メカニズムは商業によって支えられ機能している。物流，金融，保険も歴史的に見れば商業機能の一部であったと見ることができよう。このように多様なビジネスを抜きに市場経済の存在を考えることは不可能である。しかも，これら淵源的には商業に連なる様々なビジネスが，すべて，取引コストの克服のために機能していることに注目しなければならない。取引コストの処理という課題が商業分野を中心とする多様なビジネスモデルを生んだのである。

　とくに，市場経済の中でも中心的な意義をもつ価格システムが，商業によって支えられ機能しているという点は重要である。生産者と消費者とはそれぞれ分散して経済活動を営んでいる。情報は社会のすみずみに潜在しているが，各人は自らにかかわりのある範囲でしかその情報を知らない。これらの多様な情報を価格という客観的な信号に集約するのが価格システムであるが，分散した情報を集約させる凝集力は一体どこからくるのか。それは，自ら知覚し得た情報を有効に利用して利益を獲得する機会を自由に追求できるという一点にかかっている。取引が自由であればこそ，そこから利を得るために正確な情報を必死で追い求める。また自由であればこそ，その競争が促されて，すばやく情報が伝播する。売り手と買い手とが多数いさえすれば，価格メカニズムが自動

的にかつ円滑に作動する訳ではない。需給の状況にかかわる情報をいち早く利益を生む取引として実現するために利用するような主体，つまり商業が存在してはじめて，それは作動するのである。

5．自由企業体制（Free Enterprise System）

(1) 企業家の原型

　市場経済と計画経済とを根本的に分けるのは自由な企業活動である。すでにみたように商業は市場経済の中核的機能を果たしているが，その機能を生み出している原動力が「自由な取引」であった。商業は自由な企業活動の歴史的起源を示していると同時にその原理を説明している。

　自分の置かれた自然環境や伝統的に受け継いだ技術を生かしながら，必要な資財を自ら手当てし，近隣の人々の日々の必要を充たすべく何らかの消費財を各々が供給しているような経済（農業や手工業を中心とした経済）では，生産者が意図的に大きな利益をつかむ機会は限られている。手がけられる生産物の種類も，戦略を展開するのに可能な時間的視野も限定されている。技術が慣行的なものにとどまり，生産量の調整が自然環境の変化に大きく左右されるとしたら，もはや積極的な意味での戦略性は，生産活動に入り込む余地はない。

　生産的資源の利用法や移動性が限られている社会では，生産活動は生業の域を出ることはできず，むしろ経済的利益を戦略的に獲得する機会は，空間的移動性と情報ネットワークをその本性とする商業に握られることになる。商人は情報能力と物流能力を武器に，隔てられた地域間の多様な財貨の交換取引を仲介することにより，売買価格の差額から戦略的に利益を得ることができる。その取引の実現によって商人自身も大きな利益を稼ぐであろうが，商人の仲介機能を利用する人々も生産者余剰や消費者余剰を獲得することができる。

　経済活動を，単に日々の糧を得るための慣習的な営みから，戦略的に利益を獲得するための企業活動へと脱皮させた最初の経済主体は商人であったと言えよう。情報の不完全性と将来の不確実性という状況の中で，不均衡という形で

潜在的利益機会は存在するが，それをいち早く発見し実現するという企業家的活動の原型は商業にあった。また，潜在的な取引機会の実現の方途を効率的かつ安定的に講じてくれる商業があってはじめて，人々は自分達の与えられた自然環境と歴史的に受け継いだ技術の特性に安心して身を委ね，分業の利益を享受できたのである。商業の仲介機能を通じて，市場メカニズムは駆動力を与えられ，社会的分業の体系は，合理的に編成され組織化された。

　農業や手工業（hand craft）に依存した経済の時代に，企業家的な機能を果たした商業が，そのイニシアティブのもとに戦略的に生産活動を組織した代表例が問屋制下請であったといえる[7]。一般には，工場制と巨費を投じた設備の活用こそが，企業家の力を強めた根源だとみられることが多いが，企業家の勢力は工場制が始まる前から明らかに形成されていた。繊維産業（紡績，織物，仕上げ）の分野では，そのほとんどすべてが問屋制と呼ばれる下請システム（putting out system）によっていた。商人達は，いつどこで売買するのが最も有利か，どんな商品をつくるのが最も収益が高いかを探り出して，各地に広く分散している多数の生産者達に商品の注文をし，生産させた。彼らは，原料を，ときには道具さえも提供した。そしてマーケティング上のリスクも積極的に負ったのである。生産技術をもっていても生産物市場の動向が見えないため，また原料を入手する資本がないため，容易に仕事にありつけていない生産者達に働く機会を与え，なかなか入手できない柄のよい織物が遠く離れた消費者の手にも届けられるようになる。つまり，商人は，自らの情報能力と危険負担能力を武器に，潜在的な不均衡を発見し，その解消を図るルートを開発することによって利益を稼いだ。そして結果として分散した生産者達を組織し，社会に広く必要とされる商品の生産に向かって方向づけを与えたのである。

(2)　**自由企業体制——商人から企業家へ——**

　ところで，生産活動がその多くを自然や慣行に拘束された生業の段階を脱皮し，大量生産や大量の資源移動によって特徴づけられるような近代の経済に移行すると，戦略的な事業経営の機会は大幅に拡大する。それは二つの市場の形

成に関連して生じてくる。一つは，原材料や部品，用具，あるいは機械設備などへの生産特化，つまり垂直的分業の深化過程で出現してきた生産財市場の形成であり，もう一つは，工場や会社組織といった生産単位の中での分業体制，つまり，自由な協業の編成の中で現われた生産要素市場（労働市場や資本市場）の広範な形成である。

　それまで生産とは，自分で調達可能な限られた資源（自分のまわりの自然的資源と労働）を用いて，そのときどきに必要とされるある決まった財貨をつくるという行為にすぎなかったのであるが，生産活動をとりまくあらたな市場環境のもとでは，モノをつくるための資源そのものが市場的取引の対象となり，将来の時点で販売すべき製品を生み出すために，それらの資源を編成し稼動させるということが，生産活動の重要な内容となる。つまり生産活動そのものが，現在のインプットと将来のアウトプットとのあいだに仲介利益（利潤）を見出そうとする「企業家的行為」の対象として位置づけられるようになる。戦略的な事業機会は，最終的な消費財の流通取引に介入することにおいてのみならず，生の資源が製品へ加工され完成されるまでのプロセスに介入することにおいても発生する。

　カーズナーは，インプットとアウトプットとの間の価格情報の中に利益を生み出す不均衡状態を発見し，その利益機会をいち早く実現する人間を企業家と定義した。つまり，インプット市場とアウトプット市場との間に利益の源泉となる不均衡を発見し，双方の仲介機能を果たすことによって利益の実現を図る主体である。商人はまさにその意味で企業家である。カーズナーの言う企業家的活動を現代風に一般化して言えば，「ビジネスモデル」の創案と実現である。カーズナーの重要な論点は，生産活動の土俵をまずどこに定めるか，という企業家にとって最も原初的な課題からして，すでに不確実性にさらされているという点の指摘にある。どのインプットとアウトプットとの間の仲介に利益機会を見出すか（ビジネスモデルは何か）という課題に，企業家が立ち向かう最も根源的な不確実性が込められているといっても過言ではない。現実には，企業家達にとって生産関数どころか，ビジネスモデルさえ所与ではないのだ。環境

の変化に合わせてそれを発案したり，修正したり模索し続ける役割を担うのが企業家なのである。

手工業の時代の商人は，主に完成された消費財の自由な取引にビジネスチャンスを求めたが，産業の発達した時代においては，その取引の構造が深化し，企業組織を自由に編成することにビジネスチャンスが生まれるようになる。このような企業家の能力が試される経済をF.ナイトは「自由企業体制」と呼んだ[8]。

6. 資本市場と企業組織

経済の発展とともに，大規模な資本を必要とするビジネスが出現する。人々の所得水準も上昇し，富の蓄積も進む。ここに資本市場が発生する必然性がある。その資本市場の機能と企業組織の形成とは密接に絡み合っている。

(1) マーシャルの企業組織論

まず，A.マーシャルの考え方に沿って，企業組織と資本市場との関連について説明してみる。

金融業の企業家的側面

経営能力の発揮が資本の私的所有に厳格に制約されるとすれば，企業家として活躍できる舞台は小さく，個々の企業の生命力がきわめて短期のうちに涸渇してしまうばかりか，産業全体の発展がそれほど見込めないであろう。その制約は，一方では金融仲介業の発達によって，他方ではパートナーシップや株式会社といった企業組織形態の高度化によって緩められることになる。

事業経営の能力と野心をもつ人間にとってむしろ難しいのは，その周囲の人達に彼がまれにみる資質をもっていることを納得させることであろう。ある意味では，人に自分のもつ能力の可能性を説得し，必要な資金を誘い出してくる能力こそは企業家の資質としてまず最初に要請される最も基本的な部分の一つ

といわなければならないだろう。金融仲介業が専門的な業務として出現するのもここに関連している。

金融仲介業の役割は，信託業務とか，あるいは広範な預金者から受け入れた資金をプールしてそこから安全な短期貸付へ回すといった商業銀行的な業務にとどまらない。それらはある意味で受身的な業務に近い。個人的なコネクションや信頼をバックに少数の資本家・機関投資家から大口の資金を預かり，その運用を専門的に司るマーチャント・バンク（現在では買収ファンドやベンチャーキャピタルが含まれる）のように，資金の出し手と借り手とをとり結ぶ上でかなり積極的に働きかけ，仲介人としての要素が強く現われるような分野がある。また地方の小規模な個人銀行が大銀行に伍してやっていけるのは，まさに地元に密着してその地域の業者をつぶさに知りえているという情報能力が武器になっている[9]。

一方，公開市場をもつ社債や株式の発行にしても，実際には企業と不特定多数の投資家との間で直接とり結ばれる取引なのではなく特別なノウハウによってその仲介を専門的に扱うところのアンダーライター（証券業者）によって支えられて初めて可能となる融資形態なのであることを忘れてはならない。資金需要が発生する場所を嗅ぎあて，その質と量を見計らったうえで適切な融資条件を設定し，同時にその条件に適合するような余裕資金の出し手をまたどこからか発掘しなければならない。しかもきわめて迅速にそれをアレンジしなければならないのである。

注意が必要なのは，このように金融仲介業によって企業活動に必要な資金の調達機能が肩代わりされるようになるということは，企業家が危険負担をしないで済むようになるということではなく，資本供給を専門的に扱うものとして企業家が新たに発生したということなのだという点である。

金融業の企業家的側面は，金融的オーガナイザーとしての個人的采配の役割が最も派手に現われる「プロモーター」の仕事を見るときに鮮明になる。

「いつの時代にも世間一般に知られているよりも有望な事業分野がいくつか潜んでいるものである。有能なプロモーターはそういった可能性を秘めた事業

を嗅ぎつけ，資本家を動員しその事業に必要な資本を結集させる。そして実際に事業を推進して，ついには他のいかなる場合よりもいち早くその事業を成功に導くのである。例えば土が肥沃で農業に適していたり，鉱物資源が豊かに埋蔵されていながら，その土地の所有者が資本をもっていなかったり企業心に乏しいためにその開発が遅れているような地域を有能なプロモーターが発見したとき，彼は会社を興し，鉄道を敷くなり近代的方法を駆使してその眠れる資源を呼び覚まそうとするであろう。このときこのプロモーターは自ら大きな利益を掌中に収めることになるが，同時に国の富を増進させ，その事業にかかわったすべての人々に利益を与えているのである」[10]。

　一般的に，新しい発明や生産方法の革新，輸送施設の新設あるいは新しい需要の開拓などの事態の変化に伴って，従来顧みられなかった種々の産業間の連係のしかたに新しい可能性が生まれてくる。このような状況のもとで企業同士の有利な結合の可能性をいち早く発見するのもプロモーターの仕事である。個別の産業に没頭する経営者としてよりもむしろ広い視野から客観的にファンダメンタルズを洞察しうる第三者的仲介人としての方がそのような可能性を発見する余地は大きい場合がある。既存の事業を買いとる契約と合併後の新しい事業を売り渡す契約との間にプロモーターとしての有利なマージンが残りそうだと判断すれば，彼は積極的にそのプロジェクトにうって出る。プロモーターが買収しようとする当の企業との間の買収価格協定の交渉においては，最高度の外交能力が必要とされるであろう。だが，彼が一番心血を注ぐのは新会社の価値を高く公衆に評価してもらうためにとる様々の方策なのである。この仲介努力によって初めて眠れる資源は眼を覚ます。

　「物的富を創出する上での労働の効率性を高めることにおいて，有能かつ公正なプロモーターぐらいにまでそれに貢献している人間はまれである。彼は将来の発展の可能性を予測し，将来最も収穫が大となるこれらの産業分野に一般公衆がその資源を投資するように導くのである」[11]。

　マーシャルの言うプロモーターの機能に現代の買収ファンドや再生ファンド，あるいはベンチャーキャピタルが含まれることは言うまでもない。

危険負担と権限との結びつきの多様化

　一般に，金融仲介業は，資金の貸し手と借り手とを仲介する商人であるがゆえにまぎれもなく企業家であるといえるが，その裏には，自己の勘定で（自らの責任において）積極的に危険を負担しているという事実がある。そして当然のことながら，直接企業に融資する主体もその資本の固定化に伴う危険負担の度合に応じて企業者たる資格を備えている。その意味では株主も企業者である。株式会社においては，その究極的な危険負担を株主が行っているからである。

　資本供給の肩代わりによって危険負担と権限の発揮とが完全に分離されるようになったわけでは決してない。それは組織の高度化に伴って危険負担と権限との結びつきが多様化したというにすぎない。株主は管理権限をまるでもたないということではなく，取締役員の選任権という間接的な形でそれを留保している。

　「なるほどたしかに株式会社の取締役員は自分ではあまりたいした株式の所有者ではないにもかかわらず，その会社の資本によって担われることになる大きな危険に対して事実上最終的な判断を下すことがある。しかし実際にはこれらの取締役員達はそのほとんどが広いビジネスの経験を有する人々のなかから大株主によって選ばれたものなのであり，これら実業界において百戦錬磨の猛者たる大株主によって依然として多かれ少なかれ監督を受けているのである」[12]。

　株主の分散はその支配力の消滅に直結するわけではなく，むしろ大株主の寡頭支配を強めさえする。マーシャルは次のように見る。

　「大規模な事業の首脳者のなすべき仕事は，小規模事業の首脳者のそれに比べその責任は重いが，仕事の種類はむしろ少ない。というのは彼は多岐にわたる細部の問題を他人に委譲せざるを得ないからであり，大規模事業における重要問題に比べれば，一般に小規模事業の細部の問題の方が数は多いぐらいである。大規模事業の首脳者はまずその事業の全般的なプランをたてなければならないが，それと同時に細部の問題をとり行うべき役員を選び，それを秩序正し

く管理しなければならない。巨大な事業においてはその仕事さえもかなりの部分を最高幹部に委ねることがある。しかし，その幹部役員にふさわしい意思強固な人間を見抜く仕事は依然としてその首脳者の責任として残されているのであり，それゆえ彼自身がきわめて意思強固な人間でなければならない。他方，大規模な事業組織の経営を工夫し，その事業のとるべき方針を探ることは，中小の事業の場合に比べはるかにすぐれた独創力と広い見識を必要とする」[13]。

総合的資質と人事能力

組織の高度化に伴いルーティン化した実務や細部にかかわる判断については組織の下位のものに任せ，事業経営の根幹にかかわる重要な意思決定についてのみ上位のものが受けもつようになるというのは，組織一般の基本原理である。ただ経済的な目標を第一義的に追求している企業組織においては，その意思決定のヒエラルキーが危険負担の度合を機軸に秩序づけられるのが原則である。そして究極的な危険負担を行うものほど，その意思決定の内容はより抽象度の高い全般的なことがらに対する判断となる。資本供給を通じて主要な危険を負担する者が，トップの経営陣の人事権を保持するという間接的管理も，組織高度化に伴う管理指導機能の一般化・抽象化の流れに沿ったものと考えることができる。株式会社はそれを明示的に制度化したものといえよう。

すでに述べたように株主や金融仲介業によって資本供給が肩代わりされるようになるということは，企業家が危険負担から免れるようになるということを意味するのではなく，むしろ資本用役を供給したり仲介したりする専門家の発生として企業家機能が新たに分化したと考えねばならない。つまり，エンジェルと呼ばれる個人投資家や核となる大株主そして金融仲介業者も，その言葉の最も深い意味において企業家たる資格をもっている。資本供給を専門に扱う企業家達の信頼をいかにかちうるかという点に，内部組織を率いることを専門とする企業家達の能力が表われると同時に，その能力をどのように評価するかという点において，資本供給者達の洞察力が問われることになる。

「法律的な形で明確に制度化されているとはいえ，株式会社のこの融通自在

な性格により，企業はどこまでも膨張する可能性をもっている。とくに収益逓増の作用する産業が工業技術の発展とともに広範に広がってくると，株式会社形態もそれに応じて普及する。株式会社の経営が社会的視点から見て健全さを失う可能性を秘めるようになるのは，この事業組織の大規模化にかかわっている。

　一般に，人的資本の管理には，物的資本の管理とは比べものにならない難しい問題が存在する。

　雇い主と従業員との間柄には，一般的にビジネスライクなもので割り切れない何か別の要素が含まれるものである。たとえビジネスライクな視点からのみながめたとしても，その部下のもつ信用，人格，そして抱擁力は，物的資本設備の供給しえない類いのきわめて価値の高い事業上の資産であることを忘れてはならない。

　人間の本性は今も昔もたいして変わらないが，機械や工業技術は急速に変化を遂げている。それにもかかわらず，事業の首脳者が抱える問題点に大きな変化が生じてきているのはむしろ人事・組織の問題の方である。というのは，機械や製造工程はつねに彼の眼前に客観的に現われている。たとえ，それらに関する詳細なことがらについては間接的な情報に頼らざるをえないにしても，必要な情報はたいてい正確に得ることができる。

　それに反して，従業員の性格について正確な知識を得ようとする場合，親密な接触と持続的な観察とから得ようとしても，昔の小規模な家内工業の時代ならまだしも，そこにはおのずと限界がある。近代の大規模な事業体の首脳は，その従業員の大多数の人事については他人に委任するしかない。彼が実際に直接受けもつのは最高幹部の選任のみである。彼は人物を見抜く上での鋭い眼力と，部下を感化する上での人格的影響力を備えていなければならないが，この洞察力と影響力を行使して部下を吸引するにも，同時に自分と同じような眼力と人格をある程度備えた人物を選ばなければならない。人的資本の集積体である組織の健全な育成・管理はかくも微妙な判断の連係に依拠しているのである。

経営能力の稀少性

このような事情を顧みたとき，「大規模な事業組織においては，すべての従業員の能力や才能を注意深く観察し，それらの人材を最も適した仕事に配置しその中で教育するということを権威づけ，動機づけるところの権限と機会と利害関係とを同時に併せもつような人間は，一般に居ないに等しいといってよい」[14]。それだけにすぐれた経営能力は稀少な資源となる。事業の規模が大きくなり，組織が高度化するほど，トップの立場にある者の意思決定は強い吸引力と説得力をもったものでなければならないが，しかしそうであるが故に逆に組織の内情とそれを評価する判断との間にあるべき密度や緊張が保たれがたくなるのも自然のなりゆきである。一人の人間の把握能力には限界があり，人と人との間のきずなの信頼性にも限界がある。大規模な組織の脆弱性は株式会社の経営に典型的に現われる。

株式会社の脆弱性

そもそもマーシャルは株式会社の機動性には大きな制約があると見ていた。「株式会社は内部の摩擦や利害の対立，つまり株券所有者と社債所有者，普通株券所有者と優先株券所有者，さらにこれら株主と役員とのあいだの対立によって弱体化されやすい。またいりくんだ相互規制のしくみを必要とするために，力強い活動ができにくい。株式会社は個人企業にみるような機略，活力，強固な意志と迅速な行動を示すことはまれである」[15]。経営上の最も深刻な不健全さにつながっていく可能性があるのは，株主と経営者との間のきずなの脆弱性である。「株式会社はその主要な危険をになう株主たちが営業について十分な知識を欠いている点，ひとつの大きな弱点をもっている」[16]。個人企業であれば，主要な危険を自分が引き受け，営業の細部を他人に任せたとしてもその部下が会社のために忠実にかつ有能につかえているかどうかを直接に判断できるし，実績に応じた昇進や背任行為の場合の処罰を機動的に行えるであろう。ところが株式会社の場合には，大株主のなかにしばしば事態の推移をよく見抜き，全般的な事業経営にたいし有効適切な制御を加えることのできるもの

が多少いるとはいえ，株主の多くのものは，このようなごく少ない例外的な場合を除くと，監視・矯正機能に関してほとんど無力に近い。これに関連して，企業組織内の各構成グループの能力の階梯秩序についてマーシャルが次のように表現しているのは興味深い。

「未熟練労働者から熟練労働者，職長，部長，さらに大きな事業体の利潤の分け前にあずかるような専務，大きな個人会社の下級経営者，そして最後にその代表経営者へと昇っていっても，べつに連続性の中断はない。株式会社では取締役から普通の株主へ移ると，株主こそ事業の主要な危険を負担するものなのだが，いわば峠をすぎ下り坂にかかったという感じがしないものでもない」[17]。

つまり株主が企業運営の究極的権限を握るという法的な建前と，専門的経営者が企業運営の実際的ノウハウを独占的に握ってしまうという経済的な実態との間に乖離が生じてしまうのである。規模の大きな株式会社ではその可能性がそれだけ強くなる。

(2) ナイトの企業組織論

危険負担と権限の行使（とくに会社の支配権）とは切り離せないという観点をさらに尖鋭化させたのは，F.ナイトである。彼の考え方に沿って企業組織の意義を説明してみよう。

企業組織の形成

他人の能力について全く判断が下せない場合には，確実な支払いの保証が得られない限り，自らの保有する生産資源の利用を他人に委ねるということは難しい。つまり，各生産用役に対して契約所得の保証能力がない限り，企業家になる可能性はなく，企業者機能は，保証責任と管理権限とが完全に抱き合わされる形で純粋に集中・特化される。ところが，実際そうであるように，他人の能力についても判断が下せるとなると，この制約はとり払われ，企業組織のあり方も柔軟性をもってくる。つまり企業家機能は一人の人間に完全には集中・

特化せず，ある程度分散されてくる。

　第一に，自らの管理権限の発揮がたとえ制限されようとも，保証責任を引き受けることがありうる。つまり経営能力に対する信頼にもとづく管理権限の委託である。第二に，報酬の支払契約が完全に保証されたものでなくとも，指示を受け入れることがありうる。つまり，経営者の能力に対する信頼がある程度その保証の代わりとなる。

　第一の傾向は，能力に対する信頼を媒介にして，管理と保証責任とが，別々の人によって分割して担われるという方法を示唆する。経営能力と危険負担能力とを併せもつことがまれな事情を考えれば，これは自然な組織方法の工夫であり，事実パートナーシップの名のもとに様々なバリエーションで具体的に実現している。また第二の可能性がとり入れられた場合，保証が完全でなく，また自らの確信の要素が入り込んでくるがゆえに，各生産用役の提供者においても危険負担の役割が生じてくるであろう。しかし，くれぐれも注意が必要なのは，このように保証責任と管理機能とがある程度分散する傾向が見られるとしても，両者の機能が完全に分離されるわけでは決してないということである。

　否，むしろ両者が分かち難く結びつきあっているという原則は不確実性という壁の前では依然として成立しているのであり，不確実性に対する保証責任の度合に応じて発揮される管理権限の強さが秩序づけられているということこそが，企業組織の最も根本的な特質を物語るのだとナイトは主張する。

株式会社

　その点の認識は株式会社組織の成り立ちを考えるときに一層重要となる。株式会社の特徴は分散した所有と集中した管理との結びつきにあるといわれる。それゆえに「所有と経営の分離」が唱えられる素地があるのである。しかし，ナイトは，企業家機能（危険負担）が拡散するのはあくまで，他人の判断・執行能力についての確信を媒介にしているのであり，管理権限は人事権を軸として留保されているという事実を重視する。

　まず所有者（株主）達が取締役を選び，取締役達は会社の基本的かつ全般的

な方針と指示のみを与え，実際の事業の遂行については彼らの選んだ職員達（officials）が行う。企業の規模がさらに大きくなると，最高管理職員（executive officials）が取締役達によって選ばれ，今度は彼らが事業方針に対して全般的な指示を与え，実際的な意思決定の多くは彼らの選んだ部下に任される。そして，このプロセスはさらに多段階に下方に連鎖している。「われわれが『管理』（control）と呼ぶところのものは，主にその『管理業務』（controlling）を行うべき他の誰かを選ぶことから成り立っている。ビジネスにおける判断とはほとんど人間についての判断なのである」[18]とナイトは言う。

組織の分野において，責任を伴う管理のために重大な知識というのは，問題やことがらそのものについての知識なのではなく，それらに関して他の人間が有している知識についての知識である。人間の判断能力についての判断には，対処さるべきことがらについての判断がすでに織り込まれていると見るべきであろう。組織活動の基本原理は，特定のタイプの意思決定をグルーピングし，それを特定の個人に割りあてることによって，個々人の判断に伴う不確実性を全体として減らすことにある。つまり，広い意味でのコンソリデーションの原理の応用である。しかしそれには限度がある。個々の状況があまりにも特殊（unique）だからである。それゆえ最終的には，人間の判断能力についての判定は，最も純粋な意味での「推定」に依らざるをえない。対処すべき問題の類に対して，それぞれの人々が過去に示した実際の成果を，判断材料としてできるだけ多く参考にしようと当面努力するであろうが，肝要な点については，人間（personality）をみるうえでの直観的判断能力に依存せざるをえない。

ヒエラルキーの構造

特定のことがらの判断が委託されるという事実のみを見れば，意思決定の役割と，その決定の誤りの危険を負担することが分離されているように見える。とくに「所有と経営の分離」というときその先入観がはなはだしい。つまり，意思決定を行う雇われ経営者は，何らのリスクも負担せず固定給を受け取り，一方，リスクを負担し利潤を受け取る株主は，何らの意思決定も，管理も行わ

ないという見方である。しかし，それは錯覚だとナイトは批判する。管理の重要な内容が，人の能力を判断し，選択することにあることを考えれば，管理権限とその保証責任とは分かち難く結びついていると見るべきだとしている。

組織の最下層には，不確実性や責任の要素がほとんどないといってよい単純労働者（職工）が位置していると考えられるが，もちろんどのように単純なルーティン・ワークのようなものであろうとも，何らかの不確実性にはさらされるであろうし，それに対処するためにある程度の意識的判断が要請され，場合によってはその責任が問われるということもありうる。だがそもそも組織の効用は，このような下位の労働者に現われた不確実性と責任とを，部分的に組織の上位の者に移転し，より適切な形で処理するところにある（不確実性処理の専門化の原理）。それゆえ，不測の事態が生じたときには，職工は自分独りで処理すべきかどうかを判断し，自らの範囲を越えていると思えば，上司（職長）に指示を仰ぐことになる。職工に仕事を割りあて，その報酬を決めるところの職長は，当然のことながら，その職工達の能力を決定する上で，より高度な判断能力をもっていなければならない。職工は自らのルーティン・ワーク以上の責任をとる必要はなく，彼の能力を判断する立場にある職長がその責任をとるのである。

それと同じことが職長とその上司である所長（superintendent）についても言える。職工達を把握・判定する上での職長の能力が，今度は所長によって判断され，職長の仕事はより高い次元から見ればある種のルーティン・ワークに帰すことになる。そして，その責任は所長に移転される。このようにより高度な管理が依拠するところの知識というものは，問題それ自体についての具体的知識というよりも，それに対処すべき人々の能力に関する知識なのである。場合によっては，職長としては有能でなくとも，所長としてはすぐれているということも十分ありうることなのである。

この関係の連鎖は内部組織の頂点に至るまで続く。取締役達によって「全権を委任された」経営者といえども，その地位が自らの状況対処能力を評価されたうえで割り振られた結果であることに違いはない。彼の仕事は，できる限り

最良の判断を下すという意味での「ルーティン・ワーク」であり，その最終的責任は彼を選んだ人々に帰す。責任を伴う意思決定とは，政策の具体的指令ではなく，指令を与える人を指令することなのである。そして，その決定の招いた結果については，その指令を与えた最終的な責任者が引き受けることになる。

自由企業組織の意義

「自由企業組織の著しい特徴は，より低い地位の責任が上位の人々に移転される点にある。その上位の人々の意思決定は，自らの管理のもとに置かれるべき人々を選択することと，例外的な不測の事態に関して生じるそのときどきの問題に対して解答を与えるということに関わっている」[19]。かくして究極的な責任はしだいに上方にシフトし，事業の危険にさらされるところの財産の所有に，そのほとんどすべてが集中することになる。もちろん形の上でいくら契約所得のように見えても，与えられる保証が絶対的なものであるとみなしうるようなものはまれであるし，組織のどの段階においても，その収入は企業や部門の業績によって何らかの変動を被る。不確実性の負担と責任ある権限とが切り離せないものである限り，生産用役の提供者といえども何らかの判断と権限を行使しているとみなければならないであろう。「しかし，不確実性と権力の大部分は，その事業で使用される他の資産や労働の契約所得を保証すべき地位に置かれているところの，ある一定の資産の所有に集中されているのである」……「自由企業の本質は，まさに，決定を下すということと，その決定が実行されたときに伴う結果を引き受けるということとの二つの側面において，責任が集中しているという点にある」[20]。

大規模な企業組織になるほど，契約所得を保証する能力は大きくなくてはならず，それを一人の人間がすべてまかなうのには無理がある。そこでパートナーや株主の拡充といった形で所有が分散するという結果になるのだが，ナイトは，所有の分散，株主の大衆化という表面に現われた事実に眼を奪われてはならないと注意している。形式的なパートナーや株主のすべてに管理権限が分

散するわけではなく，保証能力の一部を握っているオーナーにそれは集中するからである。大衆化した株主のほとんどは自らをオーナーと認めていないし，法的にはたとえそうであったとしても，実質的には単なる貸し手にすぎない。「大会社は実際には，一般的に互いの人格や動機や方針をある程度よくわかりあった少数のグループの人々によって所有され，管理されているのである」[21]。

このようにナイトは，他人の能力に対する判断や確信を通じて，企業家機能がある程度分化し，それぞれの段階で負う不確実性処理の責任の度合に応じ決定権限が与えられるという企業組織の重層的（ヒエラルキー的）構造を認めつつも，究極的には，企業の支配権限は，企業組織に組み込まれている様々な生産用役に対して契約支払いを保証するところの，資本所有の核となるべき部分に集中しているのだと考える。

(3) 危険負担と「上からの分業」

マーシャルとナイトのいずれも，資本市場を単なる金融市場（お金の貸し借りの場）とみるのではなく，ビジネスリスクを引き受ける危険負担能力の市場と見て，その供給者達と，それを必要とする起業家や経営者達との結びつく場として把握していたことが重要である。資本市場や株式会社制度が整えられることによって企業家的才能をもった経営者やビジネスモデルの独創的アイディアをもった起業家の活躍する場が与えられるが，同様に，起業家のアイディアや経営者の企業心（enterprise）を見抜くという形で，出資をしたり資金供給を仲介する機関にも企業家的側面が問われることになる。

ベンチャーキャピタルは，起業家のアイディアを見抜いて出資するだけではなく，その経営を指導したり，経営に直接参画したりもする。買収ファンドは，株価が低迷したり，経営が破綻したりするその原因がどこにあるのかをつきとめ，経営に改善の途をつけることによって再生が可能と踏めば，いち早く買収に踏み切り，新たな経営者を送り込み経営体制を刷新する。マーシャルとナイトの主張は，このような金融面からのイニシアティブの発揮（積極的な危険負担をすることによって特定のビジネスにコミットする）という形で企業家

的活動が現われるという点を指摘したことに一つの重要な意義がある。企業組織の形成に起点（イニシアティブ）を与え，組織の核となるのは，出資をする者達の危険負担の意志（コミットメント）である。

　資本市場の発達によって，資本のない経営者達にもその能力を発揮するチャンスが生まれたことになるが，それは同時にすぐれた経営者が選別される場として経営能力市場が形成されることをも意味している。両方の市場の競争の中で，特定ビジネスの危険負担にコミットしようとする資本とそのビジネスにふさわしい経営者とのマッチングが図られる。

　マーシャルとナイトに共通してみられる組織上のポイントは，「上からの分業」という視点である。つまり，「組織がなぜ発生するか」は，人を追加的に雇用しなければならない必要性が生まれる契機がどこにあるかを考えるところにそのヒントがある。それは，一人では処理し切れないほど仕事が増えた瞬間である。自らは相対的に重要なことがらに時間とエネルギーを集中し，比較的簡単と思われる仕事は，信頼できる誰かを雇って任せるという方法である。ただし，仕事の実際的処理（執行権限）は委譲するが，その最終的な結果の責任については，人を選んで任せた人間が負わざるを得ないので，管理責任は雇った人間（部下を選んだ上司）が留保するという関係である。この関係は，会社所有者（株主）と経営者（取締役）との間にも成立するし，経営者と中間管理職，そして管理職と従業員との間にも成立する。

　マーシャルとナイトに共通するのは，このようなヒエラルキーの垂直的方向での「上からの分業」，つまり「意思決定の分業」に組織の根本原理を見出している点である。

7．労働市場と企業組織

(1) 労働の取引コストとしての労務管理

　企業組織の問題に深く関わっているもう一つの市場が労働市場である。労働市場で労働サービスが取引される際にも取引コストが存在する。

表3 労働サービスの取引コスト

コスト対象＼コスト局面	契約コスト	契約履行の不確実性コスト
取引主体	求人・求職情報コスト	労働契約履行保証コスト（モニタリングコスト）
取引対象	労働能力識別コスト	（査定コスト）（賃金改定コスト）
取引条件	賃金交渉コスト	労務・人事管理コスト

　ここでわれわれがすでに4節に示したモノの取引における取引コストの概念（とくに表1，表2）をもう一度思い起こしてみよう。それとパラレルに労働サービスの取引コストを考えてみる[22]。この場合，重要な取引コストは情報処理局面で発生するので，その部分（表1，表2の左欄に相当するもの）だけ表にとり出してみる。それが表3である。左側は，契約成立のために要するコストである（契約コスト）。重要なのは，不確実性に伴う危険コストを示す右側の欄である。

　一般の財貨の取引の場合と異なるのは，取引の対象となっているサービスの質が単に個々の人によって違うということ（多様性の問題）だけではない。労働サービスの発揮そのものが時間経過の中でしか行えないということと，発揮されるサービスの質は個々の人間の人格的要素と切り離せないということのために，労働サービスの取引には本来的に「時間的可変性」，「人格的不安定性」といった問題がつきまとう。たとえば，当初はまじめな人間だと思っていたが，そのうち無断の遅刻や欠勤が目立つようになるとか，しっかりとした技能をもっているものと期待していたが，やたらと不良品を作ってしまうとかという問題である。

　サービスはモノと違い，時間の経過とともに消失してしまうので，質が悪かったからといって返品することができない。時間は元に戻せない。とすると，どうしても，労働者が期待通りのサービスを提供してくれているかどうかが雇う側にとっては不安であり，期待外れだと初期に契約した条件の改定を考えなければならない。

つまり，個々の人間の働きぶり（誠実に働いているかどうか）は個人の内面的事実であり，それを他人が客観的に把握することは本来難しいことである。情報の非対称性の問題だといってもよい。労働サービスの取引履行保証は，せいぜい働く現場で直接監視することによってしかなしえない。要するに，労働サービスの取引履行のプロセスは，普通の財貨の取引の場合と異なり，特別に不確実な要因にさらされているので，査定や賃金改定の手続きは，契約の履行を保証する手続き（モニタリング）と密接に絡み合いながら行わざるを得ない。そのプロセス全体にかかってくるのが労務管理コスト（あるいは人事管理コスト）である。労働サービスの取引の場合，財貨の取引と違い，取引履行を保証する機能を第三者に委託することは一般に困難であり，取引当事者（雇用主と労働者）の間で直接その問題を処理するしかない。労務管理コストはこの取引履行保証コストの意義をもっている。（対照的に，働く側からも，自らの実績の評価が公正であるかどうかに不安がある。労働者側からは，評価や報酬支払いが不利にならないように，団結力を行使し組合を通じた交渉や契約を行うのが有効な場合がある。組合費は労働者側から費やす取引費用である。労働組合は，両当事者間の交渉を集約することによって全体的な取引コストを節減する有力な方法だともいえる。）

　必要とするサービスが単純であれば，アルバイトやパートといった臨時の雇用関係に依存することができる。契約コスト（求人コスト）をさしてかけなくても人員の募集は容易であり，労務管理コストをあまりかけないで，時間給・歩合給，出来高給などで処理可能である。また，ある程度の熟練や専門的技能が必要とされる仕事でも，定型化された熟練（標準化された専門的技能）の場合，人材派遣業等の第三者にその供給を委託することも可能である。募集にかかわる契約コストや標準的スキルの指導・教育（労務管理コスト）に規模の経済を発揮できるであろうし，利用する企業にとっては，繁閑の差に応じて伸縮的にサービスを調達できるからである。人材派遣業やPEO（professional employer organization）は，まさに，労働サービスの取引コスト（契約コストや労務管理コスト）を専門的かつ効率的に処理してくれる労働サービスの仲介業

である。コースは労働サービスの取引コストの存在を企業組織の発生に結びつけたが、取引コストの存在は何よりもまず、人材紹介業や人材派遣業、あるいはPEOといった人材ビジネスの発生に結びつくといわなければならない。

　周知のようにコースは取引コストに注目して企業組織の発生を説いた[23]。彼によれば、現実の経済は情報が不完全であるため、必要な労働サービスの探索、契約条件の交渉などの手続きに多大なコストがかかる。市場を経由することに伴うこの情報コストを削減するために、労働の調達が長期契約の形をとる必然性がでてくる。その場合、契約は大ざっぱな形で行っておき、具体的な仕事の内容については後になってそのつど雇い主が指示を与えるということにしておく。これがコースの言う、労働の「内部組織化」である。コースはこのように企業組織の発生を説明した。しかし、注意が必要なのは、コースが注目した取引コストというのはわれわれの分類では契約コストにほかならないという点である。労働サービスの取引における契約履行保証コスト（労務管理コスト）は考慮されていない。

　コースの取引コストの概念をさらに違った視点から展開したのがウィリアムソンである[24]。特定の企業にはその企業に特有な技術やノウハウが要求されるが、一定期間そこで仕事をする間に労働者にその特殊な熟練が備わってくる。労働者はその熟練を盾にとり交渉上立場が強くなる。そうなると企業にとってあらためてその労働者と契約を結び直すことに大変な交渉費用が予想されるので、内部組織化の誘因が働いてくるという訳である[25]。

　コース＝ウィリアムソン流の考え方では、市場取引と組織とを対比的に扱い、組織内の資源配分機能は「命令」によって行われるという見方が強く現われるが、この点を批判的に採り上げ、独自の企業組織論を示そうとしたのが、アルチアンとデムゼッツである[26]。

　彼らは、組織形成の一番の原因を「チーム生産」に見る。この世の中の多くの仕事は、いくつかの生産資源の協働によって成り立っているが、その成果はそれぞれの生産資源の働きに分解して考えることは難しいし、すべての資源を一人の人間が提供できるものでもない。このようなチームワークにおいて固有

に発生する問題は，皆が精一杯（少なくとも契約通り）働くことをどのように保証するかである。一人の緩みが全体の能率に影響するのだが，その因果関係を客観的に確かめることは大変難しい。だから余計，緩みを発生させる誘因が働いてしまう。

そのひとつの解決策として，誰かに，他の人々がきちんと働いているかどうかの監視役を任せ，その結果チーム生産の成果が十分に出た場合の利益（利潤）はその監視役のものとするという契約が発生してくるという訳である。様々な生産要素所有者との契約を結ぶ核になるのが企業の所有者であり，彼が利潤の請求権をもつと同時に監視役を引き受けるのが最も効率的だということになる。アルチアン＝デムゼッツによれば，これが古典的な資本家的企業の原理だという。

コースが「市場を通じた契約」と「命令によって動く組織」とを対比的に捉えたのに対し，彼らは企業組織はあくまでも契約の連結（nexus of contract）に他ならないと主張する。資本家が他の生産要因との契約の核になる。そこには何らの一方的命令関係がある訳ではないということである。労働者は賃金が安いのでやめようと思えばやめられるし，働きぶりがあまりに悪ければ雇い主は解雇もできる。コースが組織の内と外とを分けるはっきりとした境界を見ようとしたのに対し，アルチアン＝デムゼッツは市場的関係の延長線と見る。

取引コストを強調したコースの考え方との対比で注目したいのは，アルチアン＝デムゼッツが，われわれが先に示した労働サービスの取引コストの中で契約履行保証コスト（モニタリングコスト）を明示的に取り出していることである。われわれと視点は異なるが，結果的には双方とも広い意味での取引コストを鍵概念にして企業組織の問題を考えようとしている点が共通している。

ただアルチアン＝デムゼッツの言う，チームワークにおける個々のメンバーの限界生産性の測定の困難さから派生するモニタリングの必要性とは次元が違うことに注意されたい。雇ったのがたった一人の仕事においても，情報の非対称性の問題があり，モニタリングの必要性は存在するのである。

ここまで説明した労働サービスの特質は，労働サービスの質が時間的可変

性・人格的不安定性にさらされており，「サービスは時間とともに消失してしまう」（返品が利かない）ので，サービスが提供されるその場でモニタリングが必要だということである。つまり，これが労働サービスの取引における契約履行保証コストの中味である。

たいていの場合，そのモニタリングは直接の上司によって行われる。その上司にも何らかの意味でモニタリングがなされねばならないとすれば，そこにモニタリング機能のヒエラルキーが必要だということになる。労働サービスの取引における契約履行保証の観点から，企業の内部にモニタリングのヒエラルキー（垂直的組織構造）が存在しなければならない。そのヒエラルキーが，前節で説明した「上からの分業」にもとづく階梯である。つまり，危険負担をする者が，自らに代わって業務を執行するものを選び，管理権限を握る。以下，同じ関係が連結して，組織は「下に」拡がる。

上司が自らの責任範囲の業務の一部を委ねる部下を選ぶということと，部下をモニタリングし評価する上司の役割とが，ここで重なり合う。上司（一般的には，危険負担を担う者）が部下（業務執行を委ねられる者）を選び，かつ評価するという関係の連鎖が組織だということである。モニタリングをはじめとする労務管理コストをかけてまで何故，人を雇用するかというと，それは「上からの分業」の利益のゆえである。つまり，部下をもつことによって，自らは最も重要なことがらにエネルギーを集中できるからである。人件費をかけても，仕事の能率が上がり，もとがとれるのである。

(2) 労働能力の成長

ここで急いで付け加えなければならないのは，時間経過とともにサービスは消失するという労働の特質にあわせて，労働にはじつはもう一つの大きな特質があるという点である。時間経過とともに労働能力のポテンシャルが変化（発達）する。前者は短期的次元での特質であるのに対し，後者は長期的なパースペクティブでの特質である。たとえば，OJTを通じた熟練，教育・学習を通じた人的能力の開発などである。

重要な点は，実際の経営において，モニタリングの側面と教育・指導の側面とは密接不可分で切り離せないという点である。部下に対し上司は日常それとなくモニタリングをしているが，同時に叱ったりほめたりしながら，仕事の要領を教えている。見込みがあると思えば，なおさら厳しく指導したり，特別に教育を施したりもする。部下がその期待に応え努力し，企業にとって欠かせないほどの中核的な人材として育てば，企業としても厚く待遇し，昇進もさせるであろう。企業として若い従業員を長期的に確保しておこうと思うのは，その人間の長期的成長性のゆえであり，労働需給の逼迫という状況があれば，なおさらその思いは強くなる。人を育てるには，手間・ヒマがかかる，つまりコストがかかる。広い意味での労務（人事）管理コストとも言える。それにもかかわらず，企業が人材を長期的に雇用するのは，そのポテンシャルの成長（企業の中核的人材として育つこと）への期待ゆえである。労働者もその企業で成長できる（昇進できる）という期待があるから長期的にとどまろうとする。

　この熟練とか学習の効果は，決して個人のレベルでのみ発生するものではない。組織全体が協働を繰り返すプロセスにおいて，人と人との働きのネットワークの中にも発生する。つまり，チームワークとしての熟練形成である。ここに個々の企業組織に特有な生産性が生まれることになる。企業家自身の眼からすれば，その生産性は，自分の経営努力，物的生産設備，そしてのれんという三者の合力によって得られたものと思えるが，そもそも彼の発揮できる能率の一部は，彼がその特定の事業組織の中にいるということによって成り立っている。企業の利益の一部がその環境を含めた企業組織の独特な特徴に由来するとすれば，それは，組織全体で分け合うべきものとなる。マーシャルはそれを「複合的準地代」と呼んでいる。企業の永続的組織としての性質は，この「組織の生産性」に依拠して生まれてくる[27]。

　労働の取引コストがかかるから長期雇用にもとづく企業組織が生まれるのではない。その意味でコースの命題は間違いだと言わざるを得ない。労働の取引コストの存在は，それを効率的に処理するための人材仲介業の発生を説明するにすぎない。仕事が定型的で，従業員に成長の期待をさほど要しない場合は，

労働の取引コストを節約するために，人材派遣業に委託するのである。

企業の組織としての性格は，コースの言う取引コストつまり，契約コストにかかわって生まれてくるわけでは決してない。むしろ，雇用によってそれ以上に重大な労務管理コストが労働の取引コストとして発生するのだが，そのコストを負担してでも雇用関係を結ぼうとするのは，「上からの分業」（意思決定の分業）の利益があるからである。そして，なぜ雇用が長期化する場合があるかというと，それは労働能力のポテンシャルの長期的成長性への期待ゆえなのである。しかも，組織ネットワークの中に企業に固有な熟練が宿れば，組織自体が生産力の源泉となる。その組織の生産力を引き出すのが，経営者の役割なのである。

8．組織における経営者の役割

(1) バーナードの見た経営者の役割

前節で紹介したアルチアン＝デムゼッツの企業組織論の核には，生産活動はチームワークだという前提がある。チームワークであるがゆえの生産性の高さが前提にあり，その限界生産力を測定することが困難なので，各労働者のゆるみ (shirking) が防ぎきれない問題となる。チームワークの生産性を確保する一つの解決法が，監視の役割であった。

しかし，ここで大きな一つの疑問が湧く。アルチアン＝デムゼッツはチームワークを複数の説明変数をもつ生産関数の「非分離性」(inseparability) として説明している。たしかに変数間の相互作用が入り込むので，限界生産力の測定は難しいが，労働者のチームワーク効果は客観的に所与とされており，それをフルに実現できるように個々の労働者の働きぶりを監視する役割が経営者に課される。

だが実際のところ，経営者の重大な役割は，与えられた固定的な生産関数に照らして個々の生産要因がうまく稼動してその効果をフルに発揮しているかどうかを単にチェックすることにある訳ではない。むしろ，その生産関数の模索

にこそ経営者の役割があると言わなければならない。

　たとえば C. バーナードは組織を「意識的で，計画的で，目的をもつような人々相互間の協働（collaboration）」[28]と定義づけたうえで，次のように述べている。「組織的努力は通常成功するものであり，その失敗は異常な場合だと信じられやすい。……しかし実際には公式組織の協働が成功するのは異例であり，通常のことではない。……公式組織の不安定や短命の基本的な原因は組織外の諸力にある。……組織の存続は，物的，生物的，社会的な素材，要素，諸力からなる環境が不断に変化するなかで，複雑な性格の均衡をいかに維持するかにかかっている」[29]。

　興味深いのは「均衡を維持する」という言葉である。均衡を維持するためには，不均衡を感知し，それを修正していかなければならない。バーナードによれば，組織は三つの要素からなる。「組織は，⑴相互に意思を伝達できる人々がおり，⑵それらの人々は行為を貢献しようとする意欲をもって，⑶共通目的の達成をめざすときに，成立する。したがって，組織の要素は，⑴伝達，⑵貢献意欲，⑶共通目的である。これらの要素は組織成立にあたって必要にして十分な条件であり，かようなすべての組織にみられるものである。第三の要素すなわち目的は，組織の定義のなかに含まれている。貢献意欲や伝達（の存在すること），これら三要素が一般には相互依存関係にあること，また特定の協働体系をみても，それらが相互に依存していることは，経験され観察されるところである。……要するに，組織がまず成立するのは，前述の三要素をそのときの外部事情に適するように結合することができるかどうかにかかっている。組織の存続は，その体系（組織）の均衡を維持しうるか否かに依存する。この均衡は第一次的には内的なものであり，各要素間の釣合いの問題であるが，究極的基本的には，この体系とそれに外的な全体情況との間の均衡の問題である。この外的均衡はそのうちに二つの条件を含む。すなわち第一の条件は組織の有効性であり，それは環境情況に対して組織目的が適切か否かの問題である。第二は組織の能率であり，それは組織と個人との間の相互交換の問題である。このように前述の諸要素は，それぞれ外的要因とともに変化し，また同時に相互

依存的である。したがってこれらの諸要素によって構成される体系が均衡を維持する，すなわち存続し，生存するためには，一つのものが変わればそれを償う変化が他のものにも起こらなければならない」[30]。

この組織における「内的均衡」と「外的均衡」とを維持することはきわめて難しい課題だと言わざるをえない。その課題を解決するためには，特別な機能が必要となってくる。「協働の場合に必要な継続的適応は，個人がおこなう同様な適応とは類似のものではない。個人の場合は生理的なものである。協働体系の適応は，種々なタイプの組織的活動の均衡を保たせる適応である。これらの適応能力はもう一つ別種の制約的要因である。この事実から，協働体系では適応の過程および専門的な機関，すなわち協働を維持することを専門とする活動の側面が発展してくる。その理由は，環境における新しい制約を克服するように協働が適応されえないと，協働は必ず失敗するからである。このような適応過程がマネジメント・プロセスであり，そしてその専門機関は経営者と経営組織である。……環境が変わり，新しい目的が展開するから，協働の体系はけっして安定的ではない。協働における制約のあるものは個人の制約に似ているが，協働に特有な内的性格の制約がさらに加わる。最後に，協働体系を変化する諸条件や新たな目的に対して適応させることが専門的なマネジメント・プロセスであり，複雑な協働においては，管理者あるいは管理組織という専門機関を必要とするのである」[31]。

かくして協働体系は常にダイナミックなものであり，物的，生物的，社会的な環境全体に対する継続的な再調整の過程であるということになる。変化して止まない環境への組織の適合的な再調整を担うのが経営者の役割なのである。経営者は，環境の変化に合わせ組織構成員が納得できかつ皆で達成可能な企業目的を設定し直し，それを組織内の各部門の組織目的として具体化させ，コミュニケーション能力をフルに活用して全体に統一がとれるよう徹底させなければならない。その企業目的が説得力のある経営理念として構成員に語られると同時に，一人一人にやりがいのある仕事を割り振り，高いモチベーションを常に維持し続けなければならない。この企業目的の設定（環境条件の洞察）と

それに向け組織構成員の努力を引き出すこととの均衡のとれたバランスにこそ経営の最も大きな困難さが潜んでいる。

　組織の協働を成功させることの困難さは，経営者機能に関する次のようなバーナードの指摘に窺うことができる。「この職能の決定的側面は責任の割当，すなわち客観的権威の委譲である。……目的の定型化と規定は広く分散した職能であり，そのうちより一般的な部分だけが管理者の職能である。この事実にこそ，協働体系の運営に内在的で最も重大な困難，すなわち下層の人々に一般的目的，いいかえれば重要決定を教えこんでつねに結束をたもち，究極の細部決定をその線にそわしめる必要性と，上層部にとっては，とかく遊離しがちな『末端』貢献者の具体的情況ならびに特殊決定をつねに理解している必要性，が存在するのである。目的にそった決定を上下一貫して調整しなければ，一般的決定および一般的目的は組織的真空における頭のなかだけの過程にすぎず，誤解の累積により現実から遊離することになる。大網目的を定式化し，それを再規定する職能は鋭敏な伝達体系，解釈上の経験，構想力，および責任の委譲を必要とする職能である」[32]。

　経営者の役割は，単に労働者の働きぶりを外見から監視するという水準を超えていることは，次のバーナードの言葉にも明らかであろう。「物的環境と人間の生物的構造とにもとづく諸制約，協働の成果の不確定，目的の共通理解の困難，組織に欠くべからざる伝達体系の脆弱さ，個人の分散的な傾向，調整の権威を確立するための個人的同意の必要，組織に定着させ組織の要求に服従させようとする説得の大きな役割，動機の複雑性と不安定，意思決定という永続的な負担，これらすべての組織要素——道徳的要因はそこに具体的にあらわれる——からリーダーシップが必要となる。すなわち信念を作り出すことによって協働的な個人的意思決定を鼓舞するような力が必要となるのである。その信念とは，共通理解の信念，成功するだろうという信念，個人的動機が結局満たされるという信念，客観的権威が確立しているという信念，組織に参加する個人の目的よりも共通目的のほうが優先するという信念である。……協働の成果はリーダーシップの成果ではなくて，全体としての組織の成果である。しかし

信念を作り出すことがなければ，すなわち，人間努力の生きた体系がエネルギーおよび満足をたえず相互に交換し続ける触媒がなければ，これらの構造は存続することができない，否，一般に成立すらしない。生命力が欠乏し，協働が永続きできないのである。リーダーシップではなくて協働こそが創造的過程である。リーダーシップは協働活力に不可欠な起爆剤である」[33]。

　経営者の役割の本質的な部分はリーダーシップだということになるが，注目したいのは「触媒（catalyst）」，「起爆剤（fulminator）」という表現である。経営の役割とは，一方では企業目的の設定，つまり何をアウトプットとして生産するかの決断（それは勿論，消費者ニーズや生産要素市場の環境，状況の洞察と，組織のもっている特性をわきまえたうえでの判断でなければならないが）と，他方では，組織（生産資源の固有な組み合わせ）のもてる力の認識とが結びつけられ，その目的が有効に実現できるよう，生産要素の協働する場である組織の方向づけを行っていくところにある。つまり，経営とは，生産要素の潜在力と消費者ニーズとを有効に結びつけようとする仲介機能に他ならないということである。「触媒」，「起爆剤」という表現にその仲介機能の意味合いが象徴的な形で表現されているのである。

　また，このことのもう一つの重要なインプリケーションは，経営者にとって「生産関数」は所与のものではないということである。バーナードのいう目的とは，言いかえれば企業が取り組むべき生産物の内容であり，それさえも経営者は，組織能力と環境の変化とを考え合わせたうえで，決定（修正）しなければならない。まして組織の発揮できる能力は，経営のあり方に大きく依存しているのである。生産関数が与えられたところから経営者の役割がスタートする訳ではない。生産関数の模索からしてすでに経営者の仕事なのである。

　ここまで述べてきて，あらためてバーナードのいう経営者の役割は，われわれが言う「企業家の役割」と重なり合うことがわかる。

(2) ペンローズの言う経営者の役割と企業家機能

　経営者の役割と企業家的機能とが概念的には区別は可能なものの，実践のレ

ベルでは重なり合うことを明示的に指摘した経済学者がいる。それが E. ペンローズである。

　企業の活動の場（生産的機会）を見出す能力を一般的に「企業家的用役」とペンローズは表現している。「企業家的用役とは，企業の利益のために新しい理念を導入し受け入れること，とくに製品，企業の位置，技術上の重要な変化などに関連して企業の運営に貢献することであり，新しい経営者を獲得すること，会社の管理組織を基本的に改革すること，資金を集めること，拡張計画を作り，それに拡張方法の選択まで含ましめること，などに対する貢献である」[34]。

　「企業家」(entrepreneur) という言葉はあくまでも機能的な意味で用いられており，企業内の特定の地位・職務にかかわりなく，そのようなサービスを発揮する者という意味で使われている。企業家的用役はとくに経営者的用役と対比的に用いられているということに注意を向ける必要がある。後者は企業家的着想と提案の執行および現在の運営の監督という役割を担う。

　企業家的資質は，発想の柔軟性 (versatility)，信用獲得のための説得能力，野心，冷静な判断力などを総合したものと言えようが，その機能の根本的な重要性は，常に先を読みながら生産的機会を洞察する能力にある。企業にとっての環境とは，つまるところこの企業家の心に映った「イメージ」に他ならない。環境は事前に発見できるような客観的事実なのではない。「企業拡張の機会なるものは，企業がなにをしうるかということについてのかれの着想にすぎないのだ」[35]。

　このように企業家的能力は，自らの洞察力にかかっている環境条件と，生産資源の集合体としての企業の潜在能力とを見極めた上で，未利用のままに残された企業活動の余地（生産的機会）を発見する。経営者的能力の発揮も大部分がその企業内の企業家的能力に依存しているという意味で，企業心 (enterprise) こそが企業の運命を担う最も根本的な要因だということになる。

　経済学においては，生産規模に限界を画す一つの理由として，長期費用増加の一原因となる経営陣の「固定的生産要素」たる事情があげられてきた。しか

しペンローズは，その制約の意義については分析が十分になされていないと見ている。彼女によれば，その制約は，経営がそもそもチームワークから成り立っていることから来る。「というのは一つには現在の経営陣は，彼ら自身の行動による以外には拡大できない管理組織体を作り上げているからである。また一つには，企業内でお互いに協力してきたことから得られる経験によって，彼らのグループ活動にたいしてとくに有益な用役を提供することができるからである」[36]。

このような固有な協働関係を可能にする経営者用役は，グループ全体として行動を起こす場合の能率と信頼度を左右し，またそれがあってはじめてグループは一つの組織単位としての意味をもつ。当然のことながら，このような入り組んだデリケートな関係で結ばれたグループの活動を急速に拡大することには困難が伴う。新しく吸収される経営資源の量さえもが，既存の経営者用役に左右されるのであるから，企業の拡張は後者によって基本的に制約されていると言ってよい。

しかしながら，企業のそれぞれにおいて独自な協働体験を共有するという経営者用役のチームワークとしての特質こそが，また同時に，経営的制約を可変的なものにしていくのである。「人が特定の企業または特定のグループの人びととともに働くのに慣れると，同僚を理解したり，その企業の運営方法の知識を得たり，その働く環境の特殊性の中でものごとを最善に行う方法を知ることによって，彼らが提供できる用役が増進されることになり，したがって企業にとって，個人的にあるいはグループとして有用となってくる。……経営者が仕事になじみ，自分が支配する組織にとけこむことができるに従って，苦労は減じ，その結果能力に余裕が生じ，一方それと同時に，経験と知識の増加によって能力そのものも増大する」[37]。

このように経営者用役は固有な協働体験を培うなかで成長するものなのである。経験と知識の増大は「未使用能力」として潜在・累積し，ここに企業拡張の内部的誘因が生じてくる。かくして，経済学で想定する経営的制約というものは，個別の具体的な企業にあっては，相対的なものでしかない。

また，企業規模を制約するものとしてあげられるところの不確実性と危険の影響についても，経済学に一般的に見られる扱い方に対してペンローズは賛意を示さない。というのは，そこでは企業家は単なる受動的な危険負担者であると暗黙のうちに仮定されているからである。ペンローズは不確実性と危険が企業の企てる拡張の量に影響することは認めても，その影響はこれに対処する経営者資源が入手できない範囲で現われてくるにすぎないと考える。つまり経営のありようによっては費用要因としての危険はかなりの程度まで克服しうるものでもあるのだ。

　たとえば，意思決定の権限がチームワークとして専門的にうまく細分化される方向に組織が整備されるほど，計画される活動の絶対量は拡大するはずである。また単なる情報収集や，チーム内の判断の分業では克服の困難なような不確実性でも，企業心のありようによって，その対処のしかたは企業間に大きな格差を生むであろう。「企業心と危険に対する態度は同じコインの両面である。というのは企業心の中には危険を負担しようとする意思が含まれているからである。しかし企業心はそれ以上のものも含んでいる。すなわち企業心は危険を避ける方法を探究する意欲も含んでいるのであり，それでもなおかつ拡張しようとする意志をも含んでいる」[38]。

　このように，経済学における伝統的な企業の扱い方が一律に定常状態に結びつく傾向を備えていることに対してペンローズは真っ向から異論を唱える。とくに従来企業規模に限界を画するとされていた要因が，いずれも企業心（enterprise）と経営能力（competence of management）とによって可変的なものになりうるという点は重要な指摘である。

　ペンローズの主張の核心は，企業には絶えず拡張への誘因が働いているということにある。その拡張の内実は「多様化」（diversification）であり，その重要な方法の一つとして「吸収・合併」があげられるというのが，その主著のあらましである。経営者用役の成長という拡張誘引についてはすでに触れたが，その誘因が生まれる基盤はさらに広い。ペンローズはそれを，一般的に企業内の生産的資源が発揮する様々の用役の相互作用という観点から捉えようとして

いる。

　人的資源はそれぞれの単位が本来的に異質な性質をもっている。その発揮しうる潜在能力は置かれた職場によっても変わるし，時間の経過とともにも変化する。人的資源の異質性は物的資源の発揮する用役の相違ともなって現われるはずで，両資源の相互作用のゆえに全体の資源の組み合わせや配置に関する探究が促されることになる。「物理的に記述できる資源は，その既知の用役に従って市場で購入されるが，これが企業に同化されるやその提供しうる用役の範囲は変化し始める。資源の与える用役は，それを用いる人間の能力に依存するが，人の能力の開発は，部分的には人が扱う資源によって規定される。この二つは重なりあって特定の企業の特別の生産的機会を作り出す」[39]。その過程は，既存の資源に潜在していた新しい用役が，企業に利用可能なように持続的に引き出される過程であり，その新しい用役には，経営者をはじめとする人的資源の用役ばかりではなく，物的資源の用役も含まれる。かくして，生産的機会は企業の環境の変化にのみ関連づけて生まれるものではない。企業意欲に燃えている企業にとっては，外界の変化がないときでさえ拡張への絶えざる推進圧力が働くのである。

　生産的機会をこのように企業内資源の未利用の用役に結びつけて考えるとき，需要環境に適応する企業の戦略のあり方は，標準的価格理論におけるものとは全く異なってくる。価格理論では，資源の質と量ならびにその利用法は既知であり，また需要の構造も既知である。残る変数は，価格と生産量のみである。ところが，ペンローズの場合，企業内資源は日々新たに能力を養い，またその能力を引き出す経営者資源も経験的学習の途上にある。まして需要は企業者の心に映じたイメージでしかない。このような状況下で企業が競争の圧力に打ち勝っていく戦略はもはや機械的な計算に頼った受身の価格政策（限界費用＝限界収入）のようなものではないであろう（計算のデータそのものが理論の要請するような形で存在していないのである）。むしろ，企業にとってはどのような種類の製品が供給可能であるかを探ることの方が余程現実味のある，しかも重大な戦略となる。

この視点の転換の重要性はペンローズの次の言葉の中にも明確に読みとれる。「競争のきわめて重要な影響の一つは,それが『製品の動態性』を誘発することである」[40]。

ペンローズの主張（経営者の役割と企業家機能との対比）とバーナードの主張（組織の方向づけと凝集力をもたらす経営者の役割）とは矛盾していない。むしろ,言わんとするところは重なり合っており,内容的には補完し合っている。両者に共通している最も重要な点は,組織内資源の潜在的能力と市場環境との間にビジネスチャンス（新しい組織再編の機会や新たな商品コンセプト）を発見するという企業家的機能が,経営者の役割の中に含まれているという認識である。

9. 企業家論の視点からの企業組織論

(1) 取引コスト理論の限界

周知のように,コースは企業組織の発生を生産要素の取引費用の存在によって説明したが,この点についてデムゼッツが興味深い批判をしている[41]。取引費用理論では内製するか外注するかの判断は,経営費用と取引費用とのいずれが低いかによって決まると考えるが,むしろ,取引費用,経営費用,生産費用の合計で考えるべきだとデムゼッツは言う。取引費用理論がそのように考える背景には,標準的価格理論が想定している「すべての企業において生産関数は共通」という前提を共有しているからだとデムゼッツは指摘した。

組織を形成するかどうかは,取引コストのみではなく,むしろその生産性にこそ大きな判断材料が含まれているはずだという訳である。至言である。経済学における組織形成の議論が原点に戻ったとも言える。じつは,コース自身も自らの1937年の論文について反省すべき点があることを述懐している[42]。

一つの大きな問題点は,企業の原型（archetype）を雇用主—従業員の関係においたことからきているとコースは言う。そのことが,企業組織というものを生産用役の購入者という観点からのみ眺めたり,その生産用役との間に行う

契約のアレンジの仕方のみについ注目させてしまう偏りを，後の研究者達に与えてしまうことになる。企業をインプットの購入者としてのみ眺めてしまう結果，経済学者達は，企業活動の主要な部分である経営の中味に注意を払わなくなってしまったとコースは嘆く。重要なのは，生産要因の活動を企業内で協働させる（coordinating）うえでの費用と，市場を通じてあるいは他企業での生産を通じて同じ結果を得るのに必要な費用との比較であるはずなのだとコースは述懐する。

　このことはまさに，デムゼッツの指摘をコース自身が認めたことを意味している。とくにコース自身の反省の中で重要と思われるのは，次の点である。つまり企業を労働の購入者としてのみ見るのではなく，多様な生産要素との契約の核として見なければならないという視野の拡がりと，企業を多様な生産要素の働きをコーディネイトするオーガナイザーとして見なければならないとする視点の深まりである。かくして取引費用理論の限界を乗り越える途を考察する延長線上にも，企業家論的視点の必要性が浮かび上がってくる。

(2) 市場経済と企業家機能

　コースの取引コスト理論（1937年論文［3］）の一番の問題点は，命令関係の伴う内部組織の発生を説明しようとはするものの，誰がその命令関係の起点になるべきかの説明がないことである。つまり，誰が企業家になるべきなのか，多様な生産要素との契約の核となるのは誰なのかがわからない。その問題に答えたのが，マーシャルでありナイトであった。答えのキーワードは危険負担である。組織運営のイニシアティブを与えるのは，そのビジネスにかかわる主要なリスクを引き請けようとする意志である。

　企業家機能（entrepreneurship）の本質は，市場における不均衡の中にビジネスチャンスを見出し，その実現に伴うビジネスリスクを引き請ける決断をすることにある。その決断の背景には，インプットとアウトプットとの間の価格差として潜在する利益機会を実現しうるアイディアやノウハウへの確信がある。そのアイディアやノウハウは，インプットとアウトプットの需給関係に関

する情報のみならず，その利益機会をどのような組織的取り組みによって確実に実現するかという組織デザインも含まれる。

　一方では情報の不完全性や将来の不確実性という人間が逃れられない現実の認識上の制約と，他方では，変化して止まない市場環境の移ろいやすさを考え合わせると，一般均衡が現実に成立していると考えることはほとんど不可能である。むしろ，つねにいたるところに不均衡が潜在していると考えるべきであろう。その不均衡に介入することによってビジネスチャンスが生まれる。応用が可能な技術やノウハウを用いて仲介利益を生み出せそうな潜在的な価格差をインプットとアウトプットとの組み合わせの中に探り，それをビジネスチャンスとして確立するというのが，そもそもビジネスモデルの意味である。アウトプット（企業の目的）を定めても，なおそれを達成するために，どのようなインプット（あるいは生産的資源）の組み合わせが有効かという課題が，企業家の解決すべき問題として残される。

　地域間の価格差や時間差の中での価格の開き（あるいは供給価格と需要価格との乖離）にもとづいて利を稼ぐのが商業であるが，空間を乗り越える輸送能力，時間を乗り越える保管能力といった物流施設が武器となり，その利益の実現を永続化することは可能である。ときには大きなロットで取引するだけの資本力や在庫能力が，価格形成を有利に運ぶてこになることもある。そして何よりも，生産者や消費者に関するきめの細かい情報能力と商品の品質を見極め，管理するノウハウとは，商業の究極的な生命力の源泉となる。

　製造業も，生産要素市場と製品市場とを仲介することから利益を稼ぎ出そうとしている企業家的活動に他ならない。企業家は，双方の市場価格の相対的関係の中に利益機会を発見し，潜在的なライバルより力強い競争力をもってそのビジネスチャンスを維持しようと努める。

　とくに自由企業体制によって特徴づけられる時代になると，生産技術の進歩によって生産過程そのものが自然的制約を直接受ける要因は小さくなるであろうし，生産的資源の移動が活発化し，その編成が自由に行えるようになる。資源をどのように組み合わせ編成し組織するかによって，引き出しうる資源の能

力も可変的な性格を帯びてくる。また，多様な生産的資源と可能な製品群との相対的な価格差の中から仲介機会を見出し利益を実現していく洞察力や仲介能力は，企業家によって千差万別である。ニーズに適合する製品が何であるかという判断そのものが，企業家の創意に依存した問題となる。

　このような状況の中で，潜在的な事業機会を実現していくためには，生産技術のみならず，需給の動向にかかわる時間的視野の広い情報能力（時代のトレンドを読むセンス）が要求される。これに応えようとするのが企業家である。市場経済とは究極のところ，この企業家達の予見能力（市場環境と資源の潜在力との洞察力）を結集するシステムに他ならない。標準的価格理論では「将来の不確実性によって市場は失敗する」とされたが，そうではなく逆である。将来が不確実であるからこそ，その予見能力にもとづいて利益を獲得する機会が与えられるのであり，その利益を自由に追求する行為が許されるからこそ，すぐれた予見能力を社会的に結集できるのである。市場メカニズムの存在意義は一意的均衡を達成できるかどうかより，すぐれた予見能力を発揮しようとする意志を引き出しそれを結集するところにある。

　様々な生産要素を編成していくうえでその方向づけを与え，イニシアティブを発揮するのが，自らの予見能力に確信を抱く企業家であると喝破したのはナイトであった。自らのその確信の強さは危険を引き受ける意思を支えている。危険負担の意思こそが企業を動かすイニシアティブの源泉だということである。

　企業組織はたしかに契約の連結に違いない。しかし，その連結の間を完全な価格メカニズムが調整している訳ではもちろんない。とくに，危険負担市場と経営能力市場については情報の問題ゆえに価格メカニズムが完全な形で機能するのは難しい[43]。投資活動がめざす将来財市場についてはなおさら不確実な要因がつきまとう。情報が不完全で価格メカニズムが単純な形で作用しえないところに不均衡がつきまとう。その不均衡をいち早く発見し，自らのイニシアティブで企業活動をもくろむ主体がいて初めて市場経済は生命を吹き込まれる。多数の生産者と消費者とが存在していれば，最適な資源配分の達成がおの

ずと保証されるのではない。資源の有効な配分や利用が，仲介機能を発揮して不均衡の中から利を得ようと挑戦する企業家（あるいは商人）達の創意や活気に依存しているというにすぎないのである。このような企業家がまさにビジネス活動の核なのであり，市場経済の主人公なのである。

(3) 企業家機能の三つの側面

企業家の機能についてこれまで述べてきたことをまとめると，それは三つの次元をもつことがわかる。図1がそのイメージ図である[44]。

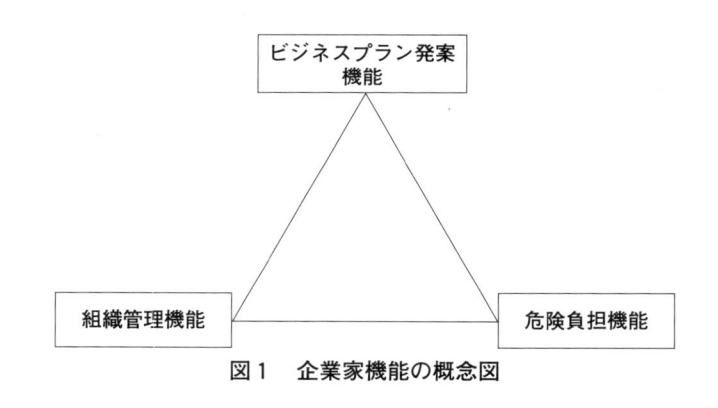

```
            ビジネスプラン発案
                 機能
                  △
                 / \
                /   \
               /     \
              /       \
        組織管理機能 ─── 危険負担機能
```

図1　企業家機能の概念図

第一は，企業（business enterprise）の出発点である「ビジネスプランの発案」という機能である。企業活動とは，詰まるところ，何をインプットとして用い何をアウトプットとして販売するかの意思決定であり，そのインプット価格とアウトプット価格とのあいだに確かな仲介利益を生む可能性を探る行為である。この機能にとって根本的に必要なのは，市場に潜む不均衡の洞察力（alertness）である。変化して止まない環境の動きやトレンドを読み，いまだ満たされていないニーズを満足させるべく既存の技術やノウハウのもとで生かされ切っていない未利用の資源の潜在的価値を引き出し活用する。つまり市場における問題発見能力とソリューション開発能力である。企業の目的は「モノを作る」ことにあるのではなく，社会のニーズをより有効に満たすことにあ

る。つまり，「効用の創出」であり，「ソリューションの提供」である。この企業家機能の側面にとくに注目したのが，カーズナーであった。

　第二は，アイディアとして存在するビジネスプランを実現する起動力を与える必要があるが，そのビジネス遂行のイニシアティブを生む原動力となるのが「危険負担の意志」である。それは大抵の場合，所有する資本に制約されているといえるが，自ら描くビジネスプランを説得力をもって語ることができ，かつ自らの人間的な誠実さやコミットメントの意志を訴えることによって，他人から信頼や協力を勝ち取り，危険負担の意志を誘い出すことは不可能ではない。ビジネスを遂行しようとする人間自身のもつパワーが，危険負担能力の源泉になることがあるのである。この企業家機能の危険負担の側面を強調したのがナイトである。

　第三は，多くの場合，ビジネスの遂行には何らかの組織の形態をとることになるが，組織の発揮する力は，決して自明のことではない。企業目的を有効に達成できるよう組織の各部門に役割を配分し，そこに人を選び配置する人事能力とともに，組織構成員の貢献意欲を引き出し，組織全体を調整しながら環境に適合させる「リーダーシップ」（組織管理能力）が不可欠となる。この企業家機能の側面を説明したのが，ペンローズでありバーナードである。

　これら企業家機能の三側面は，それぞれ切り離され，相互に独立している訳ではない。相互に隣接しながら融合している部分がある。それを図に表現したものが**図2**である。

　まず，不均衡の洞察にもとづいてビジネスプランを発案する機能と，経営管理機能との融合する部分とは，「組織デザイン機能」である。仲介すべきインプットとアウトプットのフロー選択にビジネスプランの基本は存在するが，その企業目的を有効に達成できる組織（ストックとしての生産資源の結合体）をどのように形づくるかも，企業家機能の重要な要素である。組織の規模や中味の決定自身が，企業家的な判断の対象なのである。同時に，環境の変化に適合すべく，組織を説得力をもって調整し，企業目的の修正を図っていくという機能も，この領域に属す。この機能にとっては，「生産資源の組み合わせの相乗

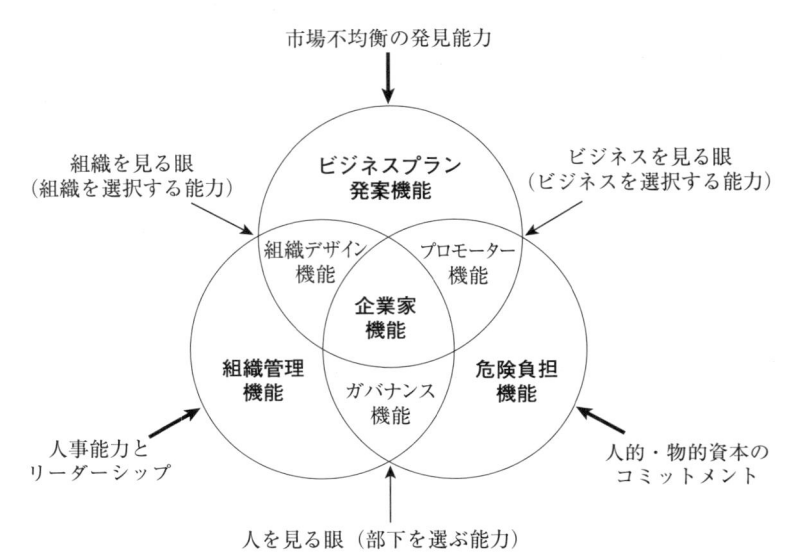

図2 企業家機能の三つの側面とその隣接領域

（図中ラベル）
- 市場不均衡の発見能力
- ビジネスプラン発案機能
- 組織を見る眼（組織を選択する能力）
- ビジネスを見る眼（ビジネスを選択する能力）
- 組織デザイン機能
- プロモーター機能
- 企業家機能
- 組織管理機能
- ガバナンス機能
- 危険負担機能
- 人事能力とリーダーシップ
- 人的・物的資本のコミットメント
- 人を見る眼（部下を選ぶ能力）

効果の洞察力」と「環境と組織の適合関係（不均衡）を見る眼」，つまり「組織を見る眼」（組織を選択する能力）が要求されると言えよう。

次に，経営管理機能と危険負担機能との交わる部分には，「権限のヒエラルキー」の形成，つまり，垂直的な上からの「意思決定の分業」体系を健全に統治する機能（ガバナンス機能）が位置づけられる。つまり，信頼できる部下を選び自らの仕事の一部を権限委譲すると同時に，管理責任を留保するという関係の連鎖としての組織の健全性の確保である。この機能を支える能力の基本は，「人を見る眼」である。

もう一つ，危険負担機能とビジネスプラン発案機能との接合部分に位置しているのは，プロモーター機能である。マーシャルの説明にもあったように，資本の不足のために，社会的に有用なはずの資源が十分に開発されていないようなとき，資本を結集させ，その開発をビジネスとして立ち上げるプロモーターの仕事は，社会にとって極めてイノベーティブな役割を果たす。潜在的な危険負担能力を結集することによって，未だ満たされていないニーズに応えようとする新しいビジネス（ベンチャー）に起動力を与えるベンチャーキャピタル

や，破綻しかけた企業を再構築し価値ある中核事業部門を蘇らせる再生ファンド，企業と企業との結びつきの中に潜在する相乗効果を見出し，M&Aを積極的に仕掛ける買収ファンドなどは，まさにこのプロモーター機能を果たしていると言えよう。この機能を果たすのに必要な能力は，「ビジネスを見る眼」である。

　企業家機能の三つの側面をすべて高い能力として備えている人間は稀であり，ビジネスを成功裏に導くには，それぞれの能力を持ち合わせた人間達を結びつける必要がある。あるいは，別の言い方をすれば，それぞれの機能を高度に結びつけることができた企業が，ダイナミックな発展を遂げることができるということである。

　ビジネスプランのアイディアがなければ企業は始まらない。しかしアイディアをもつ「起業家」だけでも企業はスタートできない。資本を提供しリスクを負担するエンジェルが現われて初めて起業は可能となる。その資本は，ビジネスが軌道に乗るまで堪える（食いつなぐ）ための貯えでもあり，不測の事態に立ち至ったときに堪えるための備えでもある。ナイトが言うように，文字通り資本は不確実性への備えである。

　だが，ビジネスが試行段階を終え，本格的にテイクオフするためには生産，営業，財務，人事のいずれかに頼りになる専門家が必要となる。当然，資本も増強しなければならない。そのようなとき，ベンチャーキャピタルが乗り出してくる。資本も出すが経営にも口を出す。場合によっては共同経営者となり，起業家が弱い分野を補強する。この場合，誰が企業家なのかという質問は無意味であろう。最初のアイディアをもつ起業家も企業家であるし，最初の資本を提供したエンジェルも，その後の資本を供給したベンチャーキャピタリストも危険負担を行うという意味での企業家であり，さらに経営に参画した人間も組織をデザインし動かす責任者として企業家なのである。ビジネスプランをもつ起業家だけが企業家なのではなく，企業家機能が危険負担機能と経営機能とにさらに分化したと考えなければならない。三種の機能があいまって企業家機能を果たすのである。

企業家機能の三つの側面を統合して捉えた先駆的な経済学者が，マーシャルであった。その点はすでに拙著『企業者とはなにか』[21]でも述べた通りである。一般には企業家論で最も有名な学者はシュンペーターであるが，すでに本論でも触れたように，シュンペーターの議論は「逆立ち」している。彼の企業家論は，技術革新（あるいは新商品）の導入というイノベーションの具体的なイメージにあまりに引きずられすぎている。素人眼に一見わかりやすいが，経済学的な視点からすると大きな問題点を抱えている。それはワルラスの言う一般均衡の成立を前提にした議論であるからである。シュンペーターは均衡の成立をルーティン（慣行の軌道）と見て，その均衡を破壊するのがイノベーションだとした。しかし，それではイノベーションの必然性が説明できない。あたかも神からの啓示のように天下り的（ad hoc）な性格のものでしかない。外生的に均衡破壊を行う企業家という概念では市場から超越した存在になってしまうのである。

　それに異を唱えたのが，カーズナーであった。情報の不完全性，将来の不確実性を考慮すれば，現実には不均衡がいたるところに潜在しているはずで，その不均衡にこそビジネスチャンスが宿る。企業家とは，その不均衡に敏感に反応する人間のことである。カーズナーによれば，商業，製造業，金融業の分野を問わず，不均衡に眼をつけて，利益を得るチャンスとしていち早く実現するのが企業家である。それは企業家を一般的にインプットとアウトプットの間の不均衡に利益を見出す「仲介人」と見ていることになる。じつはマーシャルもそうであった。マーシャルは，生産活動の本質を「モノを作る」ことに見るのではなく，「効用を創出する」ことに見た。そして商業の生産的な役割について明快に説明した稀有な経済学者である（この点はメンガーも共通している）。

　「効用の創出」は潜在的な取引機会を実現することによって可能となる。市場経済において潜在的な取引機会（不均衡）が継続的に発生する源泉をつきとめ，生産者余剰と消費者余剰とが円滑に実現できるように機能するのが「仲介人としての企業家」である。いわば企業家は市場における不均衡という問題を発見し，取引の実現を促すという形で問題の解決策（ソリューション）を提供

していると言えよう。それは商業にとどまらない。製造業も労働者に「生産者余剰」を与え，消費者に「消費者余剰」を与える仲介人である。マーシャルは次のように言う。

「現代世界の実業の大部分では，与えられた努力が最も有効に人間の欲望を充足するように生産を指導する役割は分割されて，使用者の専門的集団，あるいは一般に使われている用語でいうと，実業家の集団の手にゆだねられている。彼らは事業の危険を『敢行し』ないしは『引き受ける』。彼らは仕事に必要な資本と労働力を結合させ，その一般的な計画をととのえ，ないしは『デザインし』その細かい細部にたいしては監督を加える。実業家はある意味では高度な技能をもった職階に属するものともみられるし，他の意味では肉体労働者と消費者とのあいだに介在する仲介人だともいえよう」[45]。

経営者の行動も生産資源の所有者と生産物の消費者（ユーザー）との間の仲介なのである。市場経済に潜在する不均衡をビジネスチャンスとして生かそうとする仲介機能にこそ企業家活動の存在理由がある。企業家は仲介機能を有効に果たすことによって，利を得るが，その活動を通じて，社会のニーズを満たすべく，生産資源が有効に活用されるように方向づけを与えている。そのインプットとして何を選び，アウトプットとして何を選ぶかの判断が「ビジネスプランの創案」である。だが，情報の問題があるがゆえに，そのビジネスプランは成功するとは限らない。そのために危険負担能力が欠かせない。とくにビジネスプランの実行に組織的取り組みが必要な場合，組織のガバナンスは危険負担を軸に秩序づけられる。また，危険負担能力そのものも，ベンチャーキャピタルや買収ファンドにみられるように，資本家や機関投資家の資金を結集してファンドの判断で選んだビジネスを育てるべく（再生すべく）危険負担能力の活用が方向づけられるという形で，仲介の対象になる。企業家機能の三つの側面も，究極的には，不均衡をビジネスチャンスとして生かす企業家の仲介機能の一環なのである。

⑷ **不均衡と企業家機能**

ビジネスチャンスにつながる不均衡の状況には以下のようなタイプが考えられる。

〈価格面の不均衡〉
① 同一商品が地域や時間の違いから異なる価格で取引されている状況[46]
② 消費価格（需要価格）は高いが，生産価格（供給価格）が安い状況（安く入手できる商品をそれより高く所望する人が居る状況）
③ 原材料や生産資源の価格に比して製品価格のほうが高いと思われる状況

〈商品の品質や種類に関する不均衡〉
④ 潜在的なニーズがあるはずの（高い評価を受ける可能性のある）タイプの違う商品やサービスがまだ市場を通じて提供されていない状況

〈資源の利用法に関する不均衡〉
⑤ 既存の利用可能な技術やノウハウによって十分に活用され尽くしていない生産資源の用途や利用法の存在する可能性（生産効率の改善の余地，生産資源の配置転換の余地）

①の価格不均衡は企業家達の裁定取引や投機的取引を誘引する。その取引機会の実現は資本力というよりもほとんど情報能力（情報収集力と分析力）に依存しているので，極めて競争的なプロセスとなる。利益の実現は一時的になることが多いとも言えるが，不均衡は絶えず発生しているとも言える。

④，⑤を合わせると，価格理論で想定する（誰もが当然のように享受できる）生産関数は，現実の企業家にとって所与であると考える訳にはいかないということがわかる。企業家とは①〜⑤のような不均衡に，ビジネスチャンス（利益を実現する機会）を見出し，その実現にイニシアティブを発揮する経済主体である。

一般的には，①，②は商業のビジネスチャンスにつながり，③，④，⑤は製造業のビジネスチャンスにつながるとは言えるが，17ページで触れた「問屋制」ビジネスは，明らかに③の不均衡を活用したものであり，商業による製造業分野への進出だと言えよう。しかし近時は，もともと製造業分野で仕事をしてきた企業が，製造段階を他の専業企業（EMS）に委譲し，自らは直接工場をもたず顧客の特殊なニーズに適う製品の組み合わせや利用の仕方を提案したり，ソフトの開発に特化したりして，付加価値の主要部分を稼ぎ出す方向をサービス業にシフトする企業も現われている。これは製造業からむしろ商業へのシフトとも考えられるし，ソフトを販売するサービス業へ純化したとも解釈できるが，重要なのは，生産活動の本質は具体的なモノを作ることにあるのではなく「効用の創出」にあるという点である。企業家機能を不均衡の発見とその解決（仲介機能）に見るということの重要性はそこにある。

①や②の状況につけ入って商業は仲介利益を獲得するが，取引の実現によって生産者余剰，消費者余剰も発生するので，経済全体として資源配分が改善される。

④と⑤の不均衡は実際には密接に絡み合っている。④の状況から，既存の商品やサービスを供給するのに必要とされる同じインプットや生産資源を用いて，それより潜在的ニーズの高い（結果的に評価が高い）商品やサービスを供給することに企業家が成功すれば，企業家のその仲介機能により，インプットや生産資源の活用が社会的により価値の高い効用の満足のために効率化されたと言える。

また⑤の状況から，生産的資源の利用法が産業の中で改善され，生産性が上がれば，企業家の利益も増すだろうが生産資源提供者への報酬支払いも増える可能性がある。④への意識は商品の改良努力として現われ，⑤の不均衡への注意は生産性の改善として現われるが，経営的機能としてはつながっている。④と⑤の不均衡は，ビジネスの分野を問わず一般的に企業家がつねに取り組んでいる課題と言えよう。

商品が金融商品であれば，その重要な生産的資源として流動性，危険負担能

力といったものが含まれるし，アウトプットがサービスであれば，利用される労働資源の質の管理が重要な課題となろう。企業家の経済的役割は，不均衡として存在するインプットとアウトプットとの仲介利益を実現することにより，人々の消費者余剰を拡大したり，生産資源所有者に対して生産者余剰を拡大させることになり，結果的に社会全体をより豊かにさせる（効用水準の高い方向に資源利用を促す）ことに貢献するところにある。

(5) 組織の拡がり（分業の構造）

　企業組織が形成されるのは，コースの言う労働の取引コスト，つまり労働の契約コストの存在のゆえではない。労働の契約コストの存在によって発生するのは，むしろ人材仲介ビジネスである。特殊な能力をもった人間を必要とするときには，人材紹介業を介した方が便利であるし，標準化されたスキルの持ち主を必要とするときには人材派遣業に依頼する方がコストが安くつくことが多い。契約コストのみならずスキルの管理（労務管理コスト）も派遣会社で効率的に処理されるからである。労働の直接雇用には，契約コスト以上に労務管理コストがかかってくるが，そのコストを負担してでも雇用するのは，意思決定上の分業（上からの分業）の利益のゆえである。仕事は委譲しても，管理責任は留保せざるを得ないというのが，直接雇用の関係の本質である。その直接雇用が長期化することになる理由は，ポテンシャルとしての労働能力の成長への期待ゆえである[47]。

　基本的に，企業がどのような組織の形態をとるかは，企業家の自らのビジネスに対するヴィジョン（戦略）に依存して決まると言うしかない。ビジネスプランを描く企業家の構想力と自らの組織管理能力との合力として，組織デザイン能力が存在する（**図2参照**）。組織の大きさや中味は，単に取引コスト（労働の契約コストや部品調達の交渉コスト）で決まってくる訳ではない。むしろ，生産的資源の組み合わせが相乗的にもたらす生産性効果についての企業家のヴィジョンによって決まってくると言うべきであろう。（ペンローズの「企業成長の理論」，マーシャルの「複合的準地代」の概念を参照のこと）。同じよ

表4　分業の構造

	水平的分業	垂直的分業
社会的分業（市場取引を媒介にした分業）	A 特定の消費財生産に特化 （自然環境や技術の特性に依存して決まる） 〈A.スミス〉	B 特定の生産財（原材料，用具・道具，施設プラント）の生産に特化 〈メンガー〉
組織内分業	C 生産過程の分割・編成（流れ作業） 管理業務（生産・人事・財務・販売）の分化 〈A.スミス〉	D 意思決定の分業（ガバナンスを伴う，上からの分業） 〈マーシャル，ナイト〉

うな商品を供給する企業であっても，経営者によって組織形態は全く異なることがある。ある者は自前の工場をもち，他の者は工場をもたないということさえある。企業組織の問題に密接に絡む分業の在り方を整理すれば，**表4**のようになる。

　Aの分業は，商業を介して編成される。商業を仲介することによって，人々は地理的自然環境や歴史的に引き継がれた技術の特性から決まってくる生産活動と，社会全体の分業体系に，安心して身をゆだねることができる。生産者も消費者も分散したままに，商業組織において形成されてくる価格に依拠して取引を円滑に行うことができる。商業によって，この社会的分業は合理的に編成され，需給関係に関する情報は価格に凝集される。

　Bの分業は，カール・メンガーが強調したものである。原料や素材が加工され最終的な消費財が完成されるまでの時間的な経過に沿って分業の概念がイメージされている。

　Cの分業は，アダム・スミスによって説明されたピンの製造プロセスに相当する。注意が必要なのは，ある段階までは企業内で行われていても，特定の作業段階が別企業として独立して，市場取引を介して行われるようになることもあるという点である。あるいは請け負いや人材派遣への委託ということもあ

る。つまりCからBへの移行となる。

　部品と製品とのインターフェースが高度に標準化されてくると，いわゆるモジュラー化が進み，部品製造が特定の最終製品メーカーに対してのみでなく，他の複数の企業にも納品するような大規模な専業企業となる場合がある。半導体業界のファウンドリーがその例である。そのような関係が部品にとどまらず最終製品にまでおよび，複数ブランドの製品を供給する製造専業企業も最近現われるようになった。つまり，規模の経済を徹底的に利用しようとするEMSと呼ばれる企業形態である。その裏側では，顧客の特殊なニーズに応えるような製品の組み合わせをデザインし，その製品の利用の仕方（つまりソフト）に重要な付加価値の意義（ブランド）を見出している企業が居ることを忘れてはならない。「工場を持たない製造業」ともいえるが，モノを作ることに重要な付加価値を見出さず，顧客の最も必要とする価値の高いサービス（ソリューション）の提供に特化した企業家的な戦略にもとづく企業形態といえよう。自らのもてる生産資源の能力を，最も肝要な不均衡（潜在的ニーズがありながら十分に提供されていないサービスの存在）の解決のために集中化しているのである。またそれゆえに高い付加価値をビジネスとして実現できるのである。顧客（ユーザー）の特殊なニーズを解決することに特化する「ソリューション提供企業」と，具体的なモノを作るEMS企業との間の最近の分化傾向の背景には，労働市場の不均衡（賃金格差や労働資源の質の違い）へたくみに適応しようとする企業家の判断と，SCM（サプライチェーン・マネジメント）のような企業間の効率的連携を図るために必須となる情報の共有化が，IT（情報技術）の発達によって可能になったということがある。

　Dの分業としては，株主と取締役との関係や，CEO（最高経営責任者）と生産管理・人事管理・財務管理・販売管理などの執行幹部との関係，そして中間管理職と従業員との間の関係に代表される。この「上からの分業」関係の特徴は，危険負担を軸にその上下関係が秩序づけられているという点にある。上位の者が，自らのやるべき仕事の一部を下位の者に移譲し，その管理責任を留保するという関係（ガバナンスを伴う関係）であり，基本的には意思決定の分

業であるということができる。

10. 結び

　企業家（entrepreneur）とは，企業（business enterprise）の担い手である。つまり，市場に潜む不均衡を察知し，そこに仲介利益を獲得する機会（ビジネスチャンス）を見出し，その利益の実現に果敢に挑戦する経済主体である。そのビジネスチャンスも企業家自身の「不均衡の読み」に基づいているので，成功は保証の限りではない。現実の市場経済に不均衡が胚胎せざるを得ないのは，人間の逃れられない認識上の制約，つまり，情報の不完全性・将来の不確実性と，変化して止まない経済環境の特性ゆえである。

　企業家機能は三つの次元からなる。①ビジネスプランの創案機能，②危険負担機能，③組織管理機能，である。①と②との融合領域として，プロモーター機能がある。資本を結集して，新たなビジネスプランの実現を促進する機能である。②と③との境界領域として，ガバナンス機能がある。人を選び権限を委譲するが，管理責任をまっとうする機能である。③と①との融合領域として，組織デザイン機能がある。ビジネスプランに合わせて企業組織をデザインする機能である。

　企業の発生と企業組織のデザインとは，これらの企業家機能を多様な度合いで備えた企業家達の判断によって決定される。人の顔がそれぞれ異なるように，同様なビジネスを手がける企業も，企業家達によって組織のデザインは異なる。

　企業がダイナミックな発展を遂げるかどうかは，三つの次元からなる企業家機能をどれだけ高度に備えた人材が結集するかにかかっている。

　経済がダイナミックな発展を遂げるかどうかは，三つの次元からなる企業家機能をそれぞれ市場競争を通じてどれだけ引き出し，鍛えあげていくかにかかっている。

注

1) シュンペーター [17]，[18]
2) Hayek [6]
3) Kirzner [7]
4) Menger [14] P.80
5) これ以後4節の議論は池本 [23] をベースにしている。
6) Kirzner [7] を参照。
7) マーシャル [11] Ⅳ，P.145
8) Knight [8] P.30
9) Marshall [12] P.346, ならびに [13] P.303
10) Marshall [12] P.329-330
11) Marshall [12] P.331
12) Marshall [12] P.646
13) Marshall [12] P.354-355
14) Marshall [12] P.352
15) マーシャル [11] Ⅳ，P.135
16) マーシャル [11] Ⅳ，P.296
17) マーシャル [11] Ⅳ，P.215
18) Knight [8] P.291
19) Knight [8] P.349
20) Knight [8] P.349-350
21) Knight [8] P.359
22) 7節の議論は池本 [24] を発展させたものである。
23) Coase [3]
24) Williamson [19]，[20]
25) ウィリアムソンは，さらに垂直的関係にある部品取引の分野においても，供給会社の資本設備に企業特殊性がある場合，部品取引契約の交渉が不安定化する（取引コストが増大する）ため，垂直的統合が選ばれる必然性があると論じた。ただウィリアムソンのこのような取引コストの解釈については，コース自身が否定的である。特定の取引に固有な特殊資産への投資の問題は，長期契約の方法で処理可能であるし，ビジネスの世界で信義や評判を重んずる慣行が少しでもあれば契約の破棄がそう簡単に行われる訳ではないとコースは考えるからである。Williamson [19]，Coase [4]
26) Alchian and Demsetz [1]
27) マーシャル [11] Ⅳ，PP.163-164
28) C.バーナード [2] P.5
29) C.バーナード [2] P.5
30) C.バーナード [2] PP.85-86

31) C. バーナード [2] PP. 36-38
32) C. バーナード [2] PP. 242-243
33) C. バーナード [2] P. 270
34) E. ペンローズ [15] P. 43
35) E. ペンローズ [15] P. 274
36) E. ペンローズ [15] P. 61-62
37) E. ペンローズ [15] P. 69-70
38) E. ペンローズ [15] P. 82
39) E. ペンローズ [15] P. 102
40) E. ペンローズ [15] P. 174
41) Demsetz [5]
42) Coase [4]
43) Leibenstein [10] を参照。
44) この整理の仕方は,池本 [21] においてはじめて述べられた。
45) マーシャル [11] PP. 283-284
46) Sautet [16] は同一時間での価格差の裁定(生産活動を伴わない)をタイプⅠの企業家活動,異時点間での価格差の裁定(生産活動を伴う)をタイプⅡの企業家活動と分類している。
47) Sautet は最近の著書 [16] で,企業発生の根拠をネオオーストリー学派的企業家論の視点から説明しようとしている。発見された利益機会を実現するために不可欠な生産要素は,市場からの調達に任せていると他のライバルの企業家によって買い取られてしまう恐れがある。自らのビジネスプランを達成させるためには,是が非でもその生産要素を確保しておかなければならないという。つまり,市場における不確実性を根拠にして,生産要素の確保の必要性という観点から企業組織を説明しようとしている。しかしこの考え方は,要素市場の逼迫の恐れということにしか不確実性の影響を見ていないという一面性がある。

文 献

[1] Alchian, A.A., and H. Demsetz, "Production, Information Costs, and Economic Organization," *American Economic Review*, 62 (1972), 777-795.
[2] Barnard, C.I., *The Functions of the Executive*, Harvard University Press, 1938.
バーナード『新訳経営者の役割』山本安次郎・田杉競・飯野春樹訳,ダイヤモンド社,1968年.
[3] Coase, R.H., "The Nature of the Firm," *Economica*, 1937.
[4] Coase, R.H., "The Nature of the Firm: Influence," in : *the Nature of the Firm, Origins, evolution, and Development*, ed. by O.E.Williamson and S.G.Winter, Oxford University Press, 1991. PP. 61-74.

［5］ Demsetz, H, "The Theory of the Firm Revisited," in : *the Nature of the Firm, Origins, Evolution, and Development*, ed. by O.E.Williamson and S.G.Winter, Oxford University Press, 1991. PP. 159−178.

［6］ Hayek, F.A., "The Use of Knowledge in Society," *American Economic Review*, Sept., 1945.

［7］ Kirzner, I.M., *Competition & Entrepreneurship*, Chicago : University of Chicago Press, 1973.

［8］ Knight, F.H., *Risk, Uncertainty and Profit*, NewYork : Houghton Mifflin, 1921.

［9］ Knight, F.H., *The Economic Organization*, NewYork : Sentry Press. 1951.

［10］ Leibenstein, H., "Entrepreneurship and Development," *American Economic Review*, May 1968.

［11］ Marshall, Alfled, *Principles of Economics*, London : Macmillan, 1890. 8th ed., 1920. マーシャル『経済学原理』Ⅰ.Ⅱ.Ⅲ.Ⅳ，馬場啓之助訳，東洋経済新報社，1965年．

［12］ Marshall, Alfled, *Industry and Trade*, London : Macmillan, 1921.

［13］ Marshall, Alfled, *Money, Credit and Commerce*, Macmillan, 1923.

［14］ Menger, Carl, *Principles of Economics*, translated by J.Dingwall and B.F.Hoselitz, New York : NewYork University Press, 1981.

［15］ Penrose, E.T., *The Theory of the Growth of the Firm*, Basil Blackwell, 1959. 2nd ed. 1980. ペンローズ『会社成長の理論』末松玄六訳，ダイヤモンド社，第2版，1980年．

［16］ Sautet., *An Entrepreneurial Theory of the Firm*, London and New York : Routledge, 2000.

［17］ Schumpeter, J.A., *Theorie der wirtschaftlichen Entwicklung*, München and Leipzig : Dunker and Humblot, 1921.2. Aufl. 1926. シュンペーター『経済発展の理論』塩野谷祐一・中山伊知郎・東畑精一訳，岩波文庫版，1977年．

［18］ Schumpeter, J.A., *Capitalism, Socialism and Democracy*, New York : Harper, 1942, 3rd. ed., 1950. シュンペーター『資本主義・社会主義・民主主義』中山伊知郎・東畑精一訳，東洋経済新報社，1950年．

［19］ Williamson,O.E., *Markets and Hierarchies*, NewYork : Free Press, 1975.

［20］ Williamson, O.E., *The Economic Institutions of Capitalism*, NewYork : Free Press, 1985.

［21］ 池本正純『企業者とはなにか』有斐閣，1984年．

［22］ 池本正純「構造変化が求める商人的企業者像」毎日新聞社『エコノミスト』1984年9月18日．

［23］ 池本正純「市場メカニズムと取引コスト」専修大学社会科学年報第20号，1986年 PP. 37−71.

［24］ 池本正純「企業経済学の展望 ―ビジネスの基礎理論としての経済学の構想―」専修大学経営学部編『戦後日本の企業経営と経営学』森山書店，1994年，第5章 PP. 223−252.

第2章
企業組織のダイナミズム
―― 日本の問題点 ――

池本 正純

1．はじめに

　均衡理論で資本主義のダイナミズムを描くことはできないと述べたのは，J.A.シュンペーターである。彼はワルラス的な一般均衡が達成されるプロセスを自動的・機械的・非人格的なプロセスと見て，そこに何ら人間の創造的な役割が関与する余地はないと断じた。そして，均衡が必然的に成立することを前提にして，その均衡を破壊する行為として新結合（新しい生産方法）の導入を捉えた。企業家とは，その新しい生産方法を導入する経済主体である。新しい生産方法を最初に導入する者こそが「真の企業家」なのである。均衡理論は静態的な性格をもっているのは事実であり，シュンペーターはものの見事にその制約を乗り越え，ダイナミックな資本主義の本質を捉えたと多くの人々は考えた。しかも，彼の企業家の概念は具体的なイメージとしてわかりやすく，英雄的な人間像として語られるため，多くの人々から愛着をもって受け入れられてきた。

　だが，私はかねてからこのシュンペーターの見方に疑問を抱いてきた[1]。彼の言う企業家の役割はあまりに技術革新に偏っており，均衡破壊＝企業家の役割という視野からは，日本経済が現在閉塞状況に陥っている原因とそれを打開する方向性が見えてこないからである。シュンペーターとは違う企業家論の視点，つまり前章[2]で展開した不均衡を調整する企業家の役割の視点に立って初めて，日本経済の問題点が浮き彫りになること，またそれによって日本の

企業組織にダイナミックな再編の動きをもたらす方向性が見えてくることを述べてみたい。

2.「日本型経営体制」からの脱皮

　日本経済が陥っている最大の問題点は，市場メカニズムを通じた企業組織のダイナミックな再編の動きがなかなか見られないことである。銀行の不良債権問題，破綻企業の再生問題，低迷する大企業の再編問題，本格的なベンチャーキャピタル機能の発達の遅れ，日本企業のコーポレートガバナンス問題など，すべて根はつながっている。つまり，市場メカニズムが企業組織に潜む不均衡を調整するように作動してこなかったということであり，またそのように企業家能力が発揮されてこなかったということである。

　この問題に関連して私がかつて（1984年に）主張したことを，長くなるが参考のため引用させていただきたい。

　　日本の戦後の企業経営の順調な発展は，明らかに社会的な相互信頼の厚さによって支えられていた。同時に，その信頼関係の絆を維持するために特有な工夫を経営に施しもした。それが「日本型経営体制」である。このシステムの特徴は，客観的に目に見える市場の論理に直接則って資源を配分するのではなく，人間相互の信頼関係に依拠し，企業者達の目に見えない裁量を通じて間接的に市場メカニズムが作動していたことにある。企業内においては終身雇用制と年功制によって労使間の信頼関係を維持し，企業間においては株式持ち合いによって経営者—株主間の関係を安定化し経営権を自立させた。これによって，利益が企業内部に優先的に還元されることが容認され，内部組織の活性化が促された。

　　雇用関係の固定性からくるデメリットは，熟練を企業内に急速に蓄えることのメリットによって打ち消された。株式を持ち合う企業にとっては，株主としての経済的利益は犠牲になるが，業務上の付き合いからくる利益によっ

てそれは補われた。株式持ち合いそのものは資本調達の効率には貢献しないが，持ち合いの中核となっている金融機関からの融資によって資金のパイプは確保された。持ち合いを通じた経営者間の信頼関係は厚かったので，大口危険負担者である金融機関のゆるい監視の目がありさえすれば，自己資本比率の低さは問題とはならなかった。

　もちろんこのような恵まれた信頼関係を十二分に享受しえたのは一部の大企業である。終身雇用が保証されたのは付加価値の高い労働に限定され，労務管理上のコストの高い労働は不安定な就業条件のもとに下請け中小企業が担わざるを得なかった。また金融機関の資金パイプはそのほとんどが大企業向けのものでしかなく，中小企業の資金調達は不安定で，消費者信用は未発達のままであった。

　　　　・・・

　重要なのは，このシステムがまさに大量生産技術を軸とした戦後の高度成長に見事に適合していたことである。内部労働の急速な熟練の蓄積，経営の安定と生え抜きの専門的経営者の育成，企業集団の信頼あふれる協調体制，金融機関を軸にした資金パイプ，商社を通じた太い流通パイプなどはすべて，技術的に後れをとった敗戦国日本が，富の蓄積もなく資本市場も未発達な状況の中で急速度な重化学工業化を遂げるためにきわめて有効なシステムとなった。

　だがその時代が終わりを告げてすでに10年が経過した。安定成長の時代とはいえ，日本は大変な構造転換の時期にさしかかっている。その変化の激しさがいま，企業者達に極度の緊張を強いている。つまり，日本型経営体制は，いま明らかにその脱皮を迫られている。

　この課題はシュンペーター流の技術革新に寄りかかった企業者像からは捉えきれない。それは，まさに社会的構造転換を背景として生じる不均衡をいかに解消していくかという問題であるからだ。単に技術革新が問題であるのではなく需要の新たな変化に，変質を遂げる生産要素の利用をいかに適合的に組織し直していくかという課題なのである。

新しいビジネスを生む背景となっている最終需要の構造変化は，世代の交代，人口構成の高齢化，高学歴化，女性の社会進出といった社会構造の変化に密接に対応している。そしてこれはそのまま企業の労働資源の質の変化につながっている。しかもMEや通信を軸とした急速な技術環境の変化，日本企業の国際化，金融の自由化，産業規制の緩和など企業環境の諸変化が一挙に進行しようとしている。企業をとりまくこれらの社会構造や環境の変化の一つ一つが従来の日本型経営体制に脱皮を迫る要因となっている。
　日本型経営体制は主力銀行との信頼関係をテコにした間接金融システムと支え合っていたが，企業の財務能力の強化，資金調達の証券化・国際化によって，従来の銀行と企業との連係の組み合わせやその意義はしだいに変化しようとしている。

　　　　　・ ・ ・

　これまでの日本型経営体制は，キャッチアップすべき目標として与えられた重化学工業化を組織的に追求する時代には適合的であっただろう。しかし今後は自ら進むべき方向をそれぞれの企業が独自に見出していかなければならない時代である。とすれば，自己資本を厚くし，自ら危険負担能力を身につけ，経営者の責任体制をはっきりさせながら進むのがあるべき姿ではないだろうか。経営者間の相互信頼はもたれ合いに堕する危険性をつねに秘めている。
　たしかに人間同士の信頼関係の厚さは，社会にとって重要な財産である。それは市場のルールを円滑に維持していくために不可欠の潤滑油である。しかし日本型経営体制に見られた信頼関係の枠組みは，同時に人為的な工夫によって編み出された性格をももっている。その古い枠組みに全面的によりかかった経済の運営の仕方がすでに足かせになろうとしているときに，しかもその信頼関係のありようが質的に変容しようとしているときに，その枠組みを前提にした経営方法を墨守し続けることはやはり危険であろう。
　この問題にかかわってさらに重要なのは，社会構造の変化からくる労働資源の質の変容の問題である。世代の交代に伴う労働者意識の変化，中高年の

ポスト不足，女性の職場進出，企業の多国籍化などはすべて従来のままの日本的経営の維持を困難にし，新たな労働市場のあり方を要請する。定年前のスピンオフやその市場化の問題，高齢者の熟練不適応や再就職の問題，組織活性化のための専門職制度の確立，外国人や女性の積極的活用と処遇などをめぐる雇用問題がいずれ表面化するであろう。

現在，日本の企業者達が直面している最も重要な課題は，この社会的構造変化をいかに柔軟に日本の企業活動全体の中にとり込んでいくかという問題なのだ。

社会的構造変化は最終需要のパターンと生産資源の構造に多面的な影響を及ぼし，企業の内外に不均衡をもたらす。しかもその不均衡はすべてこれまでの日本型経営体制の枠組みからはみ出る形で発生しようとしている。今最も根本的に求められている「イノベーション」とはこの枠組みからの脱皮なのである[3]。

上記の論文は，日本においても，市場メカニズムを通じたダイナミックな適合を突き動かすべき本格的な企業家（上記論文中は企業者と表記）の役割が求められるようになったことを述べたものである。私は今でもこの主張は正しかったと考えている。とくにその後の事態の推移を思うとき，更に確信を深めている。引用にもあるように，1980年代において日本の最も重大な課題は，「日本型経営体制からの脱皮」であった。新しい社会的構造変化が生じようとしている時代に，企業家的活力を引き出すためには，戦後の高度成長期に適合すべく築き上げられた日本型経営体制がすでに桎梏となっていたからである。とくに，持ち合いならびにそれと密接不可分の関係にある銀行に偏った金融システムからの脱却が急務であった。新たなビジネスを展開していく上で，リスク負担と経営責任とを明確に自覚し，両者を結びつけていく資本市場の役割が不可欠であったからである。

しかし，事態はそのようには進まなかった。80年代を通じて日本型経営体制は維持され，企業間（特に大企業間）のもたれ合い現象は著しくなり，それは

バブルを加速する温床となった。とくに持ち合いの核となっている銀行と企業とのもたれ合いの関係の中で，責任体制がはっきりしないまま財テク投資や不動産投資とその融資が膨張していったのである。

3．資本と経営（企業家機能とは）

シュンペーターはイノベーションを行うもののみが企業家であるとし，危険負担を行う資本家は企業家ではないと主張した。しかし，ここに陥し穴がある。企業家とは不確実性を乗り越えて市場の不均衡を発見し，それを解決していく主体である。その仲介機能のプロセスで，資本が固定化され，危険負担が発生する。企業家が資源の利用を方向づける上で発揮するイニシアティブは，この危険を集中的に引き受けることによって与えられている。

その危険は個々の事業機会がユニークであるため標準化を許さない。つまり保険で処理しえない。それに対処するための一つの工夫が株式市場であった。危険負担能力と経営能力との適合的な結合関係を，それぞれの市場競争の圧力を通じてもたらそうとするものである。しかしその方法で対処しうる事業機会の実現は，特殊な限定（上場・公開）を受けるし，そもそも市場の存在はその機能の完全性・健全性を保証するものでない。株価が経営者の長期的戦略の桎梏となったり，逆に経営者が株価を欺いたりするケースは枚挙にいとまがない。市場による評価が，不完全である以上，資本供給者にも経営者にもある種の賭けの要素が含まれる。

こうしてみると資本家と経営者とどちらが企業家かという区別の仕方はあまり意味がない。資本の供給者の企業家的要素は，自らの洞察力とイニシアティブにもとづいて，経営能力の配分と事業機会との適合関係を発見し，その能力を遺憾なく発揮させることに表れる。

会社組織は，人的資本に対する確信にもとづいて，資本の固定化を行う資本供給者と，その信頼に応えるべく自らのビジネス生命を賭ける経営者との，この精神的紐帯で結ばれた二つの類型の企業家によって担われている。だがその

「紐帯」は，確信を媒介にしたものにすぎないがゆえに，つねに脆弱さが伴っていることに注意しておかなければならない。

資本の供給者の企業家たる資格は，経営者を判断する洞察力と，いったん経営を任せたからにはそれに伴う危険を忍耐強く負担し抜く緊張の中にこそある。危険負担に対応するだけの監視の目をゆき届かせる必要があるとはいえ，その危険負担に堪えきれず，介入を強めたり資本を引き揚げて，事業の可能性の芽を摘み取るおそれがつねにつきまとう。他方経営者の方は，任された事業の運営ぶりに監視の目がゆき届かない場合，進取の意欲をそれほど発揮せず，経営にゆるみを発生させる可能性をつねに秘めている。監視に必要な情報の開示を怠ることさえあるだろう。

これと同じ関係は企業組織内においても存在している。経営者は部下に対してある種の危険負担者としての役割を担っている。経営者は自らの判断によって部下の能力を見抜き，選んだ以上全面的に信頼する胆力を必要とする。自律性を与えなければ創造性と活力が芽生えるはずがない。だがそこには当然危険も伴う。経営者は部下に裁量の自由を与える一方で，自らの人格や説得力のある経営理念によって部下の心を吸引し，組織全体の秩序と規律を維持していくという離れ業を行わなくてはならない。

戦後の日本型経営体制（内には日本的経営，外にはメインバンク制などの企業間関係を含む）の問題点は，企業家機能の重要な要素としてある危険負担の側面が見失われたことにある。つまりリスクキャピタルを供給する場としての資本市場の重要性と，危険負担の度合を媒介にして組み立てられる組織のガバナンス構造の意義とが見失われたのである。

前章で本格的に説明したように（とくに**図2**を参照のこと），企業のダイナミックな発展をもたらす上で肝要となる企業家（entrepreneur）とは，市場に潜む不均衡を鋭く察知し，それをビジネスチャンスとして構想し，その実現に果敢に挑戦する経済主体である。この企業家の機能には三つの側面がある。①ビジネスプラン発案機能，②危険負担機能，③組織管理機能，である。

①と②との融合領域として「プロモーター機能」がある。つまり，資本を結

集して，新たなビジネスを興したり，既存企業（あるいはその事業部門）を他の組織と再編成したりする機能である。ここでは，稀少な資源であるリスクキャピタルを投資するからには，新しいビジネスプラン（ベンチャービジネス）の内容や，あるいは大企業からスピンオフする事業部門の将来性，他の企業と併合した場合の相乗効果といった点を分析できる能力（つまり，ビジネスを見究める眼）が要求される。もちろん，ビジネスプランそのものが競合しながら，活発に提案される土壌がその背景になければならない。

②と③との融合領域として「ガバナンス機能」がある。権限の委譲（意思決定の分業）を図ると同時に，危険負担と一体としてある管理責任を果たすという機能である。ここでは，ビジネスリスクを極小化するために，信頼のできる人材を選び出し，できるだけ働きやすいように仕事を任せると同時に，チェックも怠らないようにするという管理能力が要求される。それと同時に，すぐれた管理者として成長し，やがて経営者候補として認められるような競争的な経営者市場が舞台として存在しなければならない。

企業家の危険負担機能は，このような形で企業組織のあり方に関わってくるのである。とくに，日本型経営体制では「プロモーター機能」と「ガバナンス機能」の喪失が重大な意味をもっている。それは起業意識の停滞と経営者市場の機能不全を伴ってもいた。

4．コーポレートガバナンスの重大性

日本のコーポレートガバナンスの問題は，単に個々の企業の経営の健全性をいかに確保すべきかという議論のみで終わらせるわけにはいかない。なぜなら，コーポレートガバナンスのあり方は，日本経済全体の機能上の特徴の一部にほかならず，またコーポレートガバナンス上の日本に固有な解決策が，日本経済全体の効率やダイナミズムに重大な影響を与えてきたからである。

日本のコーポレートガバナンスのあり方の特徴の本質は，株式持ち合いを通じた経営権の保護にある。戦後，これにより経営の安定化が図られ，長期的視

点に立った経営が可能になり，積極的な設備投資という形で経営の自由裁量権が十二分に発揮され，持続的な高度成長が実現されたと言われている。その際，持ち合いの核にもなり，資金供給の要としての役割を担うメインバンクが，個々の企業に対してモニタリングの機能を果たし，日本のコーポレートガバナンスの実質を担ってきたということが付け加えられることが多い。

しかしながら，1980年代以後の日本経済の動きを見るかぎり，経営権の過度の保護が個々の企業経営における危機感を鈍らせ，環境や社会の変化に企業を適合させていく努力を怠らせてきたという面が否定できない。とくに国際競争にさらされることの少ない規制に守られた産業においてそれが著しい。日本のコーポレートガバナンスの要となるべきはずの金融業界自身にそのことが典型的に現われたのは皮肉というほかない。

「日本には日本にふさわしいコーポレートガバナンスの方法がある」とか，「何もかもアメリカのまねをすればいいというものではない」という言い方は，抽象的な一般論としては理解できるが，戦後の高度成長のプロセスの中で築きあげられてきた慣行，つまり「株式持ち合いが経営権を保護してきた」ことがもたらした弊害に対する反省がないということは許されるべきではない。また，株式の持ち合いが金融市場の構造や機能を歪めたこと，ひいては，それが日本経済全体の中で市場メカニズムが成熟していくことを遅らせる方向に作用し，日本経済のダイナミックな適合力を阻害してきたことは，日本のコーポレートガバナンスの問題点の一環として認識される必要がある。

5．資本市場が果たすべき本来の機能

資本市場が本来果たすべき第一の本質的な機能は，リスクキャピタルの供給と経営能力との適切な結合を図るという点にある。リスクキャピタルの所有者と経営能力の持主とが一致するとは限らないため，株式会社という仕組みによって両者の結合が図られる。ビジネスリスクの究極の負担者は株主なので，株主総会が最高の意思決定機関としての地位におかれ，株主はその危険負担の

度合（持株数）に応じて総会での議決権が与えられる。「最高の意思決定」の内容は，経営陣の選任である。リスクキャピタルの供給と経営能力との結合は，一方で，株式市場での銘柄の選択を通じて，他方で，株主総会での議決権の行使を通じて図られていることになる。

　株式会社と株式市場とからなる仕組みは，ビジネスリスクを引き受ける意思のある者によって，多様な経営資源の集合体である企業の運営を委ねるにふさわしい経営陣が選ばれる機能を果たしている。それは言いかえれば，不確実性に満ちた環境の中で，個々のビジネスを成功裡に導けるような洞察力とリーダーシップをもつ経営者を見出し，彼に生産活動に参加する多様な資源の活用の方向づけを委ねるプロセスでもある。その手続きが適切になされるためには，株式市場が市場として可能な限り健全に機能するとともに，株主総会での議決権が正当に行使されることが前提条件となる。株式所有が分散し，株主の力が発揮できないように見えても，総会の委任状の獲得競争やTOBなど株式市場を通じた所有の一時的集中化（核となる株主への支配権の集中化）が機能するので，株主の多数意思を集約し，その権限を行使することは可能となる。経営の規律は究極的には資本市場からの圧力によって促すしかないのである。株主の立場から見て成果の上がらない経営者に対しては，その交替を求めるのは当然である。

　そのためには資本市場に合わせて，経営能力をもった人材のマーケットが形成されていなければならない。一方では，高い経営能力を自ら開発しようとする意志と努力が，その能力を発揮すべきビジネスチャンスを与えられることによって報われる舞台が必要だということであり，他方では，リスクキャピタル提供側の期待に応えられなかった経営陣がその経営責任をとり，舞台から退くという競争ルールがなければならない。

　こうしてみると，資本市場は経営能力市場と連動することによって，リスクキャピタルと経営能力とが結びつき，結果として実績が思わしくないときには，リスクキャピタルを供給する側のイニシアティブで経営者との結びつきを変更するという形で資源の組み合わせの改善を図っていると言えよう。これが

上場・公開株式会社の市場メカニズムの視点からみた機能である。

　資本市場（危険負担能力のマーケット）のもう一つの重要な役割は，プロモーター機能，つまり，新たなビジネスプランのアイディアを見出し，その事業化を促進する機能である。そのためには，一般的に融資ではなく出資のスタイルをとらなくてはならない。

　残念ながら日本では，金融システムがほとんど融資を本分とする銀行に偏っていた。しかもその銀行を通じてかき集められた資金は，大企業の設備投資に優先的に回されたのである。中小企業やベンチャービジネスへの融資は優先度が低く，貸し出す側の審査能力も育たなかった。銀行の子会社としてベンチャーキャピタルはつくられたが，有能なベンチャーキャピタリストが存在した訳ではないし，ベンチャーキャピタルの本来の業務を手がけた訳でもない。

　プロモーター機能のもう一つの柱は，買収ファンドである。買収（一般にM&A）には高度な企業家能力が要求されるが，日本では，M&Aはタブー視されたままであった。とくにスピードを求められる企業の再編にはM&Aは有効であるが，企業の側もその発想がなく，それを支える投資銀行機能をもつ金融機関も育たなかった。

　ベンチャーキャピタルや買収ファンドのような企業家的な金融仲介は，リスクキャピタルを供給する資本市場が成熟してはじめて活躍の舞台を与えられるし，またベンチャービジネスや買収企業の経営に参画したりする経営者を輩出する層の厚い経営者市場がなければ，うまく機能しないのである。

6．株式持ち合いの問題点

　株式持ち合いの直接的な問題点は，「資本の空洞化」と「会社支配の歪曲」にある[4]。

　資本の空洞化というのは，持ち合いを通じた名目的な資本の増加は，「資本充実の原則」に反し，企業の財務体質を不健全なものにするということである。会社支配の歪曲というのは，持ち合いによって会社は相互に経営者を株主

総会のチェックや乗っ取りの脅威から保護することになり，出資のない経営者による会社支配を可能にするということ，つまり，経営者相互のもたれ合いを構造化してしまうという点である。この問題点は，じつは「自己株式取得」が招く問題点と本質的に共通している。自己株式取得は商法で原則禁止されており，100％子会社が親会社株式を取得することもそれに抵触すると解釈されてきた。

昭和56年商法改正以後は，50％超の子会社による親会社株式の取得についても禁止規定が設けられた。つまり，資本空洞化と会社支配の歪曲との双方の防止が図られている。また25％超の株式を所有されている会社は，その所有会社の株式を取得しても議決権を行使できないことになっている。この場合，資本空洞化の防止は図られていないが，会社支配の歪曲の防止は図られている。

しかし25％未満で相互に株式を取得する場合には，野放し状態になっているという大きな問題が残されている（銀行の場合には，独占禁止法によって5％を超えて個々の会社の株式を取得できないという縛りがある）。つまり，個々の会社のレベルで相互に持ち合う株式の比率が25％を超えない限り（銀行の場合には5％を超えない限り），たとえグループ全体で持ち合っている比率がそれ以上であろうと，持ち合い株式については何らの法的規制は加えられていない。しかし，持ち合い株式の議決権の行使は本来認められるべきではない。

その根拠は，まず第一に，議決権に関する株主平等の原則に反するという問題である。つまり一株一議決権の原則または出資・支配対応の原則に反しているということである。持ち合い株式は，実質上は相互に出資の払い戻しをしているゆえに，払い込みのない「空虚な資本」ということになり，払い込みのある「真正な」資本と同一に扱うことは，出資・支配対応の原則，株主平等の原則にもとる。それゆえ「空虚な資本」にすぎない持ち合い株式には，議決権の行使は認めるべきではない。

第二に，現行の商法で自己株式の取得は原則的に禁止されているが，例外的に取得が認められる場合にも，その保有株式については議決権を有しないと定められている。自己株式の議決権が取締役などによって会社支配のために悪用

されるおそれがあり，株主総会の権限が侵される可能性があるからである。株式持ち合いの場合，経営者相互間で議決権行使の白紙委任について暗黙の約束があり，その結果，持ち合う会社の経営者は相互に自社支配の手段を手にすることになる。その意味で自己株式の議決権行使について生じうる弊害と同様のことが生じうる。持ち合い株式についても自己株式と同等の規制が課されるべきであろう。現行規制は25％超所有の場合に限られているが，問題なのは持ち合っているグループ全体における持ち合い比率なのであり，個々の会社との持ち合い比率の大きさにかかわらず，規制の対象にすべきであろう。

　株式持ち合いの問題点は，日本のコーポレートガバナンスの形骸化と資本市場の機能の阻害に直結している。

7．コーポレートガバナンスの形骸化

　もともと株主と経営者との間には情報の非対称性ゆえのエージェンシー問題が潜んでいる。その問題に対処するために，株主総会，取締役を通じた監視機能，ディスクロージャーの諸制度がある。それらの機能はもちろん完璧なものではない。しかし，日本の場合，株式持ち合いによってそれらの機能は一層形骸化の度を強める。持ち合っている法人安定株主が過半数のシェアを占め，株主総会での議決権行使に際して，経営側に白紙委任状を渡すのが通例である。経営側の議案が事実上事前に決定されているのに等しく，総会の形骸化が著しい。経営の監視を行うべき取締役・監査役の選任と承認も株主の立場からのチェックが入らないので，経営者支配の固定化の弊が免れない。経営の健全性は，ひたすら経営トップの自主的な意欲やわきまえ・倫理観に大きく依存することになる。

　持ち合いという慣行によって経営の健全性に危機が訪れるのは，何らかの理由によって経営責任が問われる瞬間である。業績の低落や社会的評価を落とすような事件を引き起こしても，誰もその責任を取ろうしたがらないのである。経営トップをチェックできるものが誰もいないからである。内部の取締役・監

査役は言うに及ばず，外部の実質的大株主である法人も相互に介入しないというのが不文律である。このような状況から生まれやすい経営体質が，いわゆる「横ならび経営」というものである。他の会社や前の経営者と同じことをやっていれば，いざとなっても言い訳ができる。かくして，経営者はオリジナルにものを考えなくなる。突出することはきわめて危険ということになる。

　もちろん，経営者に昇りつめるプロセスで組織内に競争の原理が働かない訳ではない。しかしそのプロセスはややもすると社内の不透明な派閥力学に左右されたり，ビジネスにおける個人の実績や能力を見極めたうえで選別されるのではなく，単に人間関係において敵がいない人物を選び出したりすることに終わる可能性がある。何よりも，その社内競争は，株主価値をいかに高めるかという株主の立場や利益を重視する視点からなされているとは言い難い。また経営責任を問うにしても，それが株主の立場に対する責任という自覚はない。

　この点に関連して指摘すべきは，日本において総会屋が何故跋扈したかという問題である。正当な根拠がないままに権力が固定化すれば，必ずそれに不満を持ち対抗しようとする勢力も生まれる。「権力は腐敗する」ことが避けられないとすれば，その腐臭（スキャンダル）を臭ぎ取った対抗勢力は，それを最大限に利用しようとする。その方法が総会屋へのリークであった。えさがある限り，総会屋は繁殖する。つまり，総会屋が日本に跋扈したという事実は，企業の支配権をめぐる競争が不透明な形で行われ，日本の株式会社のコーポレートガバナンスが機能していなかったということの証拠である。逆にいえば，総会屋がかろうじて日本のコーポレートガバナンスの機能の欠落を歪んだ形ではあるが補完したのである。

8．資本市場の機能の麻痺

　株式の持ち合いによって日本のコーポレートガバナンス機能が欠落したことのもう一つの重大な弊害は，資本市場の機能がそこなわれたことである。

(1) 株式の魅力の喪失

　まず何よりも，株式持ち合いをすること自体が，すでに一般株主の権利を稀薄化し，その侵害になっているという点を指摘しなければならない。株式持ち合いの部分は実質上払い込みのない「空虚な資本」であるにもかかわらず，株主としての権利を与えられているからである。株主の立場からの経営チェック機能が働かないということは，経営そのものが株主価値の最大化をめざして行われるという誘因を失わせ，結果として「資本の浪費」を招く。つまり，経営の非効率と低収益経営である。個々の企業にとっては（あるいは経営者にとっては），持ち合いを行っている企業間で互恵的取引を拡大・継続できればそれで構わないかもしれないが，株主の立場からの資本効率という観点からすれば問題が残る。たとえば，メインバンクとのあいだで余分な借り入れが発生するおそれがある。

　このように株主の利益をないがしろにした経営がまかり通れば，当然株式の魅力は失われざるを得ない。究極のビジネスリスクを負担する株式には，それに見合う収益が長期的に付与されなければならないが，株主の立場からのガバナンスが欠落してしまうとその緊張関係は失われ，株主の利益の追求努力は保証されない。つまり，株式は投資家にとって魅力のある金融資産とはならないのである。株式持ち合いは，結果的に個人投資家の成長を妨げるという副作用を伴った。

(2) 株式市場への不信

　株式持ち合いを中核とする株式所有の法人化現象は，相場操縦や内部者取引の誘因になるなど株式流通市場の機能（公正な価格形成，円滑な流通）を低下させ，ひいては発行市場の機能低下を招くおそれがある。

　法人内部や持ち合い法人相互の情報網のいわば「かやの外」におかれた一般株主は，株式流通市場に対して不信感を募らせてきた。そのことがまた個人株主の層が薄くなるという原因にもなってきたのである。

9．日本経済のダイナミズムの喪失

(1) 貧困な企業家精神

　持ち合いを通じ経営者間のもたれ合いによる経営者支配の固定化が一般化すれば，経営能力や意欲に疑問のある経営者を結果的に温存することになる。それは，企業の中で株主の眼から見て経営能力のある人材を育てる誘因を失わせるのみでなく，日本のビジネスの世界で企業家精神そのものが育たないという弊害をもたらすことになる。とくに日本では，大企業を中心とした「終身雇用慣行」によって人材の企業間移動が阻害されてきたため，他社・他業界にも通用する経営能力を涵養するという誘因が働かなかった。

　また，優秀な人材は中央官庁や大企業に就職し，その組織の中で昇進を競うというキャリア上の価値観が定着したため，自ら独立し，新しいビジネスを起こすということに高い社会的評価が得られにくい風潮が醸成された。大企業が抱えた優秀なはずの人材も，企業での経験を自らのキャリア形成の踏み台として利用し，将来転職したり自立する抱負をもつというよりも，組織にもたれかかる意識のほうが強かった。大企業傘下の子会社への出向・転籍も，たとえていえば「役所の天下り」と同じで自立心に燃えた企業家をめざす姿勢からは程遠かった。

(2) M&Aへのアレルギー

　株式市場の歪みと発育不全は，リスクキャピタルを供給するという本来の資本市場の機能を果たし得ないまま，産業構造の転換の時代にさし迫って必要であったはずのM&Aや証券化のスキームやノウハウが，日本の金融市場にとり入れられていくスピードを大幅に遅らせた。日本では長年M&Aがタブー視され，外資系の再生ファンドが入り込んできたときにもヒステリックな反応が見られた。しかし，日本の産業構造を変えていくためにこのようなスキームが不可欠であることは，もはや論を俟たない。残念ながら，日本の資本市場で

は持ち合いにより，企業支配権のマーケットは働かず，M&Aを支えるインベストメントバンク機能は未発達の状態が続いた。そして何よりも，買収後の経営を担うにふさわしい経営のプロが日本では育たなかった。

(3) ベンチャーキャピタルの発達の遅れ

資本市場の未成熟は，(1)で挙げた貧困なる企業家精神とあいまって，ベンチャービジネスの振興の妨げとなった。有望なベンチャービジネスが育つには，一方ではきわめてリスクの高い資本の供給者が必要であり，他方では多様なシーズの中から有望なものを発掘できる眼力と，その経営を指導できるだけの経営ノウハウが必要となる。ベンチャーキャピタルはその両者の結節点である。その運営にあたるベンチャーキャピタリストには，高度な企業家的な才能が必要とされるといってよい。しかし，リスクキャピタルの市場としての資本市場の発達の遅れは，多様なリスクの担い手としての投資家層の形成の遅れにつながり，他方では経営のプロが企業間を移動する経営能力市場が形成されないままにとどまったため，ベンチャーキャピタルの力強い役割がなかなか発揮されなかった。

(4) 銀行の肥大化と不良債権の累積

日本の金融システムはいわゆる護送船団方式にもとづき銀行に偏った発達を遂げた。それに伴い資金だけでなく人材面でも質の高い資源を「独占的に」吸収した。しかし結果として日本に高度な金融ノウハウは育たなかった。すべて，持ち合いにもとづく企業間のもたれ合い，なれ合いのなせる業である。融資もある種の危険負担であるからには，事業そのものの審査と融資先のモニタリング（ガバナンス）は欠かせない。しかし，日本における銀行の融資は，企業間のつき合いがあるかどうかということと不動産担保さえとればよいという安易な方法に堕落した。80年代に日本の金融システムは証券化に向けて抜本的な改革をすべきであったが，それを怠り，バブルに突入した。バブルそのものは国際収支などマクロ的要因から発生したといえるが，しかし持ち合いの構造

に支えられた日本型経営体制と銀行に偏った金融システムとがバブル発生の重要な背景としてあるということは忘れてはならない。

　バブル崩壊後の金融破綻のプロセスに見られた金融界の対応の硬直性も，持ち合いに支えられた企業間のもたれ合いが背景にある．不良債権処理には，ローンを厳しく時価評価し，損切りの機会を見失わないことが必要であるが，債権譲渡の方法やSPCを使ったいわゆる証券化スキームのノウハウの開発が遅れてしまった．また，買収ファンド，再生ファンドといった不良債権処理において最もダイナミックな機能を果たすはずのスキームについても，日本の銀行界は外資系に後塵を拝するのみであった．

10. 結語

　日本のコーポレートガバナンスの問題の核心は，株式の持ち合いにある．少なくとも持ち合い部分の株式については，議決権を認めるべきでない．この問題を解決しない限り，たとえ「委員会等設置会社」へ移行しようと，社外取締役を何人導入しようともさしたる効果はない．それらは枝葉末節にすぎないからである．持ち合いに対する規制を行わずして，日本のコーポレートガバナンスの重要な問題は解決しないのである．どのような委員会を設置するか，何人社外の取締役を入れるかは，法律で規制することではなく，各企業が工夫し選択すべき経営スタイルの問題と理解すべきことがらである．

　むしろ，日本のコーポレートガバナンスの問題は，個別企業の経営の健全性の確保の問題である以上に，日本経済全体の企業組織のダイナミズムを回復する問題につながっているということの認識が重要なのである．

　この問題は，企業のダイナミックな発展と適合は，企業家能力に依存しているという「企業家論」の視点に立ってはじめて見えてくる．経済の資源配分は，市場メカニズムによって自動的に最適な均衡点に達するのではない．その達成の度合が，市場経済を支える企業家達の創意や活気に依存しているというにすぎない．生産関数が自明のものとして企業家に与えられている訳ではな

い。情報の不完全性や将来の不確実性という壁にさえぎられながらもビジネスチャンスを探り，その実現に向かって果敢に立ち向かう企業家によって，「生産関数」は模索されているにすぎない。製品市場の競争さえあれば，コーポレートガバナンスの問題が発生しないというものではない[5]。

　危険負担の意志が，有望なビジネスプランを求め，また有能な経営者を求めて競争しあう舞台があってはじめて，起業が活性化し，経営者は活躍のチャンスを与えられるのである。逆に，資本の提供を求める起業家同士の競争があってはじめて，意欲あふれるビジネスモデルが開発されるのであり，株主の信認を得ようとする経営者同士の切磋琢磨があってはじめて，組織の規律が維持できるのである。日本のコーポレートガバナンスの問題も企業家論の視点に立ってはじめて真相が見えてくるのである。

注
1) 私の最初のシュンペーター批判の試みは，池本正純『企業者とはなにか』有斐閣，1984においてである。
2) 池本正純「企業組織論の新しい地平」『現代企業組織のダイナミズム』専修大学社会科学研究叢書6，専修大学出版局，2004（本書第1章）。
3) 池本正純「構造変化が求める商人的企業者像」毎日新聞社『エコノミスト』1984年9月18日，PP.50-56
4) 持ち合いの動機と弊害については，私自身『企業者とはなにか』P.138においてすでに指摘した点である。本稿におけるこの問題の分析については，水口宏「株式持合いの問題点と今後の対応について」『月刊資本市場』1994年3月（No.103）を参考にした。
5) 製品市場の競争さえあれば，コーポレートガバナンスの問題は発生しないという考えの背後には，「生産関数所与」という標準的価格理論の前提が安易に想定されている。

第3章
現代企業組織のダイナミズムと知識ベースの企業理論

丹沢 安治

1．序文：現代企業組織のダイナミズム

　今日，企業組織をめぐる変化として，さまざまな事柄が取り上げられている。大規模機能別組織や事業部制組織のような大量生産を前提とした組織から，フラットな分散型の組織への変化はもっとも頻繁に取り上げられるテーマであるし，それと同じ根源をもつものであるが，プロダクト・アウト−マーケット・インの発想から，マーケット・アウト−プロダクト・インへの転換もますます言及されるようになっている。このことは，大量生産方式の優位性から，多品種少量生産を特色とするセル生産への移行として指摘されたり，あるいは，「安定供給を旨とする大量生産」から，「3ヶ月で開発して6ヶ月で売り切る」ようなビジネスの普及といった形で表現されることも多い。
　これらの現象の共通点は，理論的に企業境界の問題として扱われているものに他ならない。本章では現代企業のダイナミズムを企業境界をめぐる問題として捉えてみよう。

(1) 今日の企業境界の問題：2種類の企業境界変化
1）企業境界の収縮：モジュール化
　長い間，企業組織は，経営管理論や経営組織論においてさまざまな観点から議論されてきたが，経済学においては，R.コースがその古典的な論文，「企業の本質」において，市場経済に企業組織が存在する理由を問うて以来，ウィリアムソン［1975］にいたるまで，特に関心を集める存在ではなかった。しかし

今日，企業組織をめぐる変化は，もう一度コース的な問題意識を思い起こして市場経済での位置づけとともに理解すべきものとなっている。今やわれわれは，企業境界について2つの重要な正反対の方向を持つ変化を目の当たりにしているからである。すなわち，それは分社化による企業組織のモジュール化と提携・多角化による業界の枠を超えた「融合」である。

たとえば，今日の企業組織の典型的な姿である，下のルイス・ゲループ・トイ社の企業境界の収縮の例を見てみよう。

図1において，実線で囲まれた部分，つまり本社は，独立したデザイナーに新製品の開発を依頼し，そこで開発された新製品は，中国沿岸部にあるやはり独立したメーカーに製造委託されている。その中国沿岸部のメーカーは，さらに内陸部にある零細な製造メーカーに下請に出す。生産された製品は，米国の販売代理店に直接送られ，そこから百貨店，量販店，小売店に卸される。このような財貨の流れに対応して，取り立て業者が，カネの流れを管理する。本社は，各委託先間の調整を主な仕事とすることになる。

ここにおいて，企業の境界は，かつては，明らかに点線で囲んだ領域だった。以前，新製品開発部門であり，生産部門であり，販売部門でありそして経理部門であったものはアウトソースされ，企業境界は収縮しているといえる。このような変化が現代の企業組織のダイナミズムを表すものであるならば，コース的な市場経済と企業の存在の問題，つまり企業境界を再考する価値は明らかだろう。

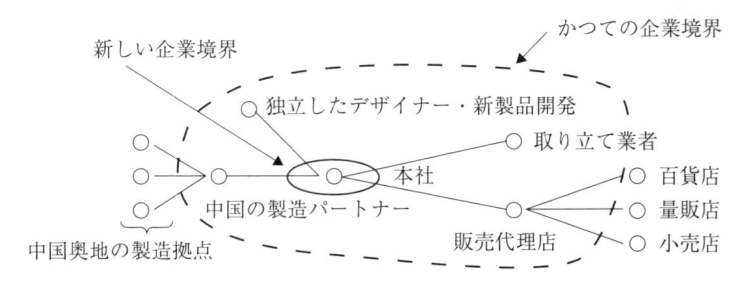

図1　ルイス・ゲループ・トイ社：企業境界の収縮→market place[1]

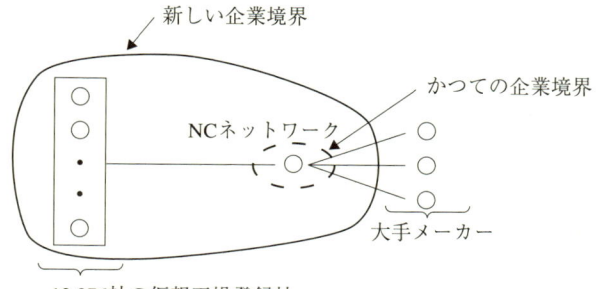

第3章　現代企業組織のダイナミズムと知識ベースの企業理論　89

　　　　　　　　　　　新しい企業境界
　　　　　　　　　　　　　　　　　　かつての企業境界
　　　　　　　　　　　NCネットワーク
　　　　　　　　　　　　　　　　　　　大手メーカー
　　　　12,276社の仮想工場登録社

図2　㈱NCネットワーク：企業境界の拡大→network あるいは cluster[2]

2）企業境界の拡大：融合

　同じように，現代のIT時代において，興味深いビジネス・モデルを展開している㈱NCネットワークのケースを見てみよう。同社は，12,276社（2003年11月26日現在）におよぶ全国の中小零細工場をホームページにおいてネットワーク化し，その加工事業部では，同社が大手メーカーからモジュールでの受注を受け，それを各部品にばらして傘下の会員企業に注文を出している。NCネットワークは，各部品の検査を行い，組み立てて，納品している。仮想EMS企業と呼ばれるビジネス・モデルである。この場合，企業境界はどうだろうか？　点線で囲まれた，かつての企業境界は，実線で囲まれた領域に事実上拡大していることになる。12,276社の参加企業の業務内容，すなわちケイパビリティーは多岐にわたり，これらはインターネットを通じた共通のネットワークという土俵を軸にかつての業界の境界を超えて融合している状態といえる。

　ルイス・ゲループ・トイ社もNCネットワークもどちらもアウトソーシング化の一形態であり，これは同じ1つのコインの表と裏であるといえよう。

(2)　現代市場経済の諸特徴

　ベサンコ／ドラノブ／シャンリーらは，その『戦略の経済学』において，また，Cowen/Parkerは，その［1997］において，このような企業境界の変化をもたらした社会経済上の背景を捉えている。それによると，数千年間継続した

手工業生産から18世紀の産業革命を経て，専門化が進行し，まず職人が減少した。そして19世紀後半から，20世紀の初頭にかけて，産業革命に端を発する新たな生産技術が標準化された大量生産を可能にし，鉄道網の確立と電信の普及によって1840年には不可能であったようなさまざまな取引が実施されるようになったという[3]。その当時には，Taylor的な科学的管理法がもっとも有効な管理技法であるような，大量生産が行われていたのである[4]。

このため垂直統合された，階層の深い大規模企業が効率的な形態だったのである。しかし，徐々に市場がグローバル化し，ゆえに市場参加者が増加し，競争が激化したとき，市場の需要変化に対する対応の速さと柔軟性が重要になる[5]。また，コンピュータのネットワークが普及することによって情報革命とも呼ばれるべき変化をもたらしている。すなわち，意思決定はより生産ラインと消費者に近いところで行われるようになったのである。

このようなグローバル化は，資本市場についてもあてはまり，企業はたとえ小企業であっても大きな経営資源を利用できるようになった。小規模なメーカも大企業と同等の条件で競争できるようになっているといえよう[6]。

かつての典型的な企業とは大量生産によって単価を下げながら，標準的な品質の製品を見込み生産し，それらの製品は，商社や販売代理店に販売委託されて，ユーザーに販売されるというのが一般的であった。どのような製品を作るかという決定は製造メーカーによって行われ，経済が成長しつづけている，つまり拡大しているという前提の下で安定供給が図られていたのである。このような発想はプロダクト・アウト－マーケット・インと呼ばれ，市場にいるユーザーが必要とする実需を吸い上げ，製品や新商品の開発を行う，マーケット・アウト－プロダクトインとは正反対のものである[7]。

企業組織は，市場における不安定性，変動性に対処するためにますます分権化するようになっている。現代の市場経済においては，さまざまな同じ職位の従業員によるクラスターあるいはnetworkが自立的に分散的な意思決定を行い，多くの管理コストを節約しているといえるだろう[8]。

2. 新たな理論的枠組みの必要性

現在われわれが観察している企業境界の変化を読み解く理論的な枠組みにはどのようなものがあるだろうか。次に伝統的なアプローチとまさに現在の市場経済に対する新たな認識を踏まえて新たなアプローチを組み立てなおしてみよう。

(1) 伝統的アプローチ：取引費用の経済学（TCE）

企業境界の決定要因については，R.コースによって始められ，O.E.ウィリアムソンによって確立された取引費用の経済学（TCE：Transaction Cost Economics）がもっとも強力な説明を提供してきた。このTCEは，市場において部品を調達する費用，つまり取引費用（TC_M）と，企業組織内での管理費用（MC_H）とを比較して有利なオプションを選択すると主張する。すなわち，$TC_M > MC_H$ であれば，自社工場で生産することになる。販売業務であれば営業部，資金の流れの管理であれば経理部門で行うことになる。

すなわち，これらの業務をアウトソースした市場取引では，取引相手が機会主義的に振舞うので，モニタするコストが発生する（取引費用 TC_M の発生）。それにたいして，企業組織内での生産では，独自に行うため規模の経済性を実現できないだけでなく，組織構成員の手抜きを監視するコストが発生する（管理コスト MC_H の発生）。そして2つのオプションのうち有利なものを選択する。これがいわゆる伝統的な取引費用の経済学，market or hierarchy アプローチであるといえよう。

ウィリアムソン [1985] は，このアプローチをさらに拡大し，継続的な取引相手である中間組織の概念を導入することによって今日のネットワーク化された企業組織への適用能力を拡大しようとした。

先に述べたルイス・ゲループ・トイ社の製造委託の問題からこの脈絡を説明してみよう。同社は，確かに製造部門をはじめとして，多くの業務を外注し，

その意味で企業境界は収縮している。だからといって，すべての業務の委託先を毎日更新しているわけではない。たとえば，製造委託は，通常多くの情報のやり取りを必要とし，密接な連携なしでは行われえないものである。

確かに製造パートナーは，法的に独立した企業組織であるうえ，他のおもちゃ屋との取引の可能性は残っているし，むしろ積極的にそうするがゆえに，一社で行う生産よりも多くの規模の経済性を実現し，単価を下げるという優位性を引き出しているに他ならない。しかし同時に，さまざまな製品は，ルイス・ゲループ・トイ社に特有のものであり，その生産にさいしては相互に特殊な資産への投資を行う必要がある。そこで取引は必然的に継続的なものとなり，むしろ市場的な調整と自社内製造との中間に位置するハイブリッドな形態を採用することになる。そこで発生している取引費用は，TC_{OUT} と表現すると，$TC_M > TC_{OUT} < MC_H$ となっている。

この関係を図3によって表現してみよう。これらの説明は伝統的なTCEに基づく説明といえるだろう。

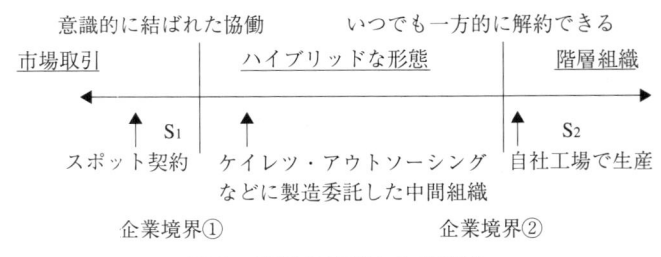

```
         意識的に結ばれた協働      いつでも一方的に解約できる
  市場取引      ハイブリッドな形態         階層組織
  ←――――――――――――――――――――――――――→
           ↑ S₁                    ↑ S₂
        スポット契約  ケイレツ・アウトソーシング  自社工場で生産
                   などに製造委託した中間組織

        企業境界①              企業境界②
```

図3　取引の形態と企業境界

しかし，現在ではTCEを採用する多くの文献においても，このような取引費用と企業組織内の取引費用とも呼ばれる管理費用のみによる説明は，必ずしも十分なものではないといわれている[9]。むしろ現実には，取引費用の考慮は，リスク・マネジメントとして考慮しながら，通常の外注をするか否かの決定は，相手企業がどのようなケイパビリティーを持ち，どのような補完関係が実現されるか，その製品市場にどのような規制，慣習，スタンダードがあるか

の考慮の下にパッケージとして行われているように見える。

　H.デムゼッツがその［1988］において指摘したように，TCEに対しては，その取引がもたらすベネフィットの部分を無視しているという批判が根強い[10]。むしろこのパッケージの中で取引費用が決定要因として重要性が高いというコース的な前提は，標準的な製品が量産され，企業ごとの個性の違いが少ない，Taylor的な大規模機能別組織が重要であった社会経済を前提にしていると指摘できるだろう。そのような社会経済はある程度画一的であるがゆえに企業ごとの違いは少なく生産コストに大差がないのである。もう一度，コースの古典的な論文を思い起こしてみよう。もし，社会経済が社会主義的な計画経済を思わせるような大規模機能別組織または事業部制組織と標準的な経済学の教科書が想定するような完全競争市場からなっているならば，つまりコースの問題意識の背景となった時代の社会経済を思い浮かべるならば，生産コストを一定とし，企業境界の決定要因として取引費用を第一義的に考えることは現在よりも説得力があったといえるだろう。

　しかし，今日，市場においても，企業組織においてもこのような背景を前提にすることはできない。次に今日の社会経済において想定すべき市場観と企業組織観とを明らかにしてみよう。

(2) 知識ベースの企業理論（KBTF：Knowledge Based Theory of the Firm）

　では現代の社会経済に即した現代の企業境界を説明するアプローチはどのようなものだろうか？

1) market place and network

　Cowen/Parker［1997］は，ハイエクの市場観の中に，かれらによると企業組織にもあてはまる非常に重要な論点を見出している。すなわち，市場においては，断片的な知識しか持たない多数の人々の相互作用が，これらの人々の知識をすべて持つ誰かによる熟慮の上での指示によって実現されるものを実現するというものである。彼らによるとそれは，完全競争モデルに見られるような

market にたいして秩序，制度が存在する market place であり，それが実は，企業組織内で必要とされる資源の需要と供給についての情報の創造，吸収，移転についてもあてはまるというのが彼らの主張である[11]。

したがって，ハイエク的な意味での制度，秩序は，政府による知的財産権の保護のように market place に見られるだけでなく，企業組織内でも取引費用と生産費用を節約したり，あるいは官僚主義の逆機能によってそれらの費用を増加させたりするのである[12]。

R.ラングロア［1995］もまた，TCE における，fundamental transformation といういわば未熟なプロセス概念を構造的不確実性の仮定に置き換え，"market or hierarchy" という TCE において伝統的な二分法を**表1**のように言い換え，これによって TCE のフレームワークを実質的に拡大している。

表1 秩序と組織の類型[13]

市場	企業組織
有機的（自生的）秩序	有機的組織
pragmatic orders	pragmatic organizations

コース的 "market or hierarchy" の二分法

ここで有機的自生的な秩序とは，ハイエクに由来するコンセプトであり，言語や貨幣のみならず，市場も含まれる。それに対して，pragmatic organizations は，目的を持つ指示によって資源配分が行われる組織，すなわち hierarchy であり，企業組織そのものである。コース／ウィリアムソン的な market or hierarchy の二分法は，ここでは，「有機的（自生的）秩序」と「pragmatic organizations」との二分法が対応している。

ここでは TCE のフレームワークに対して市場における「pragmatic orders」と企業組織における「有機的組織」とが付け加えられる。pragmatic orders とは，市場における政府による規制のように意識的にデザインされた抽象的なルールのシステムであり，有機的（自生的）秩序と対になって market place を形成する。有機的組織とは，企業組織の目的的な構成員が相互作用の結果作り出すものとしての「組織」である。これは企業組織内の自生的秩序であり，ルール，ルーティン，ケイパビリティーを含む存在である。コースの問題意識の背景となった時代の社会経済を超えて今日的な意味で企業境界の決定を論ずるならば，この二つをコース／ウィリアムソン的な二分法に加えなければならないだろう。

pragmatic orders は，伝統的な TCE にとっては，単なる「行動制約的な意味を持つ」ものでしかないが，しかしその内容を考えると企業境界の決定に影響を与えうるといわねばならない。ラングロアは，たとえば，業界団体などが制定したスタンダード，意識的に導入されたスタンダードの確立，交通網などを例として挙げる。これらの要因は明らかに市場取引のコストを左右し，企業境界の決定を左右することは確かである。自生的な秩序に加えてこのような意図的な規制，スタンダードが導入されている場合，われわれは改めてそれを market place と呼ぶことにしよう。

また，有機的組織というコンセプトによってラングロアが主張しようとしたのは，企業家の直観とさまざまな目的を持ってインプットを提供する組織構成員とが相互作用を繰り返すうちに発生する，ルーティン，ケイパビリティー，組織文化であり，暗黙知である。すなわち，このケイパビリティー，文化は，マネジメントプロセスのコストを低下させるという意味で，企業組織内の取引費用である管理コストを低下させるだけでなく，デムゼッツが指摘した意味での生産コストをも低下させるといえるだろう。そしてもし存在すれば，生産コストへの影響を通じて企業境界の決定を左右するものである。

単に経営者の指示による資源配分のみならず，自生的な秩序の支配も受けているこのような企業組織をわれわれは network と呼ぶことができよう。

2）知識ベースの企業理論──KBTF アプローチ

以上の検討から，われわれは現代におけるネットワーク的な新たな企業組織と market place の間の境界決定問題について知識ベースの企業理論といえる

ような新たな枠組みを提案できるだろう。

市場が market place であり，企業組織が network であるとすれば，H.デムゼッツ［1988］が指摘したように，知識吸収の分業という観点からも個々の企業がすべてのケイパビリティーを所有することはない。したがって，企業は必要に応じて必要とするケイパビリティーを market place から入手するか，あるいは，吸収・合併によって自ら所有するか，ジョイントベンチャーや提携によって入手するかを決定しなければならない。ここに，ケイパビリティーについても企業境界の問題が存在することになる。また market place でも，必要とされているケイパビリティーがスタンダードとして市場に普及していない，つまり非常に高価である可能性もある。逆に成熟した産業において，多くのケイパビリティーが，業界団体や政府によってスタンダードとして普及している場合とか，デファクト・スタンダードが確立しているような場合には，多くの必要とされるケイパビリティーが市場的に入手できる状態にあるといえるだろう。そして最後にスタンダードが陳腐化している場合が考えられるだろう。

したがって，企業境界の決定のさいには，取引費用に加えて，Madhoc［1996］の用語を用いると，まず自社がどのようなケイパビリティー：CAP_H を所有しているかも考慮しなければならない。もし，自社の持っているケイパビリティーが大きくて，TC_M or $TC_{OUT} > (MC_H - CAP_H)$ だったならば，分社化つまり企業境界の縮小は行われないだろう。

さらに，Madhoc［1996］の用語に加えて市場におけるスタンダード，政府による規制，契約に関わる文化など，マーシャルの指摘する市場外部性の存在を考慮しなければならない。この市場外部性を，CAP_M として表現しよう。PC産業のように，スタンダードが普及して，第3社に納入する力を持つ部品サプライヤーであるレイヤーマスターが存在する場合も，大きな市場外部性が予想される。市場外部性を CAP_M とすると，企業境界の決定は以下の考慮によって決定されよう。

$$(TC_M \text{ or } TC_{OUT} - CAP_M) < \text{or} > (MC_H - CAP_H)$$

産業が成熟化して学習・模倣によってテクノロジーが分散していたら，また

は，スタンダードによって市場にケイパビリティーが出回っていれば，垂直的な専門化，スペシャリスト企業の発生，つまり企業組織のモジュール化が生じることになる。さらに，market place にスタンダードを意図的に誘発するためのアライアンスを結んだり，また，企業組織のモジュール化が複数の産業を横断して生じる場合，産業の壁を超えた新たな専門企業の融合，つまりモジュール融合を誘発することになる。これらの調整装置は，企業境界的に見て，縮小（反統合：disintegration）と拡大（専門企業の融合，アライアンス）の両方の動きの決定要因となっているといえよう。

表2　調整形態と調整装置：ケイパビリティーを含む企業境界の決定要因

		調整装置	
		pragmatic orders	有機的（自生的）秩序
調整形態	market place	スポット契約・規制	デファクト・スタンダード・市場外部性
	企業組織 network	長期契約（柔軟性）・管理技法	ルーティン・ケイパビリティー・組織文化

市場と階層組織における秩序の概念の検討によってわれわれは，むしろ，market place と network の対比が必要であることを論じた。次にこのような新たな枠組みが現実に対してどれほどの説明力を持つか，見てみよう。

3．知識ベースの企業理論（KBTF）と2つのパラダイム問題

market place における問題と企業組織の決定に関する問題について2つのパラダイム問題を扱ってみよう。両者から企業戦略的な含意のみならず産業政策的な含意も引き出せるだろう。

(1) 事例1：market place における過剰慣性の問題

market place に陳腐化したスタンダードが存在する場合，それは産業政策を担当する政府の問題であるとともに，新しいスタンダードに基づく製品を提

案しようとする企業にとっても戦略的な問題状況となっている。

　制度を，「逸脱すると制裁が加えられるために行為の規則性を期待させるもの」と定義すると，社会経済における貨幣制度，政府による規制のみならず，個々人の慣習，企業組織のもつルーティンなど，制度というカテゴリーに属する現象は多く観察される。これらの制度には，共通して歴史的な一時期には社会経済の厚生の改善に貢献するものの，環境の変化によって陳腐化し，新制度への移行が望まれるにかかわらず，そのナッシュ均衡的な性質のために旧制度にロックインされてしまうという現象が見られる。

　このような現象は，スタンダードへのロックインとして印象的に表現されてきた。たとえば，1868年，連続してキーを打ったときに重なりジャムしてしまう問題を解決したキーボード配列であるQWERTYは，手動タイプライターを想定してデザインされたものだった。電動タイプライターというイノベーションによる環境変化に対応して，1936年，A. DvorakがよりQ率的なDSK（Dvorak Simplified Keyboard）というキーボード配列を公表した。しかし，DSKは決して受け入れられなかった。現在でも，QWERTYが使用されているのは，先に定式化したロックインによる制度の失敗あるいは過剰慣性の例であるといえる[14]。

　われわれが前節までに開発したKBTFというフレームワークを用いて，複数のスタンダードに直面してロックインを回避するためにどのような企業戦略を展開すべきかを考えてみよう。QWERTY/DSKの事例でも，もし市場が完全で行為者が完全情報をもっているならば，自動的にもっとも効率的なスタンダードが実現する。しかし，行為者は限定された合理性に服しており，禁止的なスィッチング・コストが発生している。

　ここで，縦軸を一定のスタンダードに服することにより生ずる外部性の大きさ，横軸をそのスタンダードに従う人々の数，あるいはネットワークの大きさとし，初期的に歴史的な偶然によって普及したスタンダードをQWERTY，よりスピードの速いタイピングを実現し，あるいは電動タイプライターという環境により適合しているが，後発的なスタンダードをDSKとしよう。

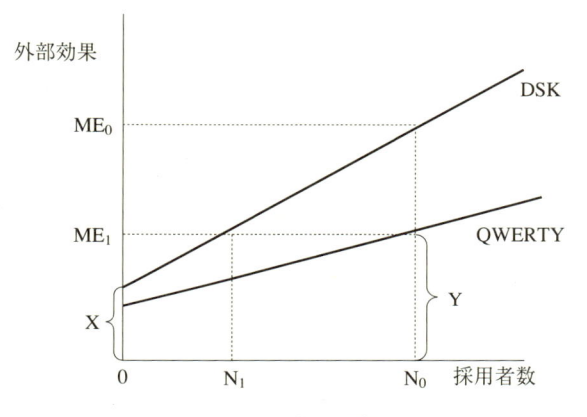

第3章　現代企業組織のダイナミズムと知識ベースの企業理論　99

図4　採用者数と外部効果

N_0のネットワークの大きさを持つQWERTYに対してDSKは，ゼロの採用者数すなわちXの外部効果から出発しなければならない。その場合，新しいスタンダードから得られる外部性は，Xであり，QWERTYがN_0においてME_1の外部性を実現しているならば，DSKに乗り換えるためには，たとえば蓄積したスキルの放棄，QWERTYに適応した人的資源の陳腐化など，新たなスタンダードを導入するためのコストが必要だろう。ここでY－Xはスィッチング・コストであるといえよう。

すなわち，X＞Yならば，新しいスタンダードであるDSKは，放置しておいても転換することになる。しかし，図4において，DSKに転換することは，ネットワークの大きさをゼロにすることに等しいので，つまり市場外部性より得られるベネフィットをXまで減少させることを意味するので，まったく実現されない。このような状態を「QWERTYにロックインされている」といえるだろう。

しかし，同じN_0のネットワークを前提とすれば，つまりN_0の大きさのネットワークにおいてDSKによってME_0の外部性を期待できるならば，常に政策的な介入あるいは企業戦略の余地が生まれる。すなわち初期的に少なくとも，ME_1の外部性を得るために，はじめからN_1のネットワークを実現する水平的

統合，戦略的アライアンス，ジョイント・ベンチャーなど企業境界にかかわる企業戦略に基づいて，「浸透価格政策」，「無料講習」などの競争戦略が行われることになるだろう。

スタンダードのみならず文化や慣習そして制度は，パス・ディペンデンスによって偶然的に決定されているうえに，絶えざる環境の変化のもとで，現実には必ずしも最善の効率性をもたらすものが実現しているわけではない。しかもそこにロックインされているために，進化プロセス，あるいは市場プロセスに委ねて放置しても改善されることは期待できない。TCE 的な取引費用にさらに，market place におけるスタンダード，外部効果といった KBTF 的なコンセプトを加えて効率性の分析を行い，さまざまなアライアンスの可能性を提案すべきだろう。

(2) 事例 2：新たな network の形成：EMS 企業への製造拠点の売却

2000年11月ソニー株式会社は，中新田工場と高雄工場をソレクトロン社に売却した。さらに両社は引き続き EMS 契約（Electronics Manufacturing Services）を結び，長期的製造委託関係を続けている。ソニーは，両事業所での製品（カーナビゲーション，カーオーディオ，リチウムイオン電池など）の生産を外部委託した。ソニーはこれによって，企業境界を収縮させたといえるだろう。この事例をもちいて，第2節(2)で開発した企業境界の決定に関わる KBTF による説明を考えてみよう。

1）伝統的な説明：market or hierarchy アプローチ

まず初めに．伝統的な TCE による説明を考えてみよう。TCE は，市場において部品を調達する費用，つまり取引費用（TC_M）と企業組織内でその部品を製造するさいの管理費用（MC_H）とを比較する。

ソニーによる自社工場の売却とそれに伴う EMS 契約の場合を考えてみよう。IT（情報テクノロジー）の発達によってコミュニケーションのコストが低下した。さらにインターネットなどネットワークが普及し，コミュニケー

ション・コストが低下したために，市場取引の相手をモニタするコスト，特に品質をチェックするコストが低下した。管理コストも社内のイントラネットなどによって一定の低下を見ているが，市場取引のコストの低下はより大きい。したがって $TC_M<MC_H$ と判断され，ソニーは両事業所での製品をソレクトロン社から，つまり市場を通じて調達することになる。

さらに，両事業所の製品は，汎用部品に近いが，それでもソニーの最終製品にあわせてカスタマイズする必要がある。すなわち，緊密に連絡しあう必要があり，またカスタマイズにさいして相互に特殊な資産への投資が必要である。そこで，ソニーは，継続的取引を EMS 契約として結び，市場的調達と自社内製造との中間に位置するハイブリッドな形態を採用した。そこで発生する取引費用は，TC_{OUT}（アウトソーシングの場合の取引コスト）で $TC_M>TC_{OUT}<MC_H$ である。

EMS 契約のような生産委託を考慮すると，2 つの種類の企業境界が考えられる。**図 5** は，TCE による伝統的な説明を図式化している（Williamson, O.E. [1975], [1985]）。

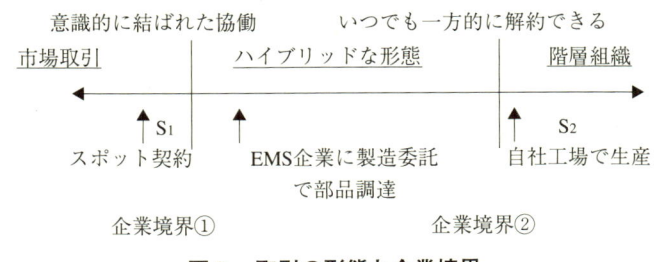

図 5　取引の形態と企業境界

2）KBTF による新たな説明の試み

しかし，報道資料によると，安藤国威ソニー㈱社長兼 COO は，両事業所の売却は，成長分野へのリソースの集中，市場動向に迅速に対応する新製品開発へのリソースの集中を目的としていると語り，生産プロセスの一部をアウト

ソーシングすることで，需要動向，商品サイクルにきめこまかく対応した生産を目指すとし，ソニー本体におけるリソースの配分，両者のケイパビリティーの補完性を考慮したものであり，必ずしも取引費用の考慮のみを決定要因としているという印象は得られない。また，ソレクトロン社のニシムラ社長も，世界のエレクトロニクス産業にとって重要な日本並びに台湾おいて，強力にフルサービスを提供する体制を整えること，ソニーの小型化技術に関心があることを表明し，ケイパビリティーの取得という明らかにKBTF的な理由を挙げている。

そこで次に，この企業境界の決定についてKBTF的な説明を考えてみよう。ソニーの両工場には，精細な小型化技術，創業者以来のソニーらしい企業家的な組織文化，すぐれた経営者のマネジメント能力，熟練労働者のスキル，日本国内の取引相手との信頼関係など長い時間をかけて形成したルーティン，ケイパビリティーがあった。このケイパビリティーを持つ企業は，それがあれば，企業組織内の特に管理コストがかからず，費用構造が優位になるという意味で，たとえ取引費用が少なくても，（極端に言えばゼロでも）企業組織内の製造を促す。したがって，企業境界の決定のさいには，取引費用に加えて，自社がどのようなケイパビリティー：CAP_Hを所有しているかも考慮しなければならない。もし，TC_M or $TC_{OUT}>(MC_H-CAP_H)$だったならば，ソニーは両事業所を売却しなかっただろう。

しかし第2節の**表2**が示すように，先に述べた市場におけるスタンダード，政府による規制，契約に関わる文化など，マーシャルの指摘する市場外部性の存在を考慮しなければならない。この市場外部性を，CAP_Mとして表現しよう。PC産業のように，スタンダードが普及して，第3社に納入する力を持つ部品サプライヤーであるレイヤーマスターが存在する場合も，大きな市場外部性が予想される。市場外部性をCAP_Mとすると，企業境界の決定は以下の考慮によって決定されよう。

$$(TC_M \text{ or } TC_{OUT}-CAP_M)<or>(MC_H-CAP_H)$$

ソニーが売却した両事業所の生産するカーナビゲーションシステムやリチウ

ムイオン電池のような標準化が進んだ成熟産業においては，あるいはもっと一般的に言って，業界あるいは国の指導によってスタンダードの確立された産業では，大きな市場外部性，CAP_M が期待されるようになり，ソニーの大きな CAP_H にもかかわらず，標準化がある程度進んだ段階で，市場取引あるいは，EMS が進展したといえるだろう。

4．結論：KBTF：知識ベースの企業理論と market place and network

われわれの社会経済は，ゆっくりと巨大企業の終焉の時代を迎えている。巨大企業は，産業革命を契機として生まれ，大量生産のための大規模な設備を持ち，20世紀の産業経済のシンボルとなった。

しかし，今日，巨大企業は，多くの事業をアウトソーシングし，また分社化している。また巨大企業は事実上，多くの連結対象関連会社の連合体になっている。このような変化はまずネットワーク組織論として，次に組織間関係論として論じられ，さらに近年では，組織のモジュール化という枠組みにおいてさまざまに論じられている。これらの議論が共通して，企業と市場との境界，すなわち「企業境界」がだんだんと薄れてきている現象であることは言うまでもない。

伝統的な取引費用の概念に加え，ケイパビリティー，信頼，ネットワーク外部性などの知識にかかわるコンセプトを使って，企業境界を決定するメカニズムを新たに明らかにした。このアプローチは，現代企業組織が直面する環境においてさらに大きな説明力を発揮すると思われる。

注
1) ピコー，A.／ディートル，H／フランク，E.［1998］131ページから作成。なお，ルイス・ゲループ・トイ社は，1998年に Hasbro 社に買収された。
2) 丹沢安治，馬場杉夫他［2001］から作成。また，特に同社のホームページ，http://www.nc-net.or.jp/における「加工事業部」を参照。
3) ベサンコ，D／ドラノブ，D／シャンリー，M.［2002］p.16

4）Cowen, T./Parker, D.［1997］p. 22
5）ベサンコ, D／ドラノブ, D／シャンリー, M.［2002］p. 68
6）ベサンコ, D／ドラノブ, D／シャンリー, M.［2002］p. 70
7）高橋・丹沢・坂野［2002］p. 76-77
8）Cowen, T./Parker, D.［1997］p. 28
9）たとえば、2003年9月にブダペストにおいて開催された新制度派経済学会におけるいくつかの報告には、企業組織内のケイパビリティー、特殊なリソースに言及するものがいくつも見られた。http://www.isnie.org/ISNIE 03.htm 参照。
10）正確には生産コストを一定としているという批判に他ならない。デムゼッツ［1988］
11）Cowen, T./Parker, D.［1997］p. 16
12）Cowen, T./Parker, D.［1997］p. 66
13）Langlois, N.［1995］p. 249に加筆修正を加えた。
14）Liebowitz, S.J./Margolis, S.E.［1990］, p. 6 f.

文　献

ベサンコ, D／ドラノブ, D／シャンリー, M.［2002］『戦略の経済学』奥村昭博・大林厚臣訳、ダイヤモンド社、2002年
Boettke, P.［2001］"The Austrian School of Economics"
　　http://www.gmu.edu/departments/economics/working/Papers/01_06.pdf
Coase, R.H.［1937］: The Nature of the Firm, in : *Economica N.S*., Vol. 4, 1937, p. 386-405, 『企業の本質』「企業、市場、法」宮沢健一、後藤晃、藤垣芳文訳、東洋経済新報社、1992, p. 39-63
Cowen, T./Parker, D.［1997］"Markets in the Firm : A Market-Process Approach to Management" Hobart Paper No.134
Demsetz, H［1988］"The Theory of the Firm revisited", *Journal of Law Economics and Organization*, 4：141-161
Foss, N.［1994］"Why Transaction Cost Economics Needs Evolutionary Economics", in : *Revue D'Economie Indutrielle*, 1994. 7-23
Foss, N.［1996］"Capabilities and the Theory of the Firm", in : *Revue D'Economie Indutrielle*, n 77, *3 trimestre*
Foss, N/Loasby, J［1998］*Economic Organization, Capabilities and Co-ordination*, Foss, N/Loasby, J ed. Routledge, 1998
Langlois, N.［1995］"Do Firms Plan?" *Constitutional Political Economy*, 6, 247-261
Langlois, R/Robertson, P.［1995］*Firms Markets and Economic Change*, Routledge, 1995
Langlois, R.N./Foss, N.J.［1999］"Capabilities and Governance : The Rebirth of Production in the Theory of Economic Organization", *KYKLOS*, vol.52, 1999 Fasc.2. 201-218
Liebowitz, S.J./Margolis, S.E.［1990］"The Fable of The Keys", *JLE*, 1990 April, p. 1-25

Liebowitz, S.J./Margolis, S.E. [1995] "Path Dependence, Lock-In, and History", *JLEO*, vol.11, n.1, p. 205-226

Madhok, A [1996] "The Organization of Economic Activity : Tansaction Costs, Firm Capability, and the Nature of Governance", *Organization Science*, vol.7 No.5 pp. 577-590

Penrose, E.T. [1959] *The Theory of the Growth of the Firm*, Basil Blackwell & Mott, England,『会社成長の理論』末松玄六訳, ダイヤモンド社

Picot, A./Ripperger, T./Wolf, B. [1996] "The Fading Boundaries of the Firm : The Role of Information and Communication Technology", *Journal of Institutional and Theoretical Economics*, vol.152, 1996, pp. 65-79

ピコー, A./ディートル, H/フランク, E. [1998]『組織入門―市場, 組織, 組織間関係への新制度派経済学のアプローチ―』丹沢安治／榊原研互／田川克生／小山明宏／渡辺敏雄／宮城徹訳, 白桃書房, 1999年

ポパー, K.R. [1995]『フレームワークの神話―科学と合理性の擁護』丹沢他訳, 未來社, 1998年

Sautet, F. E. [2000] *An Entrepreneurial Theory of the Firm*, Routledge

高橋宏幸, 丹沢安治, 坂野友昭 [2002]『現代経営・入門』有斐閣ブックス, 2002年

丹沢安治 [2000]『新制度派経済学による組織研究の基礎―制度の発生とコントロールへのアプローチ―』白桃書房, 2000年

丹沢安治, 馬場杉夫他 [2001]「事例報告：株式会社エヌシーネットワーク」『専修経営学論集』第72号, 専修大学経営学会, 2001年3月

Teece, D.J./Pisano, G/Shuen, A. [1997] "Dynamic Capabilities and Strategic Management", *Strategic Management Journal*, Vol. 18：7, 509-533, 1997

Williamson, O. E. [1975] *Markets and Hierarchies* : *Analysis and Antitrust Implications. A Study in the Economics of Internal Organization*, New York（Free Press）1975.『市場と企業組織』浅沼万里, 岩崎晃訳, 日本評論社, 1980年

Williamson, O. E. [1985] *The Economic Institutions of Capitalism : Firms, Markets Relational Contracting*, New York, Free Press

報道資料：ソニー・コーポレーション
http://www.sony.co.jp/SonyInfo/News/Press/200010/00-1018/

第4章

事例報告：新たに現れつつある日本的「ケイレツ」
―― 深圳テクノセンター：日技城製造廠[1] ――

丹沢 安治

1. はじめに

　現代社会において，安定供給を課題とし，大量生産によって見込み生産を行う時代は終焉を迎えつつある。多くの巨大企業は分社化を進め，市場に対する迅速な反応の能力を高めようとしているが，このことは，かつて特定の親会社との下請け契約関係を結んでいた無数の中小零細企業にとって，堅固な取引相手を失うことに等しい。

　その中で，かれらは，小規模であるがゆえに負担しなければならないさまざまな「取引費用」を克服するために，独自のマーケット，すなわちネットワークを作ることにより生き延びようとしている。本章では，この中小零細企業の生き延びる道を特に中国において見出しつつある深圳テクノセンター：日技城製造廠を新しいビジネスモデルの事例報告として紹介しよう。

2. 訪問調査の概要

① 訪問日：2003年11月4日（火）　9：00〜12：00
② 訪問先：日技城有限公司委託加工工場：日技城（テクノセンター）製造廠（觀瀾鎮桂花経済発展公司）
　　　　　　　　　（ガンラン）
　⑴　深圳日技城第2.5テクノセンター行政部（A地区）[2]

(2) 深圳日技城第3テクノセンター（B地区）テナント「ヤマウチ」,「ヒサダ」

日技城有限公司は，香港に在住する。日技城（テクノセンター）製造廠，特にその深圳日技城第2.5テクノセンター（A地区）は，深圳市賓安区觀瀾鎮桂花村に存在する郷鎮企業「觀瀾鎮桂花経済発展公司」と広東型の委託生産契約を結んでいる[3]。したがって，訪問のさいに觀瀾鎮桂花経済発展公司との接触はまったくなかった。

深圳日技城第3テクノセンター（B地区）は，新たに日技城有限公司が，觀瀾鎮桂花村より土地を購入（長期的に貸与）している点で，深圳日技城第2.5テクノセンターと異なると思われる。また，テナントの中には，自ら建屋を建築する場合もある（ヤマウチがそれに該当する）。

ヤマウチ，ヒサダらのテナントは，深圳において法人形態を持たず，日本におけるそれぞれの親会社が香港に香港法人を設立し，この法人が香港日技城有限公司と委託生産契約を結んでいる。

③ 所在地：深圳市賓安区觀瀾鎮桂花村廟渓工業区

Miao Xi Industry Zone, Guihua, Guan Lan, Bao An, Shen Zhen, China

Tel：(+86) 755-2798-0374　Fax：(+86) 755-2798-0910

④ 面接者：日技城有限公司顧問　神谷誠一，日技城有限公司　斉藤愛子

山内香港有限公司工場長　濱田国弘

株式会社ヒサダ代表取締役社長　久田泰

所在地である賓安区觀瀾鎮桂花村は，深圳経済特区外にあり，訪問の折にも特区内ほどの環境は整備されていないことが見てとれた。しかし，香港へは50分，また珠江デルタ地域における，電子産業の集積地へのアクセスは十分に保たれている。

面接者の神谷氏は概要のプレゼンを担当し，斉藤氏はテナント工場への案内，インターンシップの説明などを担当した。

山内香港有限公司の濱田国弘工場長，株式会社ヒサダの久田泰代表取締役社

第4章　事例報告：新たに現れつつある日本的「ケイレツ」　　109

深圳日技城第2.5テクノセンター行政部前にて

長は，ともに第3テクノセンターの自工場にて生産に携わっているが，所属は，香港にあるそれぞれの法人である。かれらの工場で働いているワーカーは，第3テクノセンター日技城製造廠に属する。

3．深圳テクノセンター：日技城製造廠の概要

① 企業形態
　⑴ 香港日技城は有限公司，觀瀾鎮桂花経済発展公司は集体企業。
　⑵ 深圳日技城，第2.5テクノセンター（A地区）については，觀瀾鎮桂花経済発展公司が土地・建物を所有，香港日技城有限公司が委託加工を行う。
　⑶ 深圳日技城，第3テクノセンター（B地区）については，香港日技城有限公司が土地を長期所有，建屋は自己所有（一部テナント所有）。
② 売上高：香港日技城有限公司：HK＄110,297,954（2003年3月期）
　（1,551,892,212円　2003年12月2日現在）
③ 従業員：約30名　全テナント43社，総従業員数　約5000人
④ 事業内容：インフラ（電気，水，通信，保安）の整った工場を提供する。

地域・地方政府（警察，村税関，工業区，その他）との交渉を行う。従業員を採用し，教育（大学へのリクルート，語学教育，新入社員教育）を行う。テナントに対する福利，厚生の提供を行う（寮，食堂，クリニック，レクリエーション，保険など）。香港，深圳間及び中国内の物流サービスを提供する。
⑤ 代表幹事：石井次郎，森山篤，川副哲，Barry Chan
⑥ 設立の経緯：香港在住の日系企業による異業種交流会「八日会」が母体となり，1991年第1テクノセンター（布吉日技城製造廠，2003年閉鎖），1994年第2テクノセンター（李朗日技城製造廠，2001年テナント独立のため返却），1995年深圳日技城第2.5テクノセンター（觀瀾日技城製造廠）設立，深圳日技城第3テクノセンター（觀瀾日技城製造廠）設立

代表幹事のメンバーは，もともと香港在住の日系企業の経営者，あるいは役員だった。現在でもそうである。特に日本の中小企業が，取引相手の中国進出に伴い，半ば強制されて中国進出を試みているのを見てこのビジネスを思い立ったと思われる。中小零細企業は，規模に限界があるがゆえに，情報収集能力その他のワーカーの募集，役所との交渉に限界があり，代行する点にビジネスを見出している。

同様のサービスをJETROも提供しているが，コミットの度合いに大きな違いがあると思われる。日技城製造廠は，テナント企業と一蓮托生の間柄になっている点が留意されよう。

4．神谷氏によるプレゼンテーションの内容

① 日本の中小企業の中国への進出をサポートする。具体的には仕入先，販売先の紹介，輸出入業務，会計業務，税務問題の代行を行う。また，低賃金ワーカーの紹介を行う。
② 女性ワーカーは，日技城製造廠が面接し，1－12級に等級づける。各テナントは，各等級に割り当てながら採用する。

第4章 事例報告：新たに現れつつある日本的「ケイレツ」　111

　彼女たちの中に深圳の出身者は少ない。ほとんど周辺の内陸部から来ている。2年から3年働いて故郷に帰る。2003年において，465元が深圳経済特区外B地区の最低賃金で，残業が少ないと転職してしまう傾向がある。

華南地区（深圳経済特区外B地区）の初任給推移　　（石井次郎代表幹事まとめ）

年	基本給（日本円換算）※1	手取額（日本円換算）	香港の給与推移
1988	RMB¥170　（JP¥7,820）	RMB¥135　（JP¥6,210）	HK$3,000　（JP¥54,000）
1989	RMB¥180　（JP¥8,280）	RMB¥145　（JP¥6,670）	HK$3,000
1990	RMB¥180　（JP¥7,200）	RMB¥145　（JP¥5,800）	HK$3,300
1991	RMB¥190　（JP¥7,600）	RMB¥145　（JP¥5,800）	HK$3,500
1992	RMB¥220　（JP¥8,800）	RMB¥175　（JP¥7,000）	HK$4,000
1993	RMB¥280　（JP¥3,820）	RMB¥220　（JP¥3,000）	HK$4,000
1994	RMB¥360　（JP¥5,040）	RMB¥240　（JP¥3,360）	HK$4,000※2
1995	RMB¥300　（JP¥3,000）	RMB¥210　（JP¥2,100）	HK$4,300　（JP¥47,300）
1996	RMB¥310　（JP¥4,030）	RMB¥220　（JP¥2,860）	HK$4,500
1997	RMB¥320　（JP¥4,160）	RMB¥230　（JP¥2,990）	HK$4,600
1998	RMB¥330　（JP¥5,050）	RMB¥240　（JP¥3,670）	HK$4,500　（JP¥76,500）
1999	RMB¥330　（JP¥4,290）	RMB¥240　（JP¥3,120）	HK$4,800　（JP¥72,000）
2000	RMB¥419　（JP¥5,610）	RMB¥299　（JP¥4,000）	※3
2001	RMB¥440　（JP¥6,600）	RMB¥300　（JP¥4,500）	HK$6,500　（JP¥97,500）
2002	RMB¥460　（JP¥7,130）	RMB¥320　（JP¥4,960）	HK$6,500　（JP¥97,500）

※1：（　）内レートは毎年6月の平均値，基本給と手取額の相違は食費，寮費。残業代は50％増，休日出勤100％増，法定祭日300％増。違法の月100時間程度の残業あり，手取額は倍程度になる。
※2：94年1月1日から2重為替レートを1本化。公定レートを大幅切り下げ外貨兌換券（FEC）廃止。
※3：99年に2回目の最低賃金改訂，2000年6月より実施。
http://www.ne.jp/asahi/technocentre/koho/より転載

③　テクノセンターの標準費用

費目	費用
・工場レンタル料	1階 HK$22／m² 　2階以上 HK$20／m²
・空調費用	HK$131／HP

・電気料金	HK＄1.0／kwh
・水道料金	HK＄2.5（A地区）2.7（B地区）／m³
・日本人宿舎費	年契約の場合
	（第1外国人宿舎）　　HK＄1,420／月
	（第2外国人宿舎）　　HK＄2,500／月
・日本人食堂費用	750元
・日本人宿舎電気水道料金	実費＋10％（約200元／人）
・外国人居留及び就業証等	約2,450元（新規）／年間　約2,350元（延期）
・個人所得税	実費（見なし所得の10％〜25％）
・人員派遣費※1	人員派遣費　　HK＄420／人／月
	最低人員不足分費用　HK＄230／月
・工場電話代	実費＋1％
・テクノセンター電話代	市内　HK＄0.19／分
（テクノセンターの電話を使った場合）	国内　HK＄0.6／分（IDD）
	香港　HK＄1.9／分（IDD）
	日本　HK＄7.6／分（IDD）
・通関費用	実費＋20％
・修理費	（材料＋10％）＋労務費
・運送費	別途規定による
・テクノセンター車代	HK＄70／hr
・暫住証	実費
・一般工員給料※2	概略　500〜700元／月
・工員宿舎費	50元／月（本人負担）
・事務員宿舎費（4級以上）	70元／月（会社負担）
・高級職員宿舎費	350元／月
・工員食事代	会社負担50元　本人負担70元
・中国人職員食事代（4級以上）	250元／月（会社負担）
・物品購買	実費＋10％
・支払延滞利子	延滞金額＋1.5％／月
・養老保険，医療保険等	約70元
・コピー使用料（これも電話と同じ）	A4：HK＄0.5／枚　　A3：HK＄0.5／枚

※1：230元／月は区・村・鎮管理費として支払う。
※2：2003年度深圳特区外最低賃金は465元／月／人。
http://www.ne.jp/asahi/technocentre/koho／より転載

実質的に各テナントは、独資に近い形で進出する。テクノセンターは、進出した中小企業、あるいは場合によって大企業にとっても中国進出のトレーニングの場、あるいは、「インキュベーター」の役割を果たしている。これまでに富士ゼロックス、ブラザー工業を始め、25社が「卒業」し、現在40社が入居している。

④　日技城（テクノセンター）製造廠のビジネス・モデル

単に共通のインフラを提供することによって中国進出企業をネットワーク化するというビジネス・モデルではなく、元来の珠江デルタ地帯の market place 見られる市場外部性もビジネス・モデル成立の要件になっている。それを次にあげておこう。

(1) 広東型委託加工モデル

　通常の委託加工（三来一補）において、三来とは、「来図」（図面を送られる）、「来様」（サンプルを送られる）、「来料」（部品が送られる）を意味し、さらに、外資側が機械設備を用意し、中国側が生産した製品でその対価を支払う場合に一補という。しかし通常の生産委託では、生産は中国企業が行う。

　<u>広東型委託加工モデルでは、委託者が、設備、部品、材料を持ち込むだけでなく、生産も自ら行う。</u>

(2) 二重の広東型委託加工：第2.5テクノセンター（A地区）

　觀瀾における第2.5テクノセンター（A地区）においては、この広東型委託加工が二重の意味で行われている点が非常に興味深い（長谷川伸[2001]）。

　觀瀾鎮の郷鎮企業である觀瀾鎮桂花経済発展公司は、土地・建物の所有権を持ち、それを第2.5テクノセンターに提供する。経済発展公司は形式的に生産受託者であるが、実際には、生産にかかわらず、ここで第一の広東型委託加工が行われている。

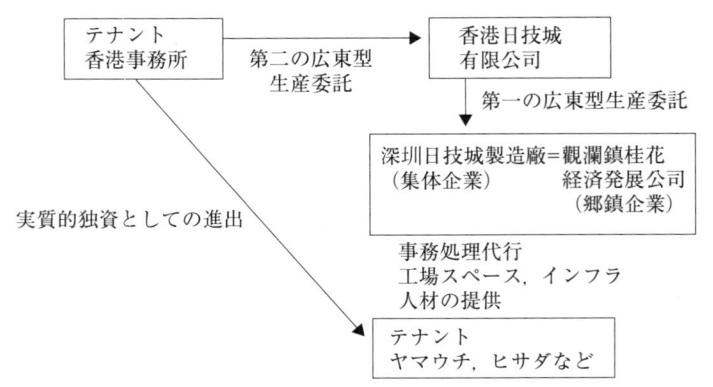

```
                        第二の広東型
    ┌─テナント─┐  生産委託    ┌─香港日技城─┐
    │ 香港事務所 │─────────→│  有限公司  │
    └──────┘              └──────┘
         │                      │ 第一の広東型生産委託
         │                      ↓
         │              ┌──────────────────┐
         │              │深圳日技城製造廠=觀瀾鎮桂花│
         │              │ (集体企業)   経済発展公司│
    実質的独資としての進出  │          (郷鎮企業)   │
         │              └──────────────────┘
         │              事務処理代行
         │              工場スペース,インフラ
         │              人材の提供
         │              ┌──────────┐
         └─────────→│ テナント    │
                        │ ヤマウチ,ヒサダなど│
                        └──────────┘
```

図1　二重の広東型委託加工

しかし,次に,深圳日技城製造廠第2.5テクノセンターは,香港に設立された,日系進出(中小)企業と生産委託契約を結び,(これらテナント)に工場スペース,インフラ,人材を提供する。ここで形式的にはテナントの香港法人に対する生産受託者となるが,実際には生産にはまったく携わらない。ここに第二の広東型委託加工が成立する。日技城有限公司香港事務所は,事務処理の代行,テナントへの情報提供を行う。

(3) 転廠制度の利用

華南地域(広東省および福建省)に特有の転廠制度を利用している。転廠制度とは,加工部品(製品)を保税のまま工場から工場に直接動かす制度で,華南地域に特有のものである。

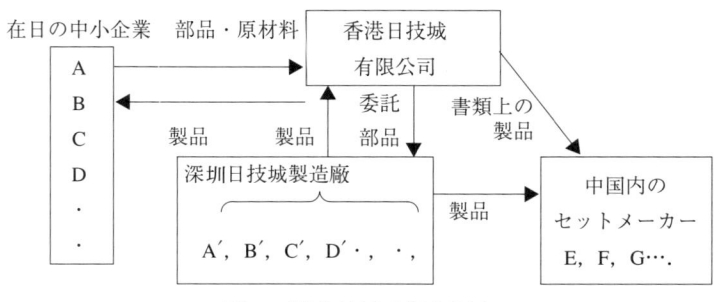

```
 在日の中小企業  部品・原材料  ┌──────┐
 ┌──┐  ──────────→│香港日技城│
 │ A │                │ 有限公司 │
 │ B │←──────        └──────┘
 │ C │  製品  製品   ↑委託      │書類上の
 │ D │        │   │部品      │製品
 │ ・ │        │   │          ↓
 │ ・ │  ┌──────────┐  ┌──────┐
 └──┘  │  深圳日技城製造廠  │→│中国内の │
         │                  │製品│セットメーカー│
         │ A´,B´,C´,D´・,・,│  │E,F,G…. │
         └──────────┘  └──────┘
```

図2　華南地域の転廠制度

転廠制度を用いて，香港に設立された企業を経由することにより，実質的に増値税を節約する。日本国内に所在するA社が中国に進出し，生産を行うために，形式的にまず香港にA社の香港法人を設立する。A社の香港法人は，深圳に工場の土地，建物を所有する香港日技城有限公司，日技城製造廠に広東型の委託生産を行う形をとる。

A′は製品を直接中国内のセットメーカーE，Fに送るが，書類上は香港日技城有限公司を通過する。それによって税制上の優遇を得られる。実質的に内販であるにもかかわらず，形式的に輸出入手続きをしており，増値税を免れている。

(4) 集中通関

輸出・輸入集中通関貨物申告表〔清単(チンタン)〕を自分で記入することで，香港，深圳間の輸出入が土曜日・日曜日も可能になる。

⑤ 日本人学生のインターンシップを毎年50名，受け入れている。現在3名が大学を休学して滞在している。

5．工場見学

第3テクノセンター内の2つのテナント，「ヤマウチ」と「ヒサダ」を訪問した。

① ヤマウチ深圳
  (1) 事業概要
      面接者：濱田国弘工場長
      設立：昭和23年3月6日，資本金：2億4000万円
      代表：山田一郎　従業員430人
      製品：合成ゴム成型，116億円の売上
  (2) 委託加工形態　山内香港有限公司が，深圳日技城第3テクノセンターと委託加工契約を結んでいる。ワーカーの賃金は，センターから支払わ

れる。建屋は山内香港が建築。
- (3) ユーザーからの要請で中国に進出した。ニッチでの世界一を目指す。販売先は日本の家電が多く，製品の半分は日本に送るが，残りは「転廠制度」を利用して，中国に進出している日系の家電企業（船井電機，富士ゼロックス，リコー，シャープ，ソニーなど）に販売している。

② 株式会社ヒサダ
- (1) 事業概要

    面接者：代表取締役社長　久田泰

    製品：小火器部品，プレス，他プレス部品
- (2) 久田香港有限公司が深圳日技城第3テクノセンターと委託加工契約を結んでいる。
- (3) 日本国内で仕事が少なくなって利用していなかったプレス機械を持ち込む。当初は，プレス1台のみを伴って進出し，仕事はなかった。現在は，土曜日，日曜日も操業状態である。

    テクノセンターの紹介により，取引が拡大した。現在は，日本国内での主要取引先であった，東芝などとの取引も再開し，業容が大きく拡大している。

    テクノセンター内部の「仲間取引」の例として大きく取り上げられる。

6．質疑応答

- (1) テクノセンターによる人材確保について；①日本語講座，②コンピュータ講座，③QC，④会計ソフトの使い方など，テナントへのインフラ整備の一環として盛んに行われている。
- (2) テクノセンターのインキュベーター機能についてすでに30社が独立した。ブラザー工業，マックスなど，今年は4社の出入りがあるという。
- (3) 毎年，中国の大学を訪問してリクルートを行っている。
- (4) 10年を迎えた従業員について質問されたが，8年以上が12名いるとのこと

〔中国人〕であった

(5) 増値税について→転廠制度による免税効果がある。
(6) テナントの失敗例について，これまでに2社あった。病院用の灰皿など，本来の専門でないものの製造を行っていたものが失敗した。
(7) 毎月，工場長会議を行っている。全体で100人の日本人が滞在している。

7．所感

　今回の調査における訪問企業の中では，調査団の中でも最も高い関心をもたれた訪問先のひとつであった。関心を呼んだ理由は，①ビジネス・モデルとしての新鮮さ，②ビジネス・モデルを成立させている特異な制度としての広東型委託生産，転廠制度，そして③私見であるが，文系日本人学生のインターンシップへの積極的な取り組みの姿勢であったように思われる。
　①　ビジネス・モデルの新鮮さについて
　人工的に企業の「集積」を形成し，新たなベンチャーを育成するインキュベーターは，数多く存在する。自然発生したものもあるし，公共団体によって形成されたものもある。テクノセンターは，それを中国進出企業に適用し，それらの企業のためのインフラ整備・調整にビジネス・チャンスを見出している。
　かつて日本的経営と呼ばれるものの中で典型的であった，ヨコケイレツ〔旧財閥〕タテケイレツ〔自動車産業〕などの企業グループが，新たな形で別の種類のネットワーク組織として生まれつつあるという印象を受けた。
　市場メカニズムの利用には，常に「取引費用」が発生し，その取引費用の克服のためにはいつもなんらかの形の「ケイレツ」が有効であることが実感された。かつての日本的経営のひとつの特徴に数えられた企業グループは，特に旧財閥系の株式持合いに基づくそれは，今日もはやかつての姿を失っている。しかしこのことは決してケイレツそのものの無効を証明するものではなくて，ここに新たな時代と環境に適合した，取引費用の克服のための新たな形での「ケ

イレツ」が形成されているという印象を受けた。

　②　広東型委託生産，転廠制度

　この二つの華南地域特有の制度は，香港という特別行政区，そして，深圳を含む珠江デルタ地域における，電子産業の世界最大の集積地の存在を背景にして，テクノセンターのビジネスを成立させている有力な制度的条件であるように思われる。

　広東型委託生産は，取引慣行であり，自然発生したものである。また転廠制度も制度的裏づけを持つようであるが，自然発生的な秩序である。それに，電子産業の集積という市場外部性が伴って企業のネットワーク，あるいは，「競争と協調の共存する」クラスターが形成されつつあるという印象を受けた。あと，注目すべき市場外部性としては，これには，珠江デルタ地域を世界の電子部品供給センターとする近年のグローバル化という条件が加わるだろう。

　この自然発生したクラスター：日技城（テクノセンター）製造廠のビジネス・モデルを学習し，1．珠海テクノセンター（珠海政府関係者が経営主体），2．大連テクノセンター（大連市保税管理委員会が経営主体），3．ブラジルテクノセンター（ブラジルの融資が経営主体）といった意図的なデザインが行われていることが特筆に価する。

　③　インターンシップについて

　日本の大学生は豊かな社会に育ち，今ひとつ意欲に欠ける点がある中で，必ずしも社会的インフラの整っていない中国深圳の特区外において異文化と就業経験を同時に得ようとする学生の存在には感動した。

　④　深圳市について

　深圳市内を見て，市民の多くが非常に限られた年代層〔20-25歳〕からなる都市に大きな「人工的な性質」を感じた。きわめて特異な環境であると思われる。

注
1）深圳テクノセンター：日技城製造廠に関する報告は，2003年11月2日から8日まで日

第4章　事例報告：新たに現れつつある日本的「ケイレツ」　119

本IE協会によって企画され，筆者が団長として参加した中国ビジネス調査団における丹沢報告に基づいている。
2）A地区，B地区については末尾マップ参照。
3）広東型委託生産については，後述。

参考文献

関満博［2002］『世界の工場／中国華南と日本企業』新評論，2002年5月
中山武司［2003］資料「委託加工について」，「転廠制度について」
長谷川伸［2001］「日系中小企業の中国進出とテクノセンター」『関西大学商学論集』第46巻第4号（2001年）
日技城有限公司ホームページ：http://www.ne.jp/asahi/technocentre/koho/

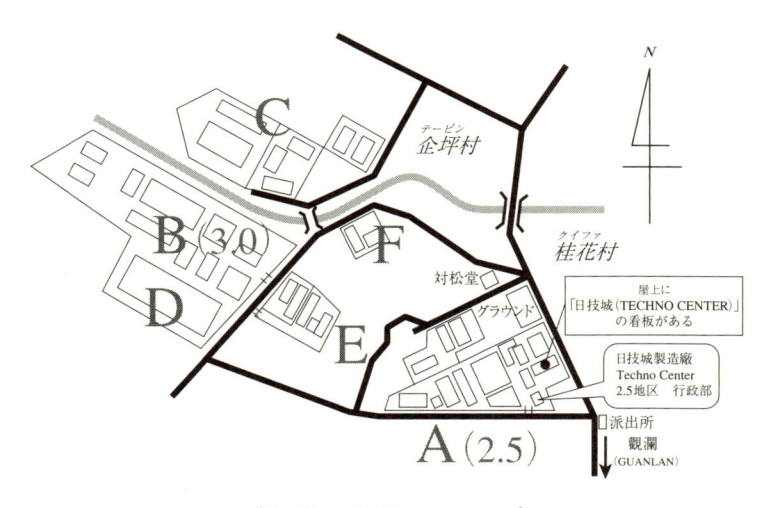

觀瀾テクノセンターマップ

第5章
電気通信産業

伊東 洋三

1. 日本電信電話公社による電気通信事業の独占

(1) 日本電信電話公社の成立と民営化

　わが国の公衆電気通信事業は，郵便事業と合同で国有国営企業として運営されてきたが，戦後，両事業は，郵政と電気通信の2省に分離された。1952年に電気通信省は日本電信電話公社（以下電電公社という）に移行した。翌年の1953年には国際電信電話事業が分割され，国際電信電話株式会社（以下国際電電という）が設立された。1985年のテレコム改革までは日本の国内電気通信事業は電電公社によって独占されてきた。

　1952年以降，公社という形態で独占的に国内電気通信事業が行われたのは十分合理的なものであった。当時すでに電話の利便性は十分企業や個人に知られていて，需要に供給が追いつかない状況であった。市内の電話回線が限られていたために電話を引くことは容易ではなかった。たくさんの電話加入希望者が電話が引けるまで長いあいだ，待たなければならなかった（これを積滞という）。またネットワーク全体の伝送能力が限られていたので，市外通話はすぐにはつながらなかった。積滞解消と自動即時化のためには，回線を敷設し自動交換機を設置する必要があった。それまでは交換は交換手が直接行うものであり，回線が多くなれば交換手も多く必要となるし，遠距離の市外通話の場合にはいくつもの交換局の交換手による接続を必要とした。

　自動化のために1950年代に機械式のクロスバー交換機が投入された。1970年代には電子化された交換機が登場した。なお今日一般的になったデジタル式の

交換機が登場するのは1980年代になってからである。

　交換機とつながっている回線が張り巡らされたネットワークを構築するためには時間も含めたコストが膨大であった。複数の事業体が重複するネットワークを構築し，それらのネットワークを接続するよりも，ひとつの事業体がネットワークを構築するほうが費用は安くなる。したがってコストを最小化するためには独占が必要であった。

　1977年度末になって加入電話申込の積滞が解消し，翌1978年度末に全国自動即時化が完了したが，このことにより公社法1条に規定された公社設立の目的「公衆電気通信事業の合理的且つ能率的な経営の体制を確立し，公衆電気通信設備の整備及び拡充を促進し，並びに電気通信による国民の利便を確保することによって公共の福祉を増進する」は達成された。

　電電公社は独占事業であるが，電話料金は公共料金であって，政府の認可を必要とした。この認可された料金によって需要と供給が一致するわけではない。電話の加入権の価格を設定するとともに，加入まで待たせるという電話料金以外のコストを負担させることにより，需要と供給を一致させることができる。

　戦後の復興期とそれに続く高度成長期に電電公社が膨大な資金を調達することは容易ではなかった。料金収入以外の資金調達の方法として，加入電話申込者に加入権だけでなく電話債券も販売した。

　電話局の自動化が進むと，かつてそこで交換手として働いていた女性たちは配置転換の対象になっていった。そのための労務対策が当時の電電公社には重要な課題であった。

(2)　**アメリカによる独占企業の出現**

　Shapiro & Varian（1999）はアメリカにおける巨大独占電話会社の出現を次のように描いている。

　1870年代の半ばまでは主要な特許のために電気通信事業はベルが独占していた。しかしその主要な特許が切れた後，多くの独立系の電話会社が生まれた。

そして1903年までにベルの加入者のシェアは50％以下になってしまった。大半の町には複数の電話会社があった（2003年までには再びそうなる）。このような状態の中で巨大な全国電話会社ベルシステムが生まれたのは，ベルが長距離電話サービスを提供したことによる。ベルは最初提携企業にのみ長距離電話へのアクセスを許していたが，1900年になると技術と運営の両方で標準を満たしていて，地域的に競合しない電話会社に長距離電話回線へのアクセスを許した。

ベルシステムは，長距離電話の能力を高める装荷コイルの導入と主要都市を押さえたことにより，市内電話ではほかの電話会社よりも料金が高くても顧客をひきつけることができた。ベルシステムと提携企業は，独立系電話会社との競争に勝って独占が生じた。

古城＆南部（1993）によればこのような独占は1920年代に出来上がった。そして市内電話事業は自然独占であるとしてこの独占が容認されるようになった。そのような中でアメリカの連邦通信法が1934年に成立した。連邦通信法は独占を前提としていたわけではないが，連邦通信委員会（FCC）は独占を容認し維持してきた。この独占の維持は1982年まで続いた。1950年代になると新しい技術やサービスの登場（マイクロウェーブや通信衛星の利用，通信回線を用いたデータ処理など）により，電気通信サービスの全てが自然独占とはいえなくなってきた。

日米のいずれであれ，既存企業の市内ネットワークの独占が，市内電話市場への新規参入を困難にするといわれているが，独占企業ベルが誕生した時代と，多様な代替的サービスが次々に開発され，それらのサービスを使うことによって利用者の行動様式が大きく影響を受ける現代とは，大いに異なる。

2．日本電信電話公社の民営化と新規公衆通信事業者の登場

(1) 日本電信電話公社の民営化とユニバーサルサービス

1985年のテレコム改革では日本電信電話会社の独占を定めていた公衆電気通

信法が廃止され，電気通信事業法，NTT会社法，KDD会社法の3法が制定された。

　この改革で電電公社は民営化されNTTとなったが，新会社は「電話の役務をあまねく日本全国に安定的に提供する」義務，すなわちユニバーサルサービスを提供する義務を負った。また事業計画の認可，役員の任免の認可，目的達成業務の認可などの政府による特別なコントロールを受ける。

　ユニバーサルサービスの提供は，もともとベルの経営戦略であった。1908年Veilがひとつのポリシー，ひとつのシステム，ユニバーサルサービスと言い出したことに由来するといわれるが，現在では，無差別性，地理的利用可能性，経済的利用可能性を満たすサービスをさすものといわれている。

　依田（2003）がいうように，既存企業にユニバーサルサービスの提供や，ユニバーサル基金への出資を義務付けるような規制は，ネットワーク効果が働くような電気通信産業では好ましくない。本来異質であるサービスを同一価格で提供することを義務づければ，安い費用で生産されるサービスを購入する消費者から高い費用で生産されるサービスを購入する消費者に内部補助が行われることになり，価格が費用を適切に反映しなくなるからである。

　新しいサービスが次々と生まれ，これまでのサービスが，質または価格面で負けていくときに，一部の古いサービスを利用し続けたいと思う人たちは不利益を被るかもしれない。しかし企業を競争下に置くということは，質や価格面での競争が行われるのであり，市場で負けた企業の製品は市場に出回らなくなる。しかし高くても買いたいと思う顧客がいれば，負けた企業は製品を特化させることによって生き残ることができるかもしれない。この場合には誰も，価格を安くするために補助金を出す必要があるとは考えない。

　ネットワーク効果が大きければ，ネットワークが拡大する初期段階には価格を安くすることがサービスの需要を増大させて，その結果サービスの質を高め，価格を安くすることにつながる。

　競争政策は，規制の撤廃であるべきだが，社会全体で効率的になるように競争制限を加えたり，産業全体で内部補助がなされるような新しい規制を加えた

りすれば，より厳しい規制を設けることになり，競争による効率の追求が損なわれることになる。

(2) アメリカにおけるAT&Tの分割

　1974年に司法省がAT&Tに対して反トラスト訴訟を起したが，その和解が1982年に成立し，AT&Tは市内と市外に分割された。司法省は当初，競争市場が存在する製造部門を独占的である電話ネットワーク部門から分割して製造部門をより競争的にすることと，AT&Tの市内電話会社を分割して市内電話会社間の間接競争を行わせるために反トラスト訴訟を起した。しかし1980年に電話サービスが自由化されると市内市外の分割に方針を変更した。

　この電話サービスの自由化は連邦通信委員会（FCC）の政策によるものではなくて，FCCがMCIとの訴訟で負けて自由化を認めざるを得なくなったことによる。1974年にMCIは都市間の専用線が市内電話回線と接続されていることを利用して市内電話サービスをFCCに無断で始めたが，それに対してFCCがサービスの提供中止を命じた。この中止命令に対して，裁判所はFCCにはそのような権限はないという判決を下した。

　このような裁判所の判決をFCCが受け入れたのは連邦通信法そのものによる。連邦通信法では新しい種類のサービスの提供は届出制になっているに過ぎないが，通信設備の設置にはFCCの許可は必要である。FCCはこの許可を使って電話通信サービスの独占を維持してきた。FCCが，MCIに対して都市間の専用線が市内電話回線と接続できるようになることを認めれば，そのようにして作られたネットワークをMCIがどのように利用しようが公益に反しない限り，FCCは利用を停止することができないからである。

　ある都市内の市内電話を形だけ一度他の都市にだしてその都市との通話という形式にすることによってMCIは市内電話サービスを提供した。MCIがこのようにネットワークを利用したのに対してFCCは中止させることはできなかった。このサービスの利用者にとっては市内通話と同じになる。利用者にとってはサービスの質と価格だけが問題になるのであり，MCIにとってはサー

ビス価格よりも安いコストでサービスが提供できるかどうかだけである。

　日米における自由化のプロセスの違いは独占事業者が民間企業であったか国営企業であったかによるだけでなく規制方式にも依存している。アメリカの場合には通信設備の設置に許可が要るが，サービスの種類や料金の水準は届出制であって，FCC がそれを阻止するためには手続きに則って停止命令を出す必要があるし，電気通信事業者は訴訟を起すことができる。日本の場合には今日でも事前認可制であるので，規制当局である総務省は料金の変更や新しいサービスの提供を容易に阻止することができる。

(3) 新規公衆通信事業者の登場

　NTT がユニバーサルサービスを提供することが義務付けられているのに対して，電気通信事業への新規参入企業は特定の区間，たとえば東京大阪間，または，特定の地域，たとえば首都圏，に対してサービスを提供することができる。実際，新規公衆通信事業者（NCC）は，当初長距離通信ネットワークを建設して特定区間の市外電話にのみ参入した。

　NTT の料金体系とアクセスチャージが，NCC の参入に有利であったので，NCC は急速に成長することができた。

　はじめに料金体系について考えることにする。NTT の電話料金は市内料金が費用よりも安く，市外料金が費用よりも著しく高い構造になっていた。全国即自動化のネットワークのもとでは市内通話と市外通話の限界費用はほとんど変わらない。通話の多くが市内通話か近場の市外通話であるので，市内通話の料金と費用の差が小さくても総額は大きくなる。その分を遠距離の市外通話から得られる利益で埋め合わせようとすると，遠距離の市外通話の料金と費用の差は大きくならざるを得ない。

　ユニバーサルサービスを提供するときも同じことが起きる。人口密度が高くて一人当たり通話量が多い地域と人口密度が低くて一人当たり通話量が少ない地域で料金が同じであれば，人口高密度地域で得られる利益は低密度地域のものより著しく大きくなるかもしれない。ほとんど市内通話しかしない利用者と

よく遠距離通話を利用する利用者との間，過密地域に住む利用者と過疎地域に住む利用者との間，大口利用者と小口利用者の間などのように様々な利用者間で費用が異なるにもかかわらず同じ料金が課されれば，内部補助が行われていることになる。ユニバーサルサービスの提供は内部補助がなされることを前提にしている。

　NCCはユニバーサルサービスを提供すれば負担することになるはずの費用を払うことなく，利益の上がる長距離の特定区間だけで市外電話サービスを提供すれば，NTTよりも料金を安くしても利益を上げることができるし，料金体系を多様にして大口利用者と小口利用者の間で差別価格があるかのような価格設定をすれば大口利用者を顧客にすることができて利益を上げることができる。

　NTTの電話料金体系が内部補助を含んでいることをうまく利用することによって，NCCはネットワークを構築する費用が高いにもかかわらず急速に成長できた。

3．ボトルネック独占とアクセスチャージ

(1)　ボトルネック独占

　財・サービスの生産には巨大な資本設備・インフラを必要とすることがある。電話の場合では，市内交換機から各端末までの市内通信回線網がそれに該当する。このような設備は長い時間をかけて作られるが，短期間に作ろうとすると莫大な費用がかかり，獲得することが著しく困難かもしれない。著しく困難な場合にはそのような設備・インフラはボトルネック独占あるいは不可欠設備といわれる。

　確かに市内通信回線網を無から作ろうとすれば多くの時間と金がかかる。電力のための電線網は電話線と同じかそれ以上に広がっているので，現在の使用料金の検査を自動化し，電力会社に報告するようなシステムがあるとすれば，それは容易に市内通信網に利用することができる。事実，携帯電話は無線局を

利用してネットワークを形成している。その点を考慮すると，ボトルネック独占はそのときの技術水準や潜在的に代替可能なほかのシステムにも依存している。

　既存企業がボトルネック設備や不可欠設備を所有し，新規参入事業者がそれを利用してサービスを提供する場合，利用するためのアクセスチャージが高すぎたり，利用に制約があり同質のサービスが提供できなくなったりすれば，新規参入事業者は既存企業と比べると競争上非常に不利な立場におかれる。

　アメリカでは不可欠設備については「複製が困難な不可欠設備の所有者は第三者とそれを共有する義務がある。また，その共同使用を拒絶してはならない。拒絶すれば独占行為にあたる」というルールがある。

　このルールの下では不可欠設備の所有者は，その利用者に対してイコールアクセス，非差別的料金，アンバンドリングで設備を提供しなければならない。

　アメリカでは1996年電気通信法により電話会社は自社の所有するネットワークを競争のために開放しなければならなくなった。開放の仕方としてはボトルネック独占企業の行動を規制する方法と構造を規制する方法がある。

　アメリカでは，事業者の地域会社と遠距離会社への垂直分離や，営業地域の分割という構造規制がなされただけでなく，地域会社が市外通話サービスに進出することを禁止するという非対称規制もとられた。

(2)　ボトルネック設備の相互接続サービス

　新規参入企業がボトルネック独占設備を利用する際に既存企業に支払うべき料金をアクセスチャージという。長距離通信網と地域通信網を持つボトルネック独占電話会社Iと長距離通信網だけを持つ新規参入電話会社Eがいる一方向アクセスモデルを用いることにする。Iは自分の通信網を用いて長距離通話サービスを提供できるのに対して，EはIの地域通信網を使用しないと，長距離通話サービスを提供できない。このときEがIに払うアクセスチャージを設定するための方法はいくつかある。

① 増分費用ルール

Iの地域通信網をEに開放する場合に追加的に発生する保守・管理・運用のような費用のみを通信単位あたりにして料金を設定する。

② 単独採算費用ルール

Eが単独で一から地域通信網を建設する場合の資本・設備から保守・管理・運用までのすべての費用を通信単位あたりにして料金を設定する。

増分費用は共通費が変わらなければすべてEの負担になるので，アクセスチャージの下限を与える。Iが敷設した地域通信網に投下した資本は回収できない。なぜならEとの競争で価格が下落するか顧客を失うかまたはその両方が生じるので，Eへの地域通信網の解放前に得ていた利益が十分大きいか，投下資本がすでに回収済みでなければIは資本を回収することができないからである。

それに対して単独採算費用方式は，規模が小さくても共通費が変わらなければすべてEが負担することになるので，アクセスチャージの上限になる。地域通信網を敷設する費用があまりにも高ければ新規参入を図ろうとする企業は参入をあきらめることになる。

③ 効率的投入価格ルール

Sidak & Spulber (1997) は，効率的投入価格ルール (ECPR) は効率性を実現するものであると推奨する。ECPRの下では新規参入企業が既存企業よりも追加的費用が安くて，その結果新規参入企業の限界収入が，既存企業の限界損失よりも大きければその限りで参入企業は供給を拡大し，既存企業は供給を縮小する。政府による価格規制や，反トラスト法による訴追などがなければ，既存企業と新規参入企業の共同利潤を最大化することになる。新規参入企業は既存企業の分け前を一定にして，自分の利潤を最大化する。もちろん既存企業もコストを削減するかサービスの質を向上させれば，自分の所有する地域通信網からより多くの利潤を自らで得ることができるので，自分の分け前を大きくするためにコスト削減や質の向上のための努力をすることになる。ECPRで問題が生じたとすれば，この方式が共同利潤の最大化となることである。オープン

アクセスの狙いが競争の促進であれば，ECPR が採用されないことは明白である。

この ECPR の欠点を克服するために，Sidak & Spulber（1997）は M-ECPR を提案する。

既存企業の提供する地域通信網に帰属させる利潤を適正報酬率に変える。適正報酬率の計算法としては，代替的な技術を使ってできているほかの地域通信網を持つ既存企業において地域通信網に帰属させる利潤でもって適正報酬率を求めるものがある。

④　増分費用プラス・ルール

増分費用に一定比率のマークアップを付加した額を通信単位あたりにして料金に設定する。このルールはマークアップの決め方によってはどれにも当てはまる。したがって規制当局がこの方式を取ると適切なマークアップが分からないので恣意的になるか，まったく不適切なマークアップが用いられることになる。

⑤　長期増分費用

1996年電気通信法以来アメリカの FCC が支持し，イギリスの OFTEL，日本の総務省が支持している方式である。その特徴は，

1　未来志向の費用　アンバンドリングによって細分化されたネットワークの構成要素ごとに現在の水準から見て妥当な費用のみを計上する。
2　長期費用
3　アンバンドルされた要素の平均費用
4　マークアップの適用による共通費配分

であるが，この方式でアクセスチャージを課すと新規参入企業に対して極端に有利な価格決定をすることになりかねない。技術進歩が激しく，物価が低迷しているときは取替費用は簿価よりも十分小さくなる。そのようなコストをベースにすれば投下資本は回収できないことになる。特に新しい通信方法が普及するような時期では，技術進歩も急速であるし，需要も急拡大する。そのような時に遅れて参入してきた企業は安い費用のみを負担して，大きな利潤を得

る可能性がある。

例　実際の NTT と NCC の接続方法とアクセスチャージ

日本ではアクセスとアクセスチャージは次のように決められた。

技術的設備的な接続点（POI）は，県間交換機のレベル（DC）に設定された。利用者が払う料金は足回りの NTT の料金と NCC の料金であり，NCC は NTT に対して接続料金を支払わないものである。県間交換機のレベルに接続ポイントを置いたのは NCC が自分のネットワークを建設する費用を少なくするためである。したがって中継系の NCC は県間中継通話のためのネットワークを提供することになるので，NTT と比べて有利な県間交換機のある MA を送受信する利用者が中継系 NCC を利用することになった。この利用者層が長距離通話の場合には MA 間で最大であった。

中継系 NCC は 3 社であり，新幹線の線路側溝に光ファイバー・ケーブルを敷設してネットワークを建設した日本テレコム，高速道路の中央分離帯に光ファイバー・ケーブルを敷設してネットワークを形成した日本高速通信，新たに鉄塔を建設してマイクロウェーブ回線による通信網を建設した第二電電である。この 3 社は非常に速いスピードでネットワークを作り上げ，長距離通話である程度のシェアをとることにも，利益を上げることにも成功した。

4．電話ネットワークの特性

(1)　平均費用逓減産業

市内通話の費用構造は，電話回線と電話交換局のコストのように電話トラフィック量と無関係な NTS コスト（non traffic cost）が費用の大半を占めるものである。したがって広い範囲で平均費用は逓減する。このことは短期費用面では正しいが長期費用面でも正しいかどうかはいえない。電話回線の容量や電話交換機の規模は加入者数や，電話トラフィック量に依存するのでその費用が無関係とはいえない。電話事業者の負担する費用は無関係かもしれないが，利用者は，容量以上の電話トラフィック量が発生すれば電話がかかりにくくな

り，待たされることになるので，負担する費用は増大するかもしれない。そのために通話をあきらめれば，電話事業者にとっても機会費用が発生する。費用の中で固定費が占める割合が高いことから規模の経済が存在するということは，短期費用について妥当することであって，長期費用については別途検討する必要がある。電話回線の容量と電話交換機の規模を2倍にしてもその費用は2倍以下であるという意味では，規模の経済が存在するといってもよい。ただし長期費用関数は階段関数になる。

　実際携帯電話の無線局の場合には容量は小さいので規模の経済は狭い範囲でしか働かないといわれている。規模の経済が狭い範囲でしか働かないことは，携帯電話のネットワークの形成には有利に働くかもしれない。なぜなら規模の経済があまりないので容易に新しいネットワークシステムに交換できる。ユニバーサルサービスが義務付けられていなければ，個々の無線局が小さいので少しずつ増設していって，できたネットワークでサービスを提供しながら全国サービスにたどり着くことができる。

　光通信ケーブルのように技術進歩が急速であると，時間が経つと，規模が拡大しても費用はそれほど大きくならないか，場合によっては減少するかもしれない。このような場合にはケーブル網を構築する時期や，新しいケーブル網に取り替える時期を決定することは容易ではない。そのような場合に長期増分費用による価格決定方式でアクセスチャージを決めると投資は回収されない恐れが大きくなるので，規模が小さくなるか遅れることになる。

(2) ネットワーク効果

　電話利用者にとっての便益は，通話する相手が多いほうが便益も大きくなる。電話がかかってきて欲しくない相手を識別できるならば，通話の便益はもっと高くなる。この点で電話ネットワークの加入者集合はそれぞれの加入者にネットワーク外部性をもたらす。このネットワーク外部性のために二つのネットワーク間で競争が行われた結果，ひとつのネットワークだけが生き残ることもあるし，生存競争で勝ったネットワークが規模を拡大していったときに

かつて負けて最早いなくなったネットワークよりも劣っていることが分かるかもしれない。このような現象をロックインという。複数のネットワークで相互にアクセス可能であれば，既存のネットワークよりも優れたネットワークが登場することが可能になる。

　サービスの質や価格で優れていないことが分かるネットワークが生き残っている可能性もある。携帯電話の場合では，所有する期間が短くて，技術進歩は急速であるし，相互接続がなされるので，上で述べたロックイン現象が起きる可能性は少ない。

(3) 範囲の経済

　デジタル式の電話交換機の利用には，市内電話にも市外電話にも使えるという点で範囲の経済がある。通信の伝送だけが電気通信事業者が提供するサービスではない時代になっているので，通信の伝送に伴うコンテンツもまたサービスになるが，多様なコンテンツが利用できるかどうかはサービスの質に影響する。このようなサービス生産には共通資源が利用されるので，範囲の経済がある。

　ATM交換機と比べて極端に安いルーターで通信網を構築することができれば，これまでのATM交換機の使用を続けることは，範囲の経済を超えた非効率なシステム利用ということになり，ロックイン現象が生じていることになる。

5．料金問題

(1) 固定通信料金制批判

　固定料金制に対する批判は次の通りである。

　電話のネットワークでは，電話機から発信された信号は電話線を伝ってNTTの局舎に置かれた交換機に届き，交換機は相手先の電話番号に向けて次々とより高い階層の交換機を経て回路をつなぎ，最終的に相手先の電話機ま

での一筋の回路を確保する。接続時間中は，その一筋の回路はその一組の通話者のみに開かれていて，他の通信は割り込めない。電話料金はこうした通信ネットワークの占有に対する料金である。したがって遠距離通話の料金は長い回線と多くの交換機を占有するから，市内通話よりも高く，時間課金は回線を長時間占有して他の通信を排除することへの補償とみなす料金体系が必要となる。したがって固定料金制ではなくて，通信単位あたり料金のほうが合理的であるし，効率的でもある。

(2) **反論**

上の固定料金制批判に対する反論としては次のようなことが考えられる。

ネットワーク上どこでも容量が大きくて，混雑が生じていないならば，料金は無料でよいし，遠距離通話のほうが高くなる必要はない。通信量が増えることによって増加する費用，すなわち限界費用は無視できるほどに小さい。混雑が発生している場合は混雑が発生しているボトルネックに対して混雑料金を課せばよい。そのときの混雑料金は，通話が増加することによって待たされる利用者全体の利用時間が延びる分だけの時間費用に等しくなる。このような最適な混雑料金を課すことは実際上困難であるが，容量拡大のための費用を利用者に負担させることはできる。

(3) **インターネット利用料金**

インターネット上での通信方式は，これまでの方式とは異なる。パソコンや携帯電話からアドレスをつけて送り出された文字や画像のデジタル信号は，電話回線を通じてプロバイダーのサーバに入る。この一連のデジタル信号は細切れのパケットと呼ばれる単位に分割され，それぞれのパケットにアドレスがつけられる。サーバはそれぞれのパケットを，ルータを経由して次のサーバに送り出す。パケットを受け取ったサーバは，アドレスの方向に向けて信号を送り出す。こうしてパケットは何台ものサーバの間でリレーされて最終目標に到達する。

出発点と到達点が同じでも，すべてのパケットが同じ経路を通るとは限らない。パケットは最終目標点でもとの信号に並び替えられる。このようなインターネットプロトコル方式は通信インフラを効率的に利用することができる。

インターネットでは通信速度はいろいろな事情に依存するので必ずしも混雑費用として計測することはできない。インターネットに接続された回線やインターネット網内での通信速度はサービスの質の一部になっている。固定料金でサービスの質が一定でなければ質の低下にともなう費用は利用者が払うことになる。このとき消費の外部性が生じるが，消費の外部性をコントロールすることは困難である。

インターネット接続サービスを提供するCATV事業者の多くは固定料金制を導入し，ADSL（デジタル加入線）サービス事業者やNTTコミュニケーションズ，新電電各社も固定料金制を導入した。

林（2003）によれば，以下の理由で固定料金制は不適切な資源配分を招く。

「バックボーン回線やアクセス回線の通信容量が十分大きくて，利用量が拡大しても通信スピードの低下や接続拒否の問題がおきないものとする。この場合インフラ事業者は固定料金をある加入者数のもとで採算が取れる水準に設定する。

この局面での問題は，事業者にとって加入者数が損益分岐点以下であれば損失が発生し，それ以上であれば利益が発生することである。そのリスクは事業者が負担しなければならない。事業者間の競争は，固定料金の低廉化をもたらすが，それによって各事業者の損益分岐点は上昇し，各事業者はインフラの利用者が十分大きくなってようやく採算がとれるようになる。したがって，初期投資だけでなく運営費や維持管理費も固定的な基本料金で回収しなければならない料金体系のもとでは，市場から脱落する事業者が出てくる。

加入者1人あたりの利用量は従量料金がゼロであるために増大を続ける。やがてトラフィックはインフラの容量の限界に近づき，遅延や渋滞などの混

雑現象が始まる。従量料金で需要をコントロールすることができないので、インフラが容量不足になるが、加入者の伸びが止まっていれば、事業者の側に回線設備を増強する余力がない。その結果サービスの質が低下し、利用者の側には不満が残る。

　技術進歩によってより高速な広域通信が可能になった場合には、インフラ事業者が新たな設備投資を行えば、利用者の不満は解消されるが、新たな設備投資は固定料金の引き上げにつながる。または新しい技術は固定料金の引き下げを可能にするかもしれない。いずれにしてもここから再び同じ過程が繰り返される。

　こうしてインフラの増強と利用量の拡大はいたちごっこを繰り返し、その間、インフラ事業者の側に設備投資資金を回収する余裕は生まれない。」（一部筆者改変）

　以上の問題点の指摘は適切であろうか。各インフラ事業者にとって加入者一人当たりの平均費用が低下するという意味で規模の経済が働くので加入者を獲得するための競争は激しくなり、その結果少数の事業者のみが生き残ることになる。市場から脱落する事業者が出てくるのは固定料金制度によるのではなくて、規模の経済が存在することによる。市場が寡占化することによって競争が制限される可能性があるが、技術進歩が著しい場合には、企業数が少なくなっても厳しい競争は続く。十分に競争優位な新製品の開発に成功した企業は、市場でのシェアを高くすることができるからである。そのような例としてはDVDドライバ市場におけるパイオニアの例がある。これまでのCDプレーヤーやCDRドライバなどの市場で大きなシェアを持っていたわけではない。確かにカーナビでは高いシェアを持っていたが、DVD市場では高いシェアを獲得するのに成功した。

　固定料金制にした場合需要が急拡大して容量不足になる可能性についてはどうであろうか。

　携帯電話の場合には多様な料金メニューがあり、利用者はそのメニューから

選ぶことができる。料金が自由化されていれば，このようなメニューが用意されることになり，固定料金制度も料金のメニューのひとつとして存在することになる。

インフラ整備のための設備投資資金が回収されるかどうかは，技術進歩の速さと競争の激しさによるものであって，固定料金制が，需要を急拡大させる一方で，競争上固定料金を引き上げることが困難であることによるものではない。

ADSLでも多様な料金制度とさまざまなサービスの種類があり，料金は固定制一本というわけではないが，激しい競争が続いている。

6．携帯電話

地域会社と携帯電話会社のあいだでの接続問題

携帯電話は全国一律の料金体系をとっているので，地域電話会社に加入している相手と通話する際の料金は，通話時間掛ける携帯電話会社および地域会社の通話時間当たり通話料金プラス接続料金ということになる。

携帯電話が登場したときは，通話相手はまだほとんど携帯電話を持っていないので，通話相手は地域電話会社にのみ加入している人であった。例外は業務用の携帯電話であった。同一企業または提携企業の社員間では同時に加入することによって互いに携帯電話のみで通話することができた。携帯電話が普及する初期の段階で業務用の利用が大半であるのはその理由による。もうひとつ考えられることは，携帯電話が普及していない段階では，地域会社のみが携帯電話サービスを行うことである。新規に登場した携帯電話会社は，初めから多数の加入者を獲得することはできないし，地域電話会社と接続する交渉に成功することも難しい。

地域電話会社が携帯電話サービスを提供することを禁止されているし，新規に登場してきた携帯電話会社に対して接続が義務付けられていて，接続料金についてもその計算方法が明示されていて新規に登場する携帯電話会社がすべて

計算することができる場合は別である。このような場合であっても需要が不確定であるので，携帯電話会社が周波数割り当ての入札に成功しても十分な利益を上げられなくて，失敗するケースがイギリスでは少なくない。

7．データ通信

　電気通信ネットワークの容量が増大し，ボトルネックが解消し，自動化も完成すると多様なサービスが求められるようになった。電電公社が提供したサービスのひとつに専用回線がある。大企業は，支店間を専用回線で結ぶことによって電話料金を安くすることができた。
　初期のデータ通信としてはテレックスがある。1956年にテレックスのサービスが開始されたが，その後事務用ファクシミリが使われるようになった。たとえば1973年になってリコーの事務用ファクシミリが販売された。
　日本人の場合にタイプライターで文書を作成することは容易ではなかった。邦文タイプライターの場合では多くの活字が使われるので，活字群を取り替える必要があった。そのために専用の邦文タイピストがいた。電話接続の自動化によって電話交換手がいなくなったようにファクシミリの登場は，テレックスのオペレーターを不要にした。
　この当時端末装置は加入者が自由に回線に接続することはできなかったし，加入者以外に専用回線を利用させることは禁止されていた。

(1)　データ通信の登場

　コンピュータの登場は電話サービスを大きく変えることとなった。ただし初めから今日のような使われ方がされたわけではなかった。
　1980年代通信は音声通話と文字情報の伝達が主なものであった。基幹通信網から交換機を介して広がるハブ型のネットワークであった。コンピュータの通信も大型のホストコンピュータから個々の端末が接続されているハブ型のネットワーク構成になっていた。たとえば初期の航空券予約システムは，大型コン

ピュータと接続されている端末装置を使っていた。そのため旅行代理店は何種類もの端末装置を置いて，顧客の注文に応じて，各航空会社の予約システムに問い合わせる必要があった。自動車会社が導入した部品発注システムを自動車の部品メーカーが利用する場合についても同じようなことがいえる。

　基幹通信線の容量拡大のために，半導体レーザーと石英系光ファイバーが用いられた。レーザーはルビーレーザーとして1960年に発明されたが，1962年に半導体レーザーが発明された。1970年代には常温で半導体レーザーを連続発信させることができるようになったし，低損失光ファイバーの研究も進んだので，レーザー通信の研究開発が進んだ。1980年代に基幹系電話通信網に光ファイバーが導入された。1990年代には多くの国が海底光ケーブルでつながり，ギガビット／秒の高速大容量光通信が実用化された。

　電電公社が承認した端末装置以外の回線への接続は禁止されていたし，契約者以外の人の通信を回線に乗せることも禁止されていたのでデータ通信の制約は大きかった。

(2) インターネット

　1990年代前半までに今日のインターネットの基本技術と，インターネット網が出来上がり，1995年以降急速に発達した。PCが高性能になる一方で，価格が急速に低下し普及率が高まったことにもよるが，電子メールやウェブサイトが普及してデータ通信が音声通信を超えた。

　インターネットは従来のハブ型ネットワーク構成とは異なり，蜘蛛の巣状に接続されたウェブ型の構成をとっていて，集中型から分散型へと大きく変わった。この変更を生み出したひとつの要因は，軍の研究としてインターネットの基になるネットワークが作られたことによる。冷戦時代に始まった研究では，ソ連軍に攻撃されても維持されるような通信ネットワークを作ることであった。当然そのような組織は分散型になった。またデータの送受信が中心になるのでコンピュータが利用された。したがってインターネットははじめから分散型のコンピュータネットワークシステムとして構築された。

2000年代に入ってからは，音声通話に関しても回線交換の形態ではなくインターネットプロトコルを使うIP電話の普及が進んできた。データ通信も画像情報が増え，高速化が求められるようになってきた。インターネットのアクセスのためには電話回線（ADSL方式）や，ケーブルテレビ用ケーブルなどが使われているが，それらの高速化が求められている。ただし通信の高速化とPCの性能向上が画像情報の高速処理を可能にして，その結果通信サービスの高速化が求められるようになった面もあるが，逆に通信サービスの高速化とPCの高性能化が進んだので画像情報が多く送られるようになった面もある。

(3) 携帯電話

　携帯電話がはじめからデータ通信のために開発されたわけではない。
　第1世代から，第2世代へ，そして第2.5世代，第3世代へと新しい通信方法が採用されてきた。この技術進歩の中で携帯電話は音声による利用も引き続きなされているが，データ通信，メールやインターネットの利用が飛躍的に増えてきた。
　携帯電話の場合には，料金も基本料金と通話料金の多様な組み合わせ，各種の割引などがあって，携帯電話3社の料金を比較するのが困難なほどである。今日の携帯電話はインターネットとほぼ同時に普及したこともあり，利用できるコンテンツが重視されるようになってきた。すなわち価格競争だけでなくサービスの質が競争上重要な要素となっている。たとえばiモード（NTTドコモ），歌メロ，GPS（AU），テレビ（ボーダフォン）などのサービスが商品の競争力の一部になっている。
　携帯電話ではクリームスキミングがないし，ネットワーク効果が大きいので，加入者が多い電話会社が競争上有利になるために，コストと比べて価格を低く設定する必要があるが，技術進歩が速いために対応するための設備投資額が大きくなり，料金はなかなか下がっていかない。その点では長距離電話とは大いに異なる。料金が下がらない理由のひとつに電話機の販売方法もあげられる。日本の場合携帯電話会社が仕様を定めるだけでなく，メーカーから一括購

入し，販売店で販売するという方式をとっている。この方式そのものはかつての電電公社の方式を踏襲したものである。一括購入のために在庫処分の必要もあって新規の加入者にほとんど無料に近い価格で携帯電話機を販売することさえ起きる。

　自動車電話（携帯電話の前身）やポケットベルはもともと業務用に開発されたが，日本ではポケットベルの普及は高校生に急速に進んだし，その延長線上で携帯電話は若者文化として普及していった。そのためもあって，一方では価格重視，他方ではサービス重視という二つの傾向が見られる。NTT ドコモのシェアが高いのはもともと NTT がよく知られていることにもよるが，i モードなどの利用ができるために他の携帯電話会社の料金よりも高くても競争力を保持できたという側面もある。au は学割など価格競争をする一方で，歌メロや GPS などのサービスの提供で品質競争もしてきた。その結果最近の加入者数の純増分で au はドコモに勝つことになった。また第 2 世代から第 3 世代に移行する代わりに第 2.5 世代をおくことによってスイッチングコストを低くすることに成功した。

8．料金とサービスの質

　このように見てくると，技術進歩と通信の利用方法の変化という二つの要因を考慮すると，AT&T を地域電話会社，長距離電話会社に分割したアメリカのやり方は過去の産物でしかない。
　今後はマルチメディア，ブロードバンドの時代になる。そのとき情報ハイウェーのようなプラットホームを誰が建設するのか，その費用を誰が負担するかが問題になってくる。
　ネットワーク外部性が大きくて，建設費用が莫大になるならば，やはり独占によるのが望ましいことになる。独占を排してインターネットのような分散型ネットワークの可能性もある。
　電気通信産業はほとんどの国でもっとも急速に成長を遂げている産業であ

る。この産業の急速な進歩は，電気通信産業の技術進歩，特に無線の技術進歩とインターネットの技術進歩によるところが大きい。

ある消費者が特定の電気通信サービスを購入するかどうかを決定する際に，同じサービスに接続している消費者の数に大いに影響されるので，電気通信サービスの需要はネットワーク外部性によって大いに影響される。

このネットワークのためのインフラを構築するためには，莫大な費用がかかる。したがって電気通信事業者が同じインフラに重複して投資することは非効率であり，1事業者のみに事業を許可して営業させることが社会的に好ましい。その際独占の弊害を避けるためには，価格を規制したり，補助金を出すことにより効率性が達成できる。

価格形成の方法としては，限界費用価格形成原理と，適正報酬率方式がある。

限界費用価格形成原理では，サービス1単位の価格を，サービス1単位の増加が引き起こす費用の増加に等しくするものであるが，電気通信サービスの場合時間で測ったサービス1単位の増加によってほとんど費用は増加しない。単純化のために0とすれば電話の通話時間当たり料金は0ということになる。電話回線や交換機器などの設備のための費用は政府が負担するか，または利用者が固定料金として負担すればよい。アメリカの一部の市内電話料金が固定料金制になっているのは，限界費用価格形成原理を満たすものであるという解釈も可能である。

通信サービスの固定料金制に対する反対論は，必ずしも妥当とはいえない。競争的な状況では固定料金が，投下資本を回収できなくなるし，設備の改善を困難にするということが反対論の中心であるが，競争に勝つ事業体と負ける事業体が出てくるだけであり，このことは競争そのものに付随するものである。負けてしまった企業の投下資本が無駄になるという論法は競争を否定するものでしかなく，かつて日本の産業政策が需要予測に供給能力を合わせようとした試みと同じ考え方である。

適正報酬率方式では，価格は基本的には平均費用に基づく。ただし平均費用を求めるときの資本費用については，資本の適正報酬率を用いて算定すること

である。このような価格決定方式を用いると，いわゆるアバーチ＝ジョンソン効果が生じることが知られている。アバーチ＝ジョンソン効果とは，利潤率を一定限度以下になるように料金を決定すれば，利潤総額を増加させるために資本集約的な技術が選択されて資本設備が過大になることを言う。

投下資本に適正報酬率を掛けたものが費用と認められ，価格に反映するから独占企業は利潤を大きくするためのひとつの手段として資本を大きくすることが考えられるからである。アバーチ＝ジョンソン効果は情報の非対称性が規制の最適化を妨げる要因となるというような議論がなされる以前になされた議論である。

今日では，情報の非対称性が重要視されるようになってきた。規制当局が価格を規制するためには，事業者の費用構造について知っていることが必要であるが，費用に関する情報は当該事業者が持っていて，規制当局は不完全にしか知らない。その点で規制当局と規制される事業者の間には情報の非対称性が存在する。この場合独占企業は真の費用構造を規制当局に知らせないかもしれない。もし正しくない情報に基づいて規制当局が価格を認可したとすれば，独占企業は利益を得ることができる。

規制当局に真の情報を提供させるための方式が必要となる。このような場合に価格規制のひとつの方式がスティックヤード価格方式である。適正報酬率方式と似ているが，同じかまたはよく似ている企業のコストを調べて費用を評価して価格を求めるものである。この場合には，企業間で協調的行動がなければ調査対象の企業は，自分の企業の価格決定に反映されないので，費用に関する真の情報を隠す誘因はない。

プライスキャップ方式はダイナミックな状況に対応するものである。技術進歩が進み，費用が低下する状況では，より費用を低下させた企業の利潤が大きくなることを認めるものである。すなわち資本費用に適正報酬を掛けて費用を推計するのではなくて，現行の費用に技術進歩による費用削減を入れて，費用を推計し，その費用に基づいて価格を決定する。事業体がその価格よりも平均費用を低く抑えることができればその分だけ利潤が大きくなる。規制当局が費

用削減を観測するものとすると,各事業体の努力の結果が分かり,次の費用推計に使われる。事業体数が少なければ自分の努力が自分の首を絞めることがわかり,費用削減に十分な努力をしないかもしれない。社会主義国におけるノルマの決定問題と同じことが生じる可能性がある。すなわちコスト削減はある程度抑えて,少しずつ利潤を得ることが企業にとっては長期的な利潤を得る方法となるかもしれない。

　この非効率を避けるためには,接続料金を決めてそれぞれの所有するインフラを互いに利用できるようにすればよい。この相互接続により「自然独占」が成り立たなくなる。Shy（2001）によれば,独占は政府の介入によって維持されている市場構造の1形態であるので,自然独占という用語そのものがそのうち消滅するであろう。

　以上のようなこれまでの産業組織論で述べられてきた議論は新しい技術,新しいサービスを次々と産み出していく電気通信産業にどれだけ適用できるであろうか。

　通信に使われるネットワークも音声通話主体からデータ通信主体へと90年代に大きく転換しているが,回線のブロードバンド化が進み動画配信の環境が整備されると放送との融合も進む。マルチメディアをそれぞれに分離することは意味がないし,当然市内通話と市外通話を分離することも意味がない。

　新しいサービスとそれを支える技術進歩がいっそう重要性を増すであろう。そしてこれらのサービスや技術を産み出す活気にあふれた環境を整備することが必要である。

参考文献

依田高典（2003）「ネットワーク産業の生態学」林敏彦編『情報経済システム』NTT出版
古城誠・南部鶴彦（1993）「電気通信規制の歴史と日米の規制比較」奥野正寛・鈴村興太郎・南部鶴彦編『日本の電気通信』日本経済新聞社
林敏彦（2003）「情報経済の展望」林敏彦編『情報経済システム』NTT出版
Shapiro, Carl & Hal R.Varian (1999) *Information Rules,* Harvard Business School Press
Shy, Oz (2001) *The Economics of Network Industries,* Cambridge University Press

Sidak, J. Gregory & Daniel, F. Spulber (1997) *Deregulatory Takings and the Regulatory Contract*, Cambridge University Press

第6章
コミットメントと柔軟性
——第三者割当増資から再建型倒産手続きの移行プロセスに基づく考察——

坂口 幸雄

1．はじめに

　本章は，制度の選択内容が意思決定者の資源投入の関与の深さとどのような関係があるかについて理論的な考察を行う。ある意思決定を迫られているときに，意思決定者はとりうる選択肢の内容を検討し，どの選択肢であればどれほどの資源を投入することが合理的かということを考えることは，それが長期の方向性に影響を及ぼすほど深刻であろう。その検討において，コミットメントが増大すればするほど柔軟性は失われるが，コミットメントを増大させなければ経済的価値を高めることはできないというジレンマに遭遇する。本章では，主として，Barney and Lee（2000）による取引コスト理論とリアル・オプション理論およびナレッジ・ベース理論を統合した理論を，リアル・オプション理論を中心とした視点に改良して考察を行う。その後，この改良された概念モデルを基にして，企業の財務的窮境期における制度選択のプロセスを検討していく。

2．問題意識

　どの企業がいつ倒産するのかという視点は日常業務を行う者にとっては重要な考慮すべき点である。しかし，それよりもなぜ倒産するのか，どのように倒産するのかというプロセスも重要である。この点については会計データを用い

た予測モデルもある。最近では確率過程モデルを用いて数年前からいかにして倒産にいたるのかという考察も行われている。ただし，「なぜ」の側面と「どのように」という側面はそれだけでは不十分である。数値の推移を見るだけでなく，企業のとった行為を観察することにより，なぜその行為をとることになるのか，どのようにしてその行為がその後の結果に結びつくのかという考察もますます必要であろう。その中でも，企業の行った資本調達がその後の業績にどのように反映されていくのかという視点は財務における資本構成の理論にて問題としている領域である。その際，事前の予測に焦点が大きく集まり，事後的な結果からの意義を見出すことはさらに必要であると考える。無論，事後的な結果とは，事前の予測において想定された確率分布の，必ずしも期待値ではない事象と見ることができるため，それをもって予測が外れたということは早計であろう[1]。この事前に想定される確率分布がなぜそうなるのかは，これまでの経験からもたらされるものが多いだろう。そして，それらの経験がどのような内容のものであったのか，なぜそのような分布になりうるのかという視点は必要である。多くの予測モデルは，正規分布やパレート分布などを前提として構築されるが，なぜそのような分布をとるのかという考察は，単にデータを集めてきてグラフ化したものがどの分布に近いのかという視点だけでなく，なぜそのような分布へと志向するのだろうかという視点も必要であろう。その時，その分布へ志向する要因は所与とされている制度環境に依存するかもしれないというのが本論の研究意識である。

　ここで，制度環境とは，集計値としての環境というよりは，むしろ，ミクロの行動に影響を及ぼす制度が何であり，その制度はどのようなミクロの行動を促すのか，あるいは，促せないのかという視点をとる。それでも，制度は多岐にわたり，実際には多数の制度による規定からもたらされる影響を集計したものが，ある環境における企業行動と述べているに過ぎない。このように，制度が企業行動をどのように規定するのかという考察は途方もない作業である。そこで，本論は制度と企業論という大きな議論ではなく，ある特定の事象をもとに，ある制度がどのように企業行動を推進させるのかという面で議論する。そ

のため，別の制度も存在しうるためにその相互作用が捨てられるというリスクはあるが，議論の焦点を絞るために，それはあえて本論では無視する。

3．機会主義と学習及び不確実性：既存研究のモデルとその改良

(1) Barney and Lee（2000）モデル

Barney and Lee（2000）はバイオテクノロジー産業を念頭において，技術革新の進度が速い業界においていかなる企業形態をとることが望ましいかという課題に対して議論している。そこでは，不確実性の高い段階においてはジョイント・ベンチャーによる出資形態をとり，新技術が生産過程に乗り出すことができる段階になれば統合を検討するというプロセスを，取引コスト理論とリアル・オプション理論およびナレッジ・ベース理論を統合させることによって説明を試みている。

彼らは各理論のもたらすガバナンス構造の主な結果の予測をそれぞれ次のようにまとめている。すなわち，取引コスト理論では，機会主義の脅威が大きければ大きいほど階層組織を志向する。そして，リアル・オプション理論では，需要の不確実性が大きければ大きいほど階層組織ではなく市場における契約関係を志向する。さらに，ナレッジ・ベース理論では，特に暗黙的なケイパビリティの学習の必要性が大きければ大きいほど階層組織を志向する[2]。

これらをそれぞれ，機会主義の脅威が大きい場合と小さい場合，需要の不確実性が大きい場合と小さい場合，学習の必要性が大きい場合と小さい場合の二つのセルに分けたマトリックスによって統合したモデルを彼らは考察している。そのモデルの検討において彼らは，(1)機会主義の脅威が大きく，需要の不確実性が大きいが，学習の必要性が小さい場合，(2)機会主義の脅威は小さく，かつ，需要の不確実性は小さいが，学習の必要性が大きい場合，(3)機会主義の脅威の大きさにかかわらず，需要の不確実性が大きく，かつ，学習の必要性が大きい場合，の3つの場合，それぞれの理論が予測するガバナンス構造は，一方で市場における契約構造を基にした構造，他方で階層組織を基にした構造と

なり合致しないことに言及している。

　彼らのモデルは，こうした理論間の対立の存在に対して，それぞれの理論の提唱する背景，すなわち，機会主義と需要と学習という要素のうち経済的意思決定者にとってどれがより重要かという視点，および，それらの要素のうちどれが最小のコストで形成可能なガバナンス構造を採用することができるかという視点で解決しようとしている。さらに，他の解決の手段として，中間形態のガバナンス構造を設けることによって，各理論の予想の対立を解消することもできるという方法や，時間の経緯と技術の発展段階によって，重視したい理論を変更していく解決法が考察されている。

　これらの考察のうち，動的な視点を考慮に入れているのは，最後の解決法である[3]。そこで例示されていることは，取引の最初の時点では需要の不確実性や暗黙的なケイパビリティの学習の必要性が大きかったり，機会主義の脅威が大きかったり（つまり，行動面での不確実性が大きかったり）しても，時間経過においてそれらが小さくなり，それに応じてガバナンス構造を変更していくというものである。このような時間経過とともに重視されるべき要素に基づいて，その要素に焦点を当てた理論の提唱するガバナンス構造へと導いていくことによって，各理論の矛盾点は解消されうるだろうということが示唆されている。

(2) 動学的視点を考慮に入れた改良概念モデル

　先の議論において，Barneyらは動学的な視点を導入することにより，三つの理論の提唱するガバナンス構造の予測の非整合性を解消することができるだろうということを強調している。彼らはこの視点を例示にとどめているが，本論はそれをあるフレームワークで明示する。図1は，これらの三つの理論を動学的フレームワークで捉え直したものである[4]。

　このモデルはディシジョン・ツリーの形をとり，各意思決定ノード（ノード0およびノード1-1とノード1-2）において二つの選択肢を持つ。その二つの選択肢は，市場における契約に基づく取引関係か，内部化もしくは階層組

第6章　コミットメントと柔軟性　151

```
                              ノード1-1
              確率P          ┤ 市場取引
                              │ 内部化
                              （取引コストに基づく選択）
  ノード0
┤ 市場取引
│ 内部化
  （取引コストに
   基づく選択）
                              ノード1-2
              確率1-P        ┤ 市場取引
                              │ 内部化
                              （取引コストに基づく選択）

      ├─────────────────────────────┤
      <時点0>                      <時点1>
         学習期間（ケイパビリティの実現化）→
```

図1　動学的視点を考慮に入れた概念モデル

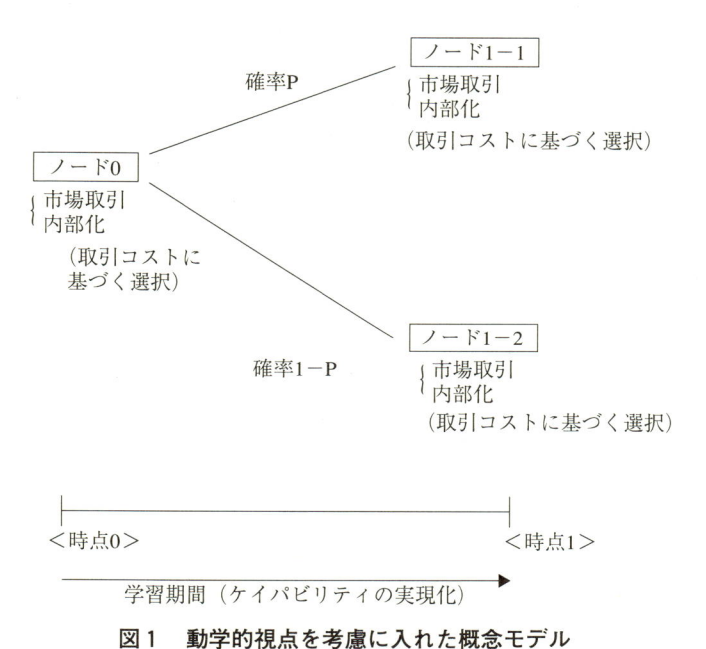

織化した取引関係である。時点0にて，取引当事者は機会主義的な行動の脅威の度合いにより市場取引か内部化かというガバナンス構造を選択する。時点0から時点1までにおいて，ある意思決定者は取引相手のもつケイパビリティを知ることができる。需要の不確実性については，ノード0の時点での不確実性を基盤とすると，その程度は解消されているかもしれない。ただし，その不確実性は確率Pおよび確率1－Pでわかる事象のみを示している[5]。こうして時間が時点0から時点1へと推移した後，時点1において，改めて取引当事者は機会主義的な行動の脅威について検討する。

このとき，取引相手が機会主義的な行動をどれほどとるかは，意思決定者によるその相手の持つケイパビリティの内容の学習の程度と，確率Pおよび1－Pの分布によって知ることのできる不確実性の解消の程度に依存するものと仮定する。もし学習の効果が大きく，不確実性が解消されれば，機会主義的な行動の脅威が支配的な意思決定要因となり，当事者は取引コスト理論に基づ

き，内部化を志向する。もし機会主義的な行動の脅威が学習と不確実性の解消によって十分に小さくすることができないのであれば，学習と需要の不確実性という要素が支配的となり，ナレッジ・ベース理論もしくはリアル・オプション理論に基づくガバナンス構造が志向される。不確実性が解消されず，暗黙的なケイパビリティが何を指すのかがわからない場合，当事者は市場取引を志向するだろう。

(3) コミットメントと柔軟性の考慮

ある形態の取引関係を続けていて，ある時点が到来すれば，その取引関係を検討することができるだけの柔軟性がある場合，ガバナンス構造の選択の際リアル・オプション的枠組みが用いられる[6]。市場における契約関係は，別の時点において，一部統合，または，全統合という関係になりうる。その2時点内に，当事者はある量の有形および無形の資源を費やしてどの形態の取引関係がよりよいものであるのかを学習する。

上の議論は，機会主義的な行動の脅威や不確実性の程度，およびケイパビリティの学習の必要性に応じて異時点間でガバナンス構造を変更することが合理的であることを示唆している。しかし，その一方で，Argyres and Liebeskind (2000) は，取引の最初におけるコミットメントの結果選択されたガバナンス構造は，新たな取引対象が生じた場合，別のガバナンス構造へと転換しにくいことを示唆している。そのコミットメントが大きければ大きいほど転換は難しい[7]。そこで，不確実性が大きい状況では，柔軟性を大きくし，不確実性の解消に応じていずれかのガバナンス構造をとることができるように当事者は対応するだろう。すなわち，この状況では，コミットメントの程度は相対的に小さくし，柔軟に対応できるようにする。このことは，リアル・オプション理論の示唆するように，この状況では市場取引を選択する方が有利であることを意味する。

ところが，取引相手のケイパビリティを学習する必要性が大きい場合には，当事者はそのコミットメントの度合いを大きくする必要がある。取引相手のケ

イパビリティがある水準まで認知されなければ，契約に基づく市場取引に従うことになるだろう。ところが，そのケイパビリティがある水準まで具現化されるためには，契約内容を非常に詳細に規定するか，契約内容に内包されない部分を探すための関与をしなければならないだろう[8]。

　こうした相対立する要素があるために，ジョイント・ベンチャーのようなハイブリッドな組織が形成されることがBarneyら及びArgyresらの議論においても例示され，かつ，考察されている。ジョイント・ベンチャーにおいては，取引当事者らが出資額を按分しているために，全額出資に比して資本面でのコミットメントは少なくすることができる。しかし，研究開発の面では，人の交流によりそれぞれの当事者の持つケイパビリティが何であるのかを学習することができる。その後，ある取引当事者は，その成果により製品化の見通しが立ち，機会主義的な行動を回避するために統合することを志向するだろう。逆に，その成果が芳しくなければ，投入したコミットメントを放棄して，ジョイント・ベンチャーを解消することになるだろう。その際，放棄されるコミットメントの大きさは，全額出資の場合よりも少なくすむことと，このベンチャーにより蓄積された学習内容と部分的不確実性の解消への貢献によって相殺されるべきものとみなされるだろう。

4．概念モデルの財務的窮境期への応用

(1) 財務的窮境期における企業（経営陣）と出資者との関係を用いた考察

　前節の最後では，既存研究で例証されていたジョイント・ベンチャーについて簡単に触れた。この事例は，最初にコミットメントが小さいものが，不確実性の解消や相手のケイパビリティの能力に応じて内部化する，すなわち，全面的にコミットすることを示したものとみなすことができるだろう。このような視点を踏まえると，財務的窮境期にある企業が独立して存続しうるのか，合併もしくは倒産による新しい取引当事者によって企業形態もしくは企業境界を劇的に変更せざるをえないのかに関しても同様にこれまで述べた理論で合理的解

釈を加えることができるだろう。以下では，このような財務的窮境期にある企業の境界の変化の可能性とその合理性について考察していく。

(2) **問題環境**

企業再編を必要とする原因が，観察上，レバレッジ比率の不適当な規模にあるものとする。それを解消するために，資本の再編を行う。その資本の再編に際しては，借換方式ではなく，追加的な株主資本の供給によって行う。ただし，該当する企業は公募増資を行うことができない状態にある。そこで，第三者割当増資により自己資本の拡充を図る。このとき，増資引き受けの投資家は非常に大きなエージェンシーコストに直面している。それは，供給した資本はすべて債務履行のために債権者へ移転してしまうということである。

企業の収益力が変わらない場合，これは単に間接的に株主から債権者へ資金を供給しただけになる。そこで，第三者割当増資を行うことによって，企業価値の増大を期待するように企業経営者へ要請するだろう。もしそれによって企業価値が回復し出資額を上回るようなキャッシュフローを生み出せば，独立の事業体として存続することができるだろう。

しかし，もし企業価値が回復しない場合，合併させるか倒産させるかという選択権をもつ。実際には，そのようにさせるような要請を行う。倒産させる場合，清算型か再建型かを迫られるが，企業経営陣は自らの地位の保全から清算型を最初から選択しようとはしないかもしれない。そのため，再建型を志向することになる。ここで既存の取引当事者は請求権の多くまたはすべてを失う可能性が多い。そして，新規の取引当事者が資本供給というコミットをすることによって，請求権構造もしくは所有権構造を変革させて事業を継続させる。

清算型は企業内部での取引を市場での取引へと移行させるものとみなされる。具体的には，資産売却によって当該資産は別の有効利用に向けて売買されていく。一方，再建型は新規当事者によるハイブリッドな取引形態（提携）か内部化（合併）を内包している。本節の枠組みは，第三者割当増資による既存当事者の関与と，再建型倒産による新規当事者の関与の選択に直面している。

第6章　コミットメントと柔軟性　155

(3) 代替的制度を与件とした財務的窮境期にある企業の境界の変化プロセス

前節で取り上げた図1の動学的概念モデルをより特定化して，図2では，財務的窮境期における企業のとるべき選択とそのプロセスについて述べる[9]。

当面の事業遂行者は，財務的窮境にあるため，債務負担は大きい。そこで，債務不履行というリスクの中で，資本供給者は当該事業遂行者といかなる取引関係を結ぶのが合理的かを考える。ここで，資本供給者は法人とし，単なる資本供給者ではなく，財の取引関係があるものとする。この法人は当該事業遂行者のケイパビリティの内容とその遂行者を取り巻く競争環境から生じる需要の不確実性によって，外部者としての関係を維持するか，内部者として当該事業遂行者の経営資源を利用するかのどちらかを採択する選択肢をもっている。また，債務不履行リスクがあるために，債権者により資産の接収が行われ，株主

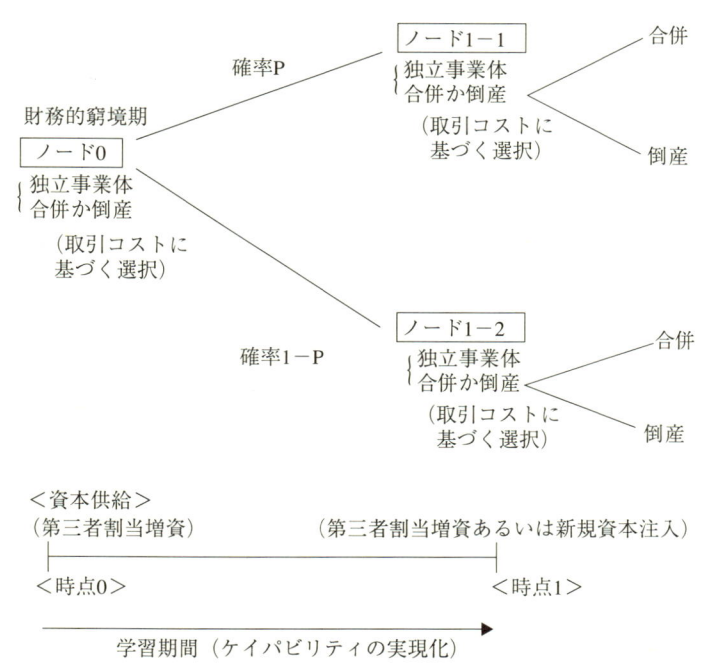

図2　代替的制度の下での財務的窮境期にある企業の境界の変化プロセス・モデル[10]

としての取引当事者の関係は解消されてしまう可能性がある。これは事業遂行者自体がとるものではないかもしれないが，債権者という取引当事者によるコミットメントが大きくなる一方で，株主資本供給者から見れば機会主義的な行動が採られることになる。そのため，本モデルは株主資本供給者による内部化を志向する可能性を持つことになる。

(4) 時点0における取引当事者の選択

時点0において，財務的窮境の状態に応じて，この法人は直ちに合併もしくは倒産を選択することができる。合併は，資産特殊性がこの法人にとって大きいことが学習することなく判断された場合とられうるだろう。清算型倒産は逆に資産特殊性が小さく内部化することの便益は得られにくいだろうと判断された場合である。しかし，この場合は，不確実性の度合いも大きく，それにより資産特殊な関係になりうるかもしれないという可能性が残されている。それゆえ，新規の取引相手によるコミットメントを許す前に，市場取引を通じて，当該企業のケイパビリティが何でありどれほどのものであるのかを知る柔軟性を既存取引当事者（株主）はもつかもしれない。それにより，時点1まで既存当事者は倒産や合併の選択を待つかもしれない状況が生まれる。

i 合併の選択

ここで注意したいのは，時点0において合併を選択した場合にも，時点1までに学習をし，そこで，清算型あるいは再建型倒産を志向するか，もしくは，市場取引を行うという可能性があるということである。時点0に合併を選択したが，時点1までの間に資産特殊性が大きいと見出せず，かつ，収益力がないということを学習によって知った場合，時点1において倒産または市場取引が選択されるだろう。この場合の倒産は，この時点では，階層組織内部であるために，部門の清算を指す。あるいは，新規当事者によるコミットメントを許すことになるだろう。一方，当該法人にとっては資産特殊性が大きいとはいえないことが判明したが，経済的には生存可能であるために，会社分割という形で

分離することも可能である。その場合には，市場取引の選択肢がとられるだろう。

ii　市場取引の選択

時点0において，市場取引を選択した場合，この既存当事者は出資というコミットをせずにこの取引関係を継続することはできる。しかし，本論の枠組みでは，出資をしなければ，当該財務的窮境事業者を時点1において倒産すべきなのか，合併すべきなのか，あるいは，そのまま市場取引を維持するべきなのかについての学習が行えない。それゆえ，出資をすることになる。さらに，この出資はコミットメントを増大させるので，事業遂行者のもつ資産に一層特殊な関係をもつかどうかが問われることとなるだろう。

このように，時点0において市場取引を選択した場合，時点1において新たな意思決定を下す。上記の考察同様，経済的に生存力は維持されているが，不確実性が大きく，資産がどれほど特殊な関係を築けるのかが依然として不明であったり，想定した特殊性を築けなかったりした場合，既存取引当事者は市場取引関係を継続するだろう。一方，学習によりケイパビリティがある程度認知され，内部化することによる便益が大きいことが判明した場合には，合併を選択しようとするだろう。反面，学習の効果は上がらず，債務不履行のリスク増大による機会主義的行動の可能性の増大の懸念が大きいとしても，同様に，内部化を志向してしまうかもしれない。しかし，その事業の需要の不確実性が非常に大きいならば，倒産（特に，再建型倒産）を選択するだろう。

iii　不確実性とコミットメント：第三者割当増資の導入

図2に基づいた財務的窮境企業のダイナミック・プロセスは確率Pおよび1－Pという不確実性があるために，既存取引当事者は時点0において市場取引を継続する場合には，どれほど出資，すなわち，コミットをすべきかという判断が下される。また，取引コストにおける考察を行うためには，時点0における倒産と合併の出資額もしくはコスト負担も考えられなければならない。い

ずれにしても，出資額が大きければ大きいほど，時点1において企業形態（取引形態）を変更することのコストは増大し，柔軟性が喪失される。そのため，出資額の大きさは柔軟性の大きさを規定するものとなりうる。

既存取引当事者は第三者割当増資の形で出資することを想定する[11]。第三者割当増資は時点0および時点1の両方において行うことができるものとする。

時点0での第三者割当増資は，後に議論するように，出資というコミットメントによってケイパビリティを知るためのオプション料であるとみなすことができる。つまり，すぐに合併や倒産という行動をとるかわりに出資者が柔軟性をもつことができるのである。また，事業遂行者である資金調達した側の企業もこれは新たなる価値の創造への可能性を与えられたものとみなすことができる。もしそれにより企業価値を回復することができれば，市場取引関係を維持すればよい。しかし，もしケイパビリティを十分に具現化させることができないならば，倒産か合併によりその企業の持つ資源は別の取引主体に統合されるか，分散させられることになる。

減資と組み合わせるときには，大きく株主持株比率を変えることにより，支配権を変更する。これは大株主による出資先企業へのコミットメントの増大を反映するものである。このような場合には，企業業績の回復は出資先企業へのコントロールよりも不確実性に依存するだろう。もし当該企業の業績が良ければ回復も良いかもしれない。逆に，もし当該企業の業績が振るわなければ，それが大きく影響を受けるかもしれない。その場合には，コミットメントの度合いを下げるかもしれない。それにより，合併統治型ではなく，倒産再建型を志向するかもしれない。

5. 不確実性下のケイパビリティ識別のための倒産手続き

(1) コミットメントが大きい場合の倒産や合併

　資本供給の面でコミットメントの大きい取引当事者は倒産を選択肢に含めるだろう。民事再生法を申請した場合，自動停止規定を利用することにより，複数の取引当事者間の衝突を早く抑え，コミットメントの大きい取引当事者が受取分を減らすことのないようにする。そのためには，プリパッケージ型，すなわち，より早いノードにおける選択により，事業遂行者の機会主義的な行動の可能性とケイパビリティの蓄積の多寡が，当事者に倒産手続きをとり，債権保全だけでなく，多くの企業価値を失うことのないような措置をとらせることができる。

　技術面で，コミットメントの大きい当事者でも，合併ではなく倒産を選択することはありうる。それは，そのコミットする企業の相関が低く，業績が低迷しているときには顕著であろう。その当事者が維持するよりは，距離のある取引関係となり，別の取引主体へ売却する方が望ましいだろう。その売却価格は，倒産という選択肢の下での需要の不確実性の度合いに依存する。その際，既存経営の方法が問題であるのか，事業そのものが問題であるのかが問われる。前者は機会主義の側面であり，後者は需要の不確実性の側面である。既存経営の問題ならば，会社更生法型をとり，経営陣を更迭して新規株主による経営方策がうまくいけば，企業価値は回復するだろう。しかし，事業そのものが問題である場合には，再建型の手法よりも清算する方がよいことになる。

(2) コミットメントを効果的にするための退出（倒産）オプション

　出資という形でコミットする場合，退出オプションをもつことは効果的である[12]。退出オプションを持っていることを事業遂行者に認知させ，機会主義的行動を抑制することにより，当該事業の業績回復へ専念させれば，コミットメントはその事業のケイパビリティを新たに発見するための媒体として位置付

けることができるだろう。しかし，退出オプションをもたない，もしくは，認知されない場合，出資というコミットメントは効果的とならないかもしれない。機会主義的側面が増大し，十分な学習が得られないかもしれないからである。その場合には，統合（内部化）による解決をすることになってしまう。このとき，それは必ずしも最適な行動ではないかもしれない。

　再建型倒産処理スキームが存在する場合，現実的には，清算型倒産処理スキームは代替案というよりはむしろ，次段階的選択肢になることが多い。そのために，再建型倒産処理スキームが事業遂行者の機会主義的行動の可能性が増大していくため，内部化して階層化すべきところが，市場取引関係を維持しているがゆえに，多くの取引コストを当事者は支払っていることになる。しかし，その一方で，需要の不確実性とケイパビリティの不明瞭さによって内部化を妨げている。それゆえ，個別主体として当事業遂行者は存続してしまう。この点を解消するために，再建型倒産処理スキームは当事業遂行者のケイパビリティを発見し顕在化させるために必要なプロセスであり，そのスキームの進行中は既存及び新規の取引当事者がそのケイパビリティをどれほど見出せるかを知るための学習の期間である。そして，このスキームを利用してケイパビリティを見出すのに必要な時間とコストは取引コストとして認識される。それは，ある技術（企業）支援と，ある量の資金支援の下で，ケイパビリティがどれほど見える形で，例えば，キャッシュフローの形で実現するかを具体的に試算するために必要な調査コストやマッチング・コストが主体である[13]。

(3) サンク・コストと第三者割当増資及び民事再生法

　ここで，再建型倒産処理スキームを適用する事業の中には債務超過に陥っている場合がある。この場合，既存取引当事者にとっては，受取分はなく，投下資本はすべて失われている状態にある。新規当事者はこの状態において新たな取引コストを支払い，それを上回る収益を得るだけであろう。それに対し，既存当事者はこれまでの投下資本とこの新たな取引コストの両方を上回る収益を得なければならない。後者の場合には過小投資の問題が起こりうる。なぜな

ら，取引コストを上回るだけならば実行される投資案も，これまでの投下資本を上回る規模の投資案となると，実行されてもよい投資案ではなくなるからである。当該事業が本来もっているはずのケイパビリティを見出し，かつ，実現化するためには，出資額は取引コストを上回るだけの収益を得られるほどの規模である方が効果的である。その場合，既存株主の視点で考えるならば，再建型倒産処理スキームを適用する段階では，過小投資が生じうるために，効果は下がる可能性はある。そこで，実際には，このスキームを適用する前からケイパビリティをキャッシュフローとして実現化させるための調査コストやマッチング・コストを支払い始めなければならない。このとき，第三者割当増資は，既存株主が調査及びマッチングによる利得を得るためにとられるコミットメントの具体策として捉えられるだろう。

　第三者割当増資による出資は，財務的に窮境な状態の企業が生存力のあるものかどうかを知るために支払われる取引コストであると見られる。もっとも，該当する企業にとっては，1回限りではなく，何度もこの取引コストは支払われていかなければならないかもしれない。それは，経済的に生存力があるようにするために，企業境界の変更を考慮に入れながら，既存取引当事者の，特に株主がその都度支払わなければならないコストである。

　そもそも財務的に窮境な状態は，資本構成の理論では最適な水準を超える場合に，負債を利用することの便益よりも費用が大きくなり，その上回った純額が企業価値を下げている状態であるとして捉えられている。しかし，その基礎理論では，事前の予測キャッシュフローの期待値においては，最適な負債比率であるとしてとられた負債政策が，事後的には，期待値ではなく，それを大きく下回る水準であるために，財務的に窮境に陥ってしまったとして捉えるのが現実的であろう。無論，もっと精緻な意思決定では，少なくとも予測される最悪のシナリオに基づいた水準のもとでの負債水準をとっている可能性もある。それにもかかわらず，財務的に窮境になるのは，経営陣の立てた予測誤差が非常に大きすぎるか，当該企業が競争環境に応じて所有しているケイパビリティをふさわしい形で実現化することができなかったかの状態であろう。前者であ

れば，経営陣の変更が考えられるだろう。後者の場合にも，経営陣の管理能力の問題も存在するが，需要の不確実性に対し，ケイパビリティの実現が適切に対応できなかった可能性があるだろう。

　財務的窮境の状態の企業がその状態から脱するには二つ考えられる。一つは，もし経済的な生産能力が低下しないのであれば，財務的な窮境の状態ではないとみなされるまで，既存取引当事者である株主は将来の便益が得られるまでコミットメントを増大することである[14]。

　もう一つは，もし経済的に生産能力が低下している，つまり，経済的にも窮境な状態には，負担となっている債務が万一増加しないとしても，負担度は大きくなっていく。その状態では，株主がコミットメントを増大させたとしても，債務の返済そのものも負担が大きい。

　一つの解決策は，既存株主は清算を選択することによって，これ以上コミットせず損失を大きくしないことである。しかし，これは実際には，ほとんど実施されえない。なぜなら，現事業遂行者だけでなく，株主も将来的に価値を回復することができるのではないかという信念をもっているからである。この信念が実現化されるためには，現在経済的な収益獲得能力が低下している状況を打開しなければならない。もし当該企業のケイパビリティが有効に活用されていないのであれば，有効に活用されるための方策がとられなければならないだろう。新たな事業を起こすというコストを支払う形でコミットすることは一つの方法である。これもケイパビリティの内容の学習と需要の不確実性への対処であろう。しかし，これは失敗した場合には，さらに価値を低下させてしまうので，この状況では投資を控えてしまう傾向が特に強いだろう。

　別の方法は，企業境界を変更することだろう。すなわち，経済的に収益力のある範囲を企業とし，悪化を促す部分は市場取引化させるか，解体あるいは清算させるかを行う[15]。ただし，この企業境界の変更には，何がその企業のケイパビリティであり，どれが取引コストを引き下げる要因であるかという本質を見極めなければならない。その点で，企業境界の変更は，新規事業を起こすことによる株主の負担度と比較考慮されるべきである。

民事再生法の場合，既存経営者が存続することができるので，既存経営者の機会主義的行動の可能性が大きく，これが最適な企業形態を妨げ企業価値を回復させない理由にもなりうる。しかし，既存経営者のもつ技術が当該事業体の存続に実際に欠かせない場合には，既存経営者のもつ知識（技術）が有効活用されなかった要因を突き止めるために，新規資本供給が効果的であるかもしれない。その供給者は調査コストやマッチング・コストの面でコミットし，その既存経営陣が資源をたまたま有効活用できなかっただけなのか，どの局面においても無駄だったのかを知る時間が必要である。この点では，民事再生法は事業のケイパビリティを学習するためのリアル・オプションを内包している。それを学習することにより，出資というコミットメントの量を増減させたりタイミングをずらしたりすることもできるかもしれない。一方，民事再生法適用によるDIPファイナンスは，自動停止で債権関係を固定化し，重要な意思決定を下すまでの時間を買うことができる。DIPファイナンスは弁済順位が高いものとはいえ，無駄に終わるリスクは大きい。また，申請前の債権はDIPよりも劣後化してしまうものの，劣後化したことにより失われた価値は，より有効な経営資源の活用の仕方を学習する時間を貨幣換算した額に相当するとみなすことができる。つまり，既存債権者は，DIPファイナンスというオプション料を支払っているのと同様な状態にある。

(4) なぜ複数の再建スキームが存在するか

民間の資本供給制度だけでなく，整理回収機構や産業再生機構のような官営として位置付けられる機関が存在する理由を本章のフレームワークで考えてみよう。複数の制度が存在せざるをえないのは，一つの制度によるコミットメントが大きなリスクをはらんでおり，将来の事象に対する柔軟な対応が損なわれるためだと考えられる。複数の制度によって，一つの制度の下での損失を小さくする。ただし，それによって制度としての柔軟性は高まったとしても，どの制度を選択するかという問題が発生する。適切な制度を選択し，取引当事者がコミットすることができれば，より望ましい方向へ進んでいく可能性は大きい

かもしれない。しかし，不適切な制度を選択した場合，両者共に，取引コストが増大するかもしれない。

　経済原理からすれば，事業を継続することによって生まれると推定される価値が，直ちに事業を停止し廃止する価値よりも大きければ，事業を継続する。それがある制度の下で明確にわかれば，多くの制度はいらないだろう。また，資本を供給する者がコミットする量を投入することによって，事業継続価値の方が大きくなることが断定できるならば，そうするだろう。しかし，実際には，各資本供給者の判断基準となる割引率が異なる場合，コミットする量が変化しうるかもしれない。例えば，官営の再生事業体であれば，原則として国民がその資本供給主体であるため，より公共性の高い事業体や地域社会への影響力の大きい事業体の再編に対して資本を供給するインセンティブは高くなり，それによるコミットメントを大きくする根拠は生まれるだろう。それと共に，そうした影響力が小さい事業体へのコミットメントはしないか，あるいは，万一してしまったとしても，コミットメントの量は小さくなると考えられる。大きなコミットメントを行う必要のある場合には，柔軟性が損なわれる場合がありうる。それはどれほどの資本を供給し，どれほどで止めるのかという判断基準をもたないときである。何を以って公益性の高い事業として事業継続が確定したと判断できるのかが曖昧であれば，過大なコミットをし続ける可能性がある。

　一方，民営のいくつかの利害関係者によって出資された再生事業体の場合は，出資者の利害の大きい分野の事業や企業は，その事業体に，対象企業に対して多くのコミットをするように要請するかもしれない。一般に，その再生事業者が対象企業の事業継続能力を独自に試算してその価値が事業廃止価値よりも大きければ，その試算において考慮に入れた資本量がコミットすべき量となる。そのコミットすべき量がその再生事業体にとって，資本調達能力を超えるのであれば，コミットできないということになる。そこが資本供給の柔軟性の限界と言えるだろう。すなわち，ここで言う柔軟性の限界とは本論における時点とノードの数に上限があることを指す。資本面でコミットすることができる

範囲においては，各ノードごとに継続か停止かの判断をする柔軟性を持つ。しかし，そのコミットメントを超える量においては，もはやそうした判断はできなくなり，たとえ事業継続の方が大きな価値を生むかもしれないとしても，資本供給を停止せざるをえないだろう。もし，その再生事業体による資本コミットメントが唯一，かつ，すべてだとすれば，当該企業は事業運営を停止することになるだろう。

　再生事業体に対する出資者が当該企業と利害関係が大きい場合にはその供給能力に変化が生じるかもしれない。その出資者が再生事業体に対して資本を供給するかもしれないからである。あるいは，出資者による直接支配を行うかもしれない。もし再生事業体が類似の事業を運営しているならば，吸収するかもしれない。いずれにしても，当該企業の事業に深く関与するならば，機会主義と需要の不確実性の度合いに依存しつつ，資本コミットメントの量が多くなるかもしれない。反面，単なる資本の供給で事業に関与しない場合の資本供給の量は少なくなるかもしれない。その相対的に少ない資本で事業継続能力を回復することができるのであれば，それが望ましい。しかし，何度目かのノードにさし当たって回復しなければ，資本供給は停止するだろう。そのノードの数は，事業関与度が大きい場合よりも少ないかもしれない。

　以上の議論は，複数の制度（機関）が存在すれば，事業関与度の違う制度（機関）が利用できるかもしれないことを意味する。その一方で，もしコミットできる資本の量を知らずに行っているか，多大な資本量を送り込むだけであれば，単なる先送りという状態で事業継続をさせていくことになるかもしれない。しかし，もしコミットすべき資本の量に限界があることを知れば，直ちに事業継続の判断基準は厳しくなりうるだろう。そして，別の，より多くの資本供給のできる制度（機関）を利用するかもしれない。しかし，代替時において，制度（機関）移行に伴う取引コスト（マッチング・コストや移転コスト及び調整コスト）も随伴するので，その代替制度（機関）によるその事業に対してのコミットメントの量が非常に多いものであるとすれば，事業継続の可能性はより不確実になり，それへ移行できないかもしれない。他の制度への移行コスト

が多大であるとき，それを補完する制度が中間的に存在するならば，もう一段階様子を見るという学習を行い柔軟性を高めると同時に，移行しないと決断するタイミングを遅らせてしまうかもしれない面も発生しうる。

　第三者割当増資は段階的にこれを行うことによって，需要と取引相手の行動の不確実性とケイパビリティの認識をすることができるだろうということを述べた。こうしたいつでも段階的資本注入が効果的であるのかどうかはそれらの要素の位置付けが必要である。非公開企業と異なり，公開企業は所有権構造が複雑なため，一意な方針で経営をすることが難しくなりうる。また，株主による企業経営の監視も効果的といえるほど大きくないことがある。資本供給者は倒産や合併という脅威を与えることはできるが，それを段階的に行うのが効果的なのか，事態の経過を見ながら最終決断として行うのかは，他の制度の存在とそれへの移行コストの大きさ，及びその後の調整コストに依存するだろう。

　本論に基づくと，第三者割当増資の他に，整理回収機構や産業再生機構，あるいは，産業再生法，特に産業再生法に基づく債務の株式化は，それぞれの制度にてなされるコミットメントと柔軟性の違いがあるために同時に存在しているとみなされるかもしれない。

　銀行によるコミットメントが大きく要請される制度では，他の制度への移行，及び，その後の調整コストという点での取引コストが非常に大きかったと見ることができる。特に，特定の銀行によるコミットメントが大きいために，学習及び需要の不確実性の要素が与えられても，取引コストの局面が重視され，柔軟性が小さいものとなってしまう。他の制度が登場し，取引コストを小さくするのならば，1つの制度によるコミットメントを小さくし，柔軟性を高めることができるかもしれない。

　債務の株式化は，債務を株式に転換した後，債権者から株主へと変更になった後のその株主のコミットメントがどれほど行えるかが焦点であろう。また，第三者割当増資の計画では最近では減資と一体型になってきている。これは，既存株主の権利を小さくし，出資側のコミットメントを大きくする一方で，いくつかのノードに移行できる柔軟性をもつためであるとみなせるだろう。ただ

し，それも出資者側が既存経営者に対して影響力のある立場でなければ効果は薄い。いくつかは，グループ企業の傘下という形としてその効果を明確にする。それは倒産という選択肢から合併という選択肢をとることのできたケースである。

6．結語

　本章は動的な視点でコミットメントと柔軟性のバランスを，リアル・オプション理論を基盤にし，取引コスト理論とナレッジ・ベース理論との関係に言及しながら考察した。異時点での意思決定では，需要の不確実性と取引相手のケイパビリティが次の段階でどのように変化するかを踏まえ，各時点で行動面での不確実性あるいは資産特殊性の大きさを組み入れるフレームワークでとりうる制度もしくはガバナンス構造を選択する。その際，各時点でのコミットメントの大きさは次の時点でのガバナンス構造の変更を妨げるリスクはある一方で，次の時点までの需要の不確実性と取引相手のケイパビリティを知るためのオプション料として位置付けられ，その時点での柔軟な対応をとるために必要となるものである。
　もし出資というコミットメントが小さくなるとすれば，それは，情報の非対称性という側面だけでなく，本論にて議論されたように，ケイパビリティを認識できない側面や，需要の不確実性にどれほど対応できるのかの認識や他の制度移行に伴って支払わなければならないコスト計算の難解さを反映しているだろう。
　また，合併と存続の可能性を選択肢にもつ環境の中で，再建型倒産における制度は取引相手の事業の需要の不確実性とケイパビリティを明確にする機能として捉えられる。さらに，第三者割当増資はそれらを学習するためのコミットメントとして位置付けられる。そのコミットメントに支払われる大きさが出資額に対応し，出資後の意思決定の柔軟性に重要な役割を果たしている。
　さらに，民事再生法という法制度を補完するためのスキームは，法制度を適

用しても解消されないとされる，上述した不確実性とケイパビリティの探索によって得られる後の時点の意思決定の柔軟性をそのスキームに対して費やすコミットメントと相殺させるものとして成立する。もし民事再生法がこれらの探索に効果的に機能するのであれば，こうした補完的なスキームの役割は小さいか，ないものとみなされるだろう。

注

1) ただし，事前に想定された確率分布では示すことのできなかった事象が生じたとすれば，なぜ事前の予測にそれを組み入れることができなかったのかという考察は必要である。
2) 各理論のもたらす結果の予測については，Barney and Lee（2000），表14.1，309頁。
3) Barney and Lee（2000），314頁
4) ここで示される概念モデルは簡潔にするため1期間モデルにしているが，ノード1において当事者はさらに同様のパターンを持った先の時点を踏まえながら決定を下すことになる。
5) それゆえ，他の事象については不確実性の度合いは相変わらず大きいかもしれない。
6) ただしその都度代替案の価値がどれほどであるのかを考慮に入れてある形態のガバナンス構造を選択するということは実際面では困難であるかもしれない。
7) 既存のコミットメントがサンク・コストとして認識されてしまい，新たなガバナンス構造への単位当たりの転換コストよりも，それによる便益が上回るという限界概念が適用しにくいことを示唆している。
8) 前者はそれでも契約に基づき観察された部分しか認知することができないので，後者のように関与の度合いを大きくしなければならないだろう。
9) 以下では先送帰納法（forward induction）の視点で考察する。通常，経済価値の算出は，後戻帰納法（backward induction）により行われるが，ここでは，経済価値の算出よりも時間の経過とともに何が変化し何を考慮に入れなければならないかを強調するため，先送帰納法による記述を行う。
10) 第三者割当増資による資本構成の再編はバランス・シート・リストラクチャリングである。一方，ケイパビリティの学習の大きさは，時点0から1までの期間におけるフローの面でのリストラクチャリングの効果として部分的，あるいは，全面的に，現れるだろう。学習の蓄積であるストックの側面はフローの蓄積が反映されていることを意識しなければならない。本モデルでは，各ノードがストック面での再編であり，ノード間がフロー面での改善をさす。
11) そして，より有効にコミットメントの効果を発揮するためには，他の株主の権限を小さくするために減資も実施するかもしれない。

12) バイオテクノロジー産業の議論で取り上げられるリアル・オプションはタイミング・オプションもしくは延期オプションと呼ばれるコール・オプション型のペイオフで議論される。この企業再建においては，退出（撤退）オプションというプット・オプション型のペイオフで議論されるだろう。いずれにしても，すぐに実行に移さずに学習する期間を設けているという点では共通している。
13) そして，もしそのコストを費やして，その環境の下では集合体としてケイパビリティが十分に見出せないのであれば，事業体は分解可能な資源へと分解して，経済社会の他の資源との再結合を試みるように要請される。すなわち，清算型倒産スキームへと移行する。そのスキームにおいても，分解から再結合を図るために必要な時間とコストが支払われる。例えば，従業員が他の職を探し出して新たな所得を生み出すために考慮に入れなければならない時間とコストはこのスキームにおいて支払われるであろう事前のコストであろう。
14) 具体的には，無配の状態ということになるだろう。獲得されるであろうフリー・キャッシュフローはすべて負債水準の引き下げのために支払われる。この考え方は，LBOファンドが実践している手法である。もっとも，上場基準という制度的な面も考慮に入れると，無配の状態を長年にわたって継続することはできない。
15) 会社分割に関する法制度も企業再編を促す制度として重要視されるが，本論では言及するものの議論の焦点にあてない。

参考文献

坂口幸雄『企業再建時の株式発行に関する考察：第三者割当増資の選別機能』会計学研究第27号（2001年3月），専修大学会計学研究所，25-50頁

坂口幸雄『財務危機における第三者割当増資の効果：発行価格の割引率の決定要因の検証を通じて』専修経営研究年報第26号（平成14年3月），専修大学経営研究所，19-66頁

Argyres, Nicholas and Julia Porter Liebeskind, 2000, "The Role of Prior Commitment in Governance Choice," in *Competence, Governance, and Entrepreneurship : Advances in Economic Strategy Research*, Ch.11, edited by Nicolai Foss and Volker Mahnke, Oxford University Press, pp. 232-249.

Barney, Jay B. and Woonghee Lee, 2000, "Multiple Considerations in Making Governance Choices: Implications of Transaction Cost Economics, Real Options Theory, and Knowledge-Based Theories of the Firm," in *Competence, Governance, and Entrepreneurship : Advances in Economic Strategy Research*, Ch.14, edited by Nicolai Foss and Volker Mahnke, Oxford University Press, pp. 304-317.

Folta, Timothy B., 1998, "Governance and Uncertainty : The Tradeoff Between Administrative Control and Commitment," *Strategic Management Journal*, 19, pp. 1007-1028.

Ghemawat, Pankaj and Patricio del Sol, 1998, "Commitment versus Flexibility?" *California*

Management Review, vol.40, no.4, pp. 26 - 42.

謝辞：本稿に対し，専修大学社会科学研究所にて2003年9月16日に開催された現代企業組織のダイナミズム研究会報告会における参加者から有益なコメントをいただいた。本研究叢書の執筆メンバーからのコメントおよび，当日参加された大柳康司氏からの質問は本稿を完成させる上で有益であった。ここに感謝する。ただし，当然であるが，本稿にありうべき誤謬はすべて筆者の責任である。

第7章
研究開発（R&D）マネジメントと制度的環境の変化

岡田 和秀

1. はじめに

　企業のダイナミズムは，革新（イノベーション）を機動力として実現する。企業の創業にはじまり，その存続・発展もまた革新を機動力としている。もちろん，革新が企業家の危険負担（リスク・テイキング）の気概を伴ってはじめて実現することは言うを俟たない。

　また，革新の意味するところは，J.A.シュンペーターに拠るまでもなく，科学技術上の発明・発見に基づくソフトおよびハードの技術革新だけを意味しない。しかし，本稿ではとくに断らない限り科学技術上の技術革新を主として意味するものとして用いることとする。

　それは，本稿が企業の研究開発（R&D）マネジメント戦略を主題とするからに他ならない。たしかに，企業マネジメントの対象としての各種マネジメント機能，すなわち財務・会計，生産，マーケティング，人的資源管理（人事・労務），その他は，それぞれに適用される，あるいは適用可能な一組のマネジメント技法・技術をもっており，それぞれが革新をもとめられる研究開発の対象となりうるし，従来もなってきた。しかし，今日の企業を取り巻く環境の急進的かつ本質的変化を考慮する場合，特定産業の研究開発の焦点は企業のコア・コンピテンスを成している，あるいは成そうとしている科学技術の研究・開発にあるといえるからである。その他のマネジメント機能の問題は，科学技術の研究開発に際して派生する問題として，取り扱うこととする。

2．研究開発（R&D）マネジメントの戦略的意義

　日本企業の研究開発（R&D）マネジメント戦略は，今日，その環境の大掛かりな変化の中で変革を求められている。すべての企業にとって，それが依存しているハード，ソフト技術のライフサイクルに起因して，企業そのものの存続・発展は新しい技術革新なしには達成されない。

　総体としての工業化が進み，脱工業化社会が到来し，サービス経済社会の相当程度の成熟段階にある日本経済は，他方，従来得意としてきた産業分野において近隣諸国の追い上げを受けて，何らかのブレイクスルーを実現せずには生き残りも難しい。

　日本の産業組織のリストラクチャリングが進む中，個々の企業にあっても現有のコア・コンピテンスの補強・強化による存続・発展は，成熟産業，あるいは先端技術産業のいずれの産業の企業にとっても，きわめて困難な仕事である。ここでも，何らかのブレイクスルー，すなわち科学（技術）上の大発見，躍進が期待されている。

　その実現は，ひとり企業だけでなくまさに社会全体で，より具体的には国の科学技術政策，産業界，さらに大学や専門の研究機関による産官学また個々の企業レヴェルで，そして各主体相互のコラボレーションを通じた戦略的アプローチによってのみ達成されうるものである[1]。

　生き残りをかけた世界規模の競争の中で，技術革新を達成するための戦略的研究開発マネジメントの成否が企業の命運を，ひいては産業の，さらに一国の経済の命運をかけることとなる。

　とくに，日本の場合世界史に類を見ないほどの勢いで，少子化・高齢化が進んでおり，近い将来経済成長の鈍化が懸念されていることは周知のことである。この懸念を払拭するには，世界最高水準の科学技術を研究・開発し続けて，技術革新のイニシエーターとして，またプロモーターとしての地位を維持して，そこで発明・発見された科学技術の商品化および産業化を創出すること

が必要である。これは，今や日本社会のコンセンサスになりつつあるであろう[2]。

　企業の研究開発（R&D）は，組織のナレッジ・マネジメントの観点からすれば，学習する組織としての企業をはじめとするあらゆる組織の文化的遺伝子とも言うべき知識体系の組み換えとしてとらえることができる。「大企業病」といわれる各種の兆候（シンドローム）を，治療するのに当該組織にある遺伝子組み換え手術が必要とされる。それを直接可能にするのが研究開発である。そして，それは企業経営の維持・発展を左右する問題として，経営者による戦略問題として位置付けられる。

1) 日本における研究開発投資の概要は，2001年度時点で，総額16兆5,279.98億円である。
日本における研究開発の主体は，統計上，産業，政府研究機関，大学，および民営研究機関に類別されている。それら組織別使用研究費と構成比は，産業11兆4,510億円（69.3%），政府研究機関1兆4,820億円（9.0%），大学3兆2,334億円（19.6%），民営研究機関3,616億円（2.2%），である。（資料：総理府統計局「科学技術研究調査報告」
2) 日本経団連会長奥田　碩「産学，新時代の連携を」『日本経済新聞』2003年8月4日。国立大学の独立法人化を契機に，産学連携を進めることを提言。「大学からの情報発信を高いアンテナで受け止め，さまざまな分野における技術の事業化に取り組んでいきたい」と抱負を述べている。

3．日本における研究開発（R&D）マネジメントの発展

　かつて，坂本藤良は，経営学ブームの到来が言われた1960年代初頭の日本企業の直面している企業経営問題へ適用可能なマネジメント技術を網羅的に紹介しているが，研究開発（R&D）の項目はない[1]。日本の産業経済の発展に伴って当然興ってくる新しいマネジメント技術への関心の中に，R&Dマネジメントが企業経営問題としていまだ自覚的に把握されていなかったことを投影している。

　それに遡る1950年代，日本企業が直面する技術問題は，戦時中に後れをとっ

た技術へのキャッチアップが焦眉の急であって,もっぱら技術先進国からの技術輸入による移転に汲々としていたのである。それは,政府の科学技術や産業技術に関わる政策の方向性の結果でもあったとおもわれる。そして,わが国ではようやく60年代初頭に至り,研究開発(R&D)の機能を担う企業内組織として,戦後初の研究所建設ブームがおこった。

エレノア・ウエストニー(D. Eleanor Westney)[2]は,60年代初頭におこった研究所創設ブームを皮切りとして,その後の研究所の主たる機能の時系列的変化を見ている。それは要約,次のように言える。

60年代:　初頭に最初のブーム

同年代を通して,工場レベルの研究部門の1ヶ所への統合の動向がみられた。生産に密着した部門を起源としたため,製造部門と結びつきが強く,生産部門とよく似た組織構造を備えた。

70年代:　研究組織と事業部門の密接化の時代

研究活動の深化を目指した。　例:①キヤノン　69年中央研究所設立。のち,77年製品技術研究所に変更。「基盤技術」の開発から,環境対応の「新製品開発」へシフト。

多くの企業では,生産システムの全社的改善のための生産技術研究・開発をめざす研究所が設立された。また,開発の調整,技術企画,部門間の標準化のための技術企画部が新設されたという。

80年代:　部門別研究所設置と中央研究所(基礎研究)強化の時代

1970年代末葉から80年代を通して,大企業を中心に多角化政策がとられたため,企業内では各生産施設ごとに,部門別研究所が相次いで設置された。と同時に,従来の中央研究所にあった製品技術(Product Technology)関連の研究施設と,各製造部門個別の製造技術(Production Technology)関連の研究施設の統合化が図られた。それは,ひとつには中央研究所の役割の強化策とし

て，研究対象をより広範囲にし，また研究期間についても長期化することが許されるようになったからである。

　結果，有名各社は，2桁に及ぶ研究所を持つ場合も多く，中央研究所と事業部門にある研究所との協働を実現した。

　80年代後半には，従来の製品・生産技術の開発ないし応用中心の研究に加えて，はじめて基礎研究を目的とする研究所の設置が行われだす。とともに，企業活動の国際化の進展とともに，研究所の海外立地もはじまったという。海外研究所の設置は，現地化戦略を目的とするものとともに，基礎研究における海外資源（資料・資材とともに人的資源）の活用目的であったことが，想定される。

　上述のダイナミズムは，この間の企業の研究開発投資の動向を見ることで類推することができる。「日本における研究費の性格別構成比の推移」（**表1**）によれば，86年をターニングポイントに産業の研究費支出のうち，基礎研究への支出がはじめて6％台に乗り，以後98年にいたるまで，その趨勢を維持している。

　その後，日本企業は，積極的に科学技術研究開発投資を重ねて，生産性の向上に努め，1980年代から90年代初頭にいたるまでは，日本の技術は，鉄鋼，自動車，重工業，産業機械，電機，エレクトロニクスなど広範にわたり，かつてアメリカの産業と称されたものを含め，その品質とコストの両面で高い競争力を獲得するに至った。言い換えれば，日本企業は品質管理のレヴェルの高さ，生産性の高さ，製品開発能力の高さを獲得し，科学技術の世界でトップランナーの地位を獲得するにいたった。

　こうした過程の中で格差をつけられた米国は，"メイドインUSA"[3]に象徴されるように，日本企業の強さと見られる経営手法，日本的経営システム[4]を積極的に学んだ。いくつもの企業で，日本型モデルに触発され，部門横断的な開発チームを構築，生産とマーケティングの両面で顧客志向戦略を成功させていった。結果，研究・開発マネジメントについては，日米間の格差は縮小し

表1 日本における研究費の性格別構成比の推移

(単位:%)

項目 年度	産業			政府研究機関			大学			民営研究機関			全体		
	基礎研究	応用研究	開発研究	基礎研究	応用研究	開発研究	基礎研究	応用研究	開発研究	基礎研究	応用研究	開発研究	基礎研究	応用研究	開発研究
1981	5.2	21.8	73.0	14.5	32.1	53.4	57.4	35.0	7.6	9.8	36.1	54.2	14.6	25.6	59.8
82	5.5	21.9	72.6	14.4	31.8	53.9	56.5	36.4	7.1	8.3	32.6	59.1	14.7	25.8	59.5
83	5.7	22.0	72.3	14.0	30.7	55.3	56.4	35.7	7.9	9.1	31.2	59.8	14.6	25.3	60.1
84	5.6	22.0	72.4	14.0	29.8	56.2	56.4	35.4	8.2	10.7	31.6	57.7	14.1	25.1	60.8
85	5.9	21.9	72.1	13.1	28.5	58.3	55.7	36.2	8.0	10.4	33.5	56.0	13.4	24.9	61.7
86	6.1	21.6	72.3	13.7	27.3	59.0	55.8	36.2	8.1	14.1	27.8	58.1	13.8	24.4	61.9
87	6.6	21.7	71.7	14.7	28.3	57.0	55.7	36.3	8.0	18.0	21.1	60.9	14.5	24.3	61.2
88	6.6	21.7	71.7	13.6	26.8	59.6	54.5	37.2	8.3	17.6	22.5	59.9	13.8	24.2	62.0
89	6.4	21.5	72.2	13.3	27.3	59.5	54.9	36.8	8.3	19.2	22.8	58.0	13.3	23.9	62.8
90	6.4	21.8	71.8	14.3	28.6	57.1	54.6	37.1	8.3	18.2	22.9	58.8	13.0	24.2	62.8
91	6.8	22.2	71.1	14.6	29.3	56.1	54.5	37.1	8.4	18.7	26.2	55.1	13.3	24.6	62.1
92	6.9	22.1	71.1	16.6	27.6	55.8	54.3	37.3	8.3	17.0	20.4	62.6	13.9	24.4	61.7
93	6.7	21.4	71.9	18.7	26.9	54.5	54.0	37.4	8.6	20.1	20.5	59.4	14.8	24.0	61.2
94	6.8	22.2	71.1	18.5	27.8	53.6	54.2	37.1	8.7	21.1	18.7	60.2	15.0	24.6	60.5
95	6.6	22.0	71.3	20.6	27.7	51.7	54.6	36.5	8.9	20.1	18.9	61.1	15.5	24.5	60.0
96	6.2	22.1	71.8	19.8	26.9	53.3	54.7	36.4	9.0	18.5	19.2	62.4	14.6	24.3	61.1
97	6.2	21.6	72.2	21.3	31.8	46.8	54.3	36.7	9.0	14.9	21.1	64.0	14.3	24.4	61.3
98	5.6	21.9	72.6	24.5	29.9	45.6	54.8	36.3	8.9	14.4	21.9	63.8	14.4	24.6	61.0
99	5.8	20.5	73.7	25.0	27.9	47.1	54.0	36.9	9.1	15.3	21.9	62.8	14.6	23.5	61.8
2000	5.8	21.3	73.0	27.6	26.8	45.7	53.6	37.3	9.1	15.7	20.5	63.8	14.7	23.9	61.4
2001	5.8	20.4	73.9	30.5	24.1	45.3	53.5	37.5	9.0	19.6	37.1	43.2	14.6	23.4	62.0

注 1. 内部使用研究費のうち自然科学(理学、工学、農学、保健)に使用した研究費を性格別に区分したもの(人文・社会科学系の機関も含む)。
2. 2001年度から調査対象区分が変更されており、2001年度の民営研究機関は非営利団体の数値を使用している。
3. 1996年度及び2001年度に調査対象産業が追加されている。

資料:総務省統計局「科学技術研究調査報告」

たと考えられる。

　しかし，米国企業はそうした日本的経営システムの持つメリットを自家薬籠中のものとしはじめるとともに，新たに MOT（Management of Technology；技術経営学）を開発・普及させていった。結果，米国は企業内ベンチャーあるいは独立ベンチャー企業の大活躍を招来させ，空前の活況に沸いた。

　他方，90年代にいたると，日本企業は，国際的競争力においてその相対的地位を失っていく[5]。研究開発への広義の投資において，また研究成果の公表，特許出願件数において，日本は量的には，なお先頭を行く米国に次いで第2位を保っているが，研究開発過程とその成果としての「技術」や「知的所有権の創出」の効率性が，にわかに問題として自覚されるにいたった。それは，皮肉にも米国でのMOTの発展・普及の結果からの教訓としてとらえられるものでもある。

　企業者活動の創出がとくに期待される中小企業の分野でも，かつて言われた中堅企業論と同じように，その存続と発展の契機を得る戦略的手段として，当然革新をあげることができる。とくに，伝統的産業以外の先端産業では，技術上の革新の戦略的重要性が高い。とは言え，マネジメントの観点から，厳密な意味で革新的・創造的企業家の出現は時に，偶発的ととらえられることがある。しかし企業の成功を「運」任せという偶発的出来事にさせない，技術研究開発を企業経営者による意識的・自覚的マネジメントとしてとらえることが最も重要である。

　こうした環境は日本企業に，競争が単に日米間のものだけでなく，グローバルなものであり，かつメガ・コンペティションと称せられるほどの大掛かりのものであることを実感させている。

　他のマネジメント技術が時に「マネジメント・ファド」（一時的流行）として捉えられることがあるが今日の研究開発（R&D）マネジメントに関する関心の高まりは，ファドでもないし，ファドであってはならない。先に述べたとおり，企業者活動[6]の本質としての革新そのものを創出する契機だからである。

1) 坂本藤良「日本の経営革新」，毎日新聞社，1961年。遡って1955年には，日本生産性本部が発足，主として米国からのIE（Industrial Engineering）技術の学習・移転が進められていた。1949年には，のちの日本科学技術者連盟の発足に結びつく統計的品質管理技術の米国からの移転も行われはじめていた。

　　D.A.レン（井上・伊藤・廣瀬訳）『現代ビジネスの革新者たち――テイラー，フォードからドラッカーまで――』ミネルヴァ書房，2000；壱岐晃才『証言・戦後日本の経営革新』日経新書339，日本経済新聞社，1981；拙稿「マネジメントのグローバルな移転」経営学史学会編『現代経営と経営学史の挑戦――グローバル化・地球環境・組織と個人――』文眞堂，2003なども参照されたい。

2) エレノア・ウェストニー，「日本企業の研究開発」，青木昌彦・ロナルド・ドーア編『国際・学際研究――システムとしての日本の企業――』NTT出版，1995

3) M. L. Dertousos, R. K. Lester & R. M. Solow, *Made in America*, MIT Press, 1989

4) TQCやコンカレント・エンジニアリング（複数の開発プロセスを同時進行させて，製品技術や製造技術の開発速度を短縮化・迅速化する手法）

5) 欧州の有力ビジネススクールIMD（経営開発国際研究所，本部ローザンヌ）が発表した「2003年版世界競争力年鑑」によれば，日本はその総合競争力において，人口2000万人超の主要30カ国中，ランキング11位となり，その低迷が浮き彫りになっている。

　　発表された順位は，①(1)米国，②(3)オーストラリア，③(2)カナダ，④(6)マレーシア，⑤(4)ドイツ，⑥(7)台湾，⑦(5)英国，⑧(9)フランス，⑨(8)スペイン，⑩(13)タイ，⑪(11)日本，⑫(12)中国。なお（　）内の数字は，前年の順位。IMDは，経済状況，政府の効率性，ビジネスの効率性，インフラの整備の4分野，321項目にわたり競争力を分析発表してきた。各分野の競争力についてみれば日本は，インフラで第5位に入ったものの，経済状況14位，ビジネスは21位，政府17位であった。

　　本稿との関連でいえば，研究開発効率が低迷していることを指摘されることが多い。「日本の主要メーカー・研究開発効率投資の割りに低迷」『日本経済新聞』2003年のような記事も多い。

6) 企業者活動は，革新的・創造的企業家（Innovative & Creative Entrepreneur），模倣的企業家（Imitative Entrepreneur），と管理的企業家（Managerial Entrepreneur）に類別されると筆者は考える。企業者活動の本質をなす革新が，時に模倣の所産であり，また経営者による主体的・意識的管理の所産として創出されることを見出したい。すなわち，革新は当該企業の主体性にもとづき，きわめて意図的な集団（当該企業の内外にある人びととの集合体；たとえばのちに触れる産・官・学の集合体）的活動の結果として創出されるのである。

4. 研究開発（R&D）をめぐる環境の変化
――制度的環境の変化を中心に――

(1) 環境の意義

　企業の営為としての研究開発（R&D）マネジメントは，戦略的マネジメントの一環としてとらえられるが，それは当該企業に外在する環境とともに内在する環境下での環境への適応としてとらえることができる。これらの環境は，①トータル・システムとしての環境，②企業経営と環境との相互作用，③企業の自己イメージとしての環境，としてとらえられる。すなわち，環境の諸次元は本来相互依存的で，ひとつの環境次元の変化が，時間の遅れの長短はあれ，他の次元に影響する。また，環境は企業経営に一方的に影響を及ぼすものとして存在するだけでなく，企業経営の働きかけの結果として存在する。そして，企業経営の環境（変化）をモニターする能力（ケイパビリティ）とも関わって，企業主体の自己イメージとして認識される，のである。

　環境の各次元は最終的には，企業経営にとって好都合（favorable）か不都合（unfavorable），あるいは関わりのない中立的（neutral）と認識される。ただし，この好都合，不都合の判断は絶対的でもなく，また戦略的経営にとり，それぞれが好機，危機に対応するわけでもない。

　企業は自らの働きかけで，不都合な環境次元を好都合なものに，少なくとも中立的なものにする努力をする。不都合な環境変化の出来に，これを好機としてとらえ同業他社を出し抜く戦略をとることは，往々ありえるのである[1]。

　以下では，研究開発（R&D）マネジメントに直接関わる企業経営内外の環境の変化の諸次元を例示し若干の考察を行なうこととする。

(2) 外的環境要因

　企業の研究開発（R&D）マネジメントの外的環境として，まず日本における研究開発について，国家レヴェルの科学技術政策の最近の展開をみることと

する。企業の研究開発に関連して，政府の施策は産業や企業にとり迂遠なものととられがちであるが必ずしもそうではない。わが国をふくめ科学技術進国では，先端科学技術の研究開発が，特定企業の事業に直接的に関わることは，多くあることである。また，のちに触れるように，イノベーティヴな科学技術が，産官学に広く存在し，その間での協働が研究開発システムに不可欠な現況からすれば，政府の施策の動向はきわめて重要である。

さらに，とくに新しい制度の例として，TLO（Technical Licensing Office）およびMOT（Management of Technology）の出現を取り上げる。また，政府の科学技術振興政策の一環として，企業の研究開発（R&D）投資行動に大きな影響を与える，主な科学技術振興関係助成施策のいくつかを例示する。

1）科学技術政策の展開

日本政府は，1995（平成7）年11月15日に公布，施行した科学技術基本法で，科学技術をわが国の経済社会の発展，国民の福祉の向上や人類社会の持続的な発展に重要な役割を演ずるものとして，位置づけている。とともに，わが国の科学技術の水準向上を図るため，科学技術基本計画の策定（基本法第9条）など，総合的かつ計画的な科学技術振興を目ざしている。

また，2001（平成13）年1月の省庁再編による総合科学技術会議（平成11年法律第89号内閣府設置法）[2]の発足に伴い，2001（平成13）年度から5ヵ年の科学技術基本計画策定のための科学技術に関する総合戦略についての諮問が行なわれた。政府は，その諮問に基づき同年3月30日，第2期科学技術基本計画を閣議決定している。

上記の総合科学技術会議は，内閣総理大臣および内閣を補佐する「知恵の場」として位置づけられるもので，各省より高い立場で，総合的・基本的な科学技術政策の企画立案および総合調整を行っている。同会議は，設置以来議長である内閣総理大臣の出席の下，原則毎月1回開催している。その役割は，科学技術振興に関わる当面の重要施策，それに関連する予算，人材等の資源配分の方針の作成，施策の優先順位付け，推進方策の検討，研究開発の評価，を行

うことである。

　2002（平成14）年度中に，同会議により行われた取り組みのうち，とくに科学技術システムの改革について本稿との関連から，例示をしておく。すなわち，①競争的資金制度改革，②産学官連携の推進，③研究開発型ベンチャー創出・育成，④知的財産戦略，である。（これら項目のうち一部の詳細については，後述）

　これらの政策や諸施策は，国家レヴェルでの認識とその国民的なコンセンサス形成を意図している。財界を代表して，奥田日本経団連会長も，「産学，新時代の連携を──『知』生かす人材必要：国立大の法人化を契機に──」（『日本経済新聞』2003（平成15）年8月4日）と，呼応している。

2）イノベーティヴな科学技術の存在場所とデス・バレー（死の谷）

　企業や産業の生存・発展に決定的であるイノベーティヴなソフト，ハードの技術は，いったいどこに存在しているのか。すでに上に見た「日本における研究費の性格別構成比の推移」と，下の注に書き出された2001年度のデータから読み取れるように，企業のコア・コンピテンスとして，自家薬籠中のものとして企業内部に保有されているものが生み出される基として解釈できる。またそれを主として担う応用および開発研究のセンターは産業にあるといえる。

　日本全体としても，開発研究と応用研究に投資が偏っており，基礎研究は14.6％を占めるだけである。しかし，産業や企業，大学，政府研究機関，そしてその他の民営研究機関の間では，当然その得意分野において棲み分けが行われている。容易に想定されるように，産業と民営研究機関が開発・応用研究志向であり，大学と政府研究機関はより基礎研究志向である，ととらえて誤りない[3]。

　そして，これらイノベーティヴな科学技術の存在場所の間には，米国でよく言われるという「デス・バレー（死の谷）」が横たわっている。産業や企業と大学およびその他専門研究機関との間の協働が，さまざまのバリアがあって，必ずしも存在しなかったのである。

たとえば，国が行う研究開発については，国家公務員制度，財産管理制度などの制約があり，また民間や外国との研究交流を実施するための諸制度の不備があって，端的に，他の研究機関や研究者との交流にはバリアーが高く存在したのである。総合科学技術会議でも，関連する制度改革・規制緩和等を含む具体的方策の調査・検討を行い，関係大臣に意見具申している。

3) TLO と MOT
① TLO

研究開発（R&D）において画期的なブレイクスルーを得るためには，基礎，応用そして開発研究の間で協働（コラボレーション）が行われなければならない。そのため，それぞれの研究機関にいる研究者たちが有機的な結合を行うためのプラットフォームの形成が求められる。それを促進するためには，制度的なアプローチが必要である。

そこで，このデス・バレーを越えて，産学官の間の協働推進に寄与し，研究機関相互の交流を円滑化するための仕組みのひとつとして，わが国でも TLO（Technical Licensing Office；'特許'技術移転機関）が，米国におけるプロ・パテント（特許優先）政策の成功に刺激され導入された。

これは，大学の研究成果である知的財産を，主として特許化，管理し，産業化，商品化のために産業界に橋渡しをし，移転する技術移転機関であり，大学を産業競争力強化の主要なプレイヤーに，あるいはセンターにしようという構想に合致するものである。

制度的には1998（平成10）年8月の「大学等における技術に関する研究成果の民間事業者への移転の促進に関する法律」（技術移転促進法）の制定・施行にはじまる。当時すでに方針決定されていた平成16年度からの国立大学の独立法人化がひとつの契機となったことは，否めない事実である。独立法人化により新たな研究開発財源の確保を迫られる国公立大学，そして私立大学でもTLOの設立が行われ，平成15年2月現在で，**表2**のとおりその数は31機関に上っている。

表2　承認TLO（全31機関）

2003（平成15）年2月19日現在：承認TLO　31機関・認定TLO　2機関

機関名	承認・認定年月日	主な提携大学
北海道ティー・エル・オー㈱	承認：平成11年12月24日	北海道大学ほか道内の大学等
㈱東北テクノアーチ	承認：平成10年12月4日	東北大学ほか東北地域の国立大学等
㈱筑波リエゾン研究所	承認：平成11年4月16日	筑波大学ほか
㈱先端科学技術インキュベーションセンター	承認：平成10年12月4日	東京大学
㈶生産技術研究奨励会	承認：平成13年8月30日	東京大学生産技術研究所
農工大ティー・エル・オー㈱	承認：平成13年12月10日	東京農工大学
㈶理工学振興会	承認：平成11年8月26日	東京工業大学
㈱キャンパスクリエイト	承認：平成15年2月19日 認定：平成15年2月19日	電気通信大学
タマティーエルオー㈱	承認：平成12年12月4日	首都圏の大学
よこはまティーエルオー㈱	承認：平成13年4月25日	横浜国大，横浜市大ほか神奈川県内の大学等
㈱新潟ティーエルオー	承認：平成13年12月25日	新潟大学ほか新潟県内の大学等
㈲金沢大学ティ・エル・オー	承認：平成14年12月26日	金沢大学ほか石川県内・北陸地方の大学等
㈱山梨ティ・エル・オー	承認：平成12年9月21日	山梨大学，山梨医科大学
㈶浜松科学技術研究振興会	承認：平成14年1月17日	静岡大学ほか県内の大学等
㈶名古屋産業科学研究所	承認：平成12年4月19日	名古屋大学ほか中部地域の大学等
㈱三重ティーエルオー	承認：平成14年4月16日	三重大学ほか県内の大学等
関西ティー・エル・オー㈱	承認：平成10年12月4日 認定：平成14年7月10日	関西地域の大学等（京都大学，立命館大学等）　　　　　　　　＊
㈶大阪産業振興機構	承認：平成13年8月30日	大阪大学ほか大阪府内の大学等
㈶新産業創造研究機構	承認：平成12年4月19日	神戸大学ほか兵庫県内の大学等
㈲山口ティー・エル・オー	承認：平成11年12月9日	山口大学
㈱テクノネットワーク四国	承認：平成13年4月25日	四国地域の大学等
㈱産学連携機構九州	承認：平成12年4月19日	九州大学
㈶北九州産業学術推進機構	承認：平成14年4月1日	九州工業大学ほか北九州地域の大学等
㈶くまもとテクノ産業財団	承認：平成13年8月30日	熊本大学ほか熊本県内の大学等
㈱鹿児島TLO	承認：平成15年2月19日	鹿児島大学，鹿屋体育大学，鹿児島工業高等専門学校
知的資産センター	承認：平成11年8月26日	慶應義塾大学の学内組織　　　＊
産官学交流センター	承認：平成12年6月14日	東京電機大学の学内組織
国際産業技術・ビジネス育成センター（NUBIC）	承認：平成10年12月4日	日本大学の学内組織　　　　　＊
知的財産・ベンチャー育成(TLO)センター	承認：平成15年2月19日	日本医科大学の学内組織　　　＊
知的資産センター	承認：平成13年4月25日	明治大学の学内組織　　　　　＊
産学官研究推進センター	承認：平成11年4月16日	早稲田大学の学内組織　　　　＊

＊印：私立大学単独又は国立大学との共同；出所『平成15年度科学技術白書』より抜粋

多くは，研究者である大学教員を主たる出資者とする株式会社の形態をとっている。ここでも，後述するようにとくに国立大学教員の身分等について，規制緩和等が行われ，功を奏している。

大学教員の使命は，一般的に教育と研究，および社会貢献といわれている。しかし，アカデミズムの世界では研究が最優先されてきた。従来，大学教員の評価は学会でどんな報告・発表をしたか，どんな論文を書いたかが中心だった。このため，教員はたとえばすばらしい発見をすると，まず論文等の形で発表してしまい，特許化されることは必ずしも多くなかった。一度発表してしまうと，誰も知っている「公知」となり特許性を失うのである（前田裕子「日本経済新聞」2003（平成15）年12月6日）。

また，従来国立大学の教官の研究成果の知的財産権は国に帰属していたので，特許化するモチベーションに欠けていたことも，一半の事実である。

文部科学省は技術移転促進法の成立後5年を経た平成15年8月，2004（平成16）年4月の国立大学独立法人化を前に34大学に知的財産本部を支援設立した。法人化後の国立大学では，従来と異なり大学生まれの特許など知的財産権がそれぞれの大学に帰属することとなり，それへの対応として，各大学に知的財産本部の設置が必要とされたからである。

その業務内容は特許出願・発掘，共同研究を中心とするもので，すでに設立稼動していたTLOと重複するところが多い。棲み分けが行われるとすれば，大学外部にあるTLOは，特許技術の企業への売り込みにもっぱら従事するだけになりかねない。

また，大学の知的財産管理が自覚的なマネジメント・プラクティスの一環として位置づけられることになると，特許化が自己目的化して，企業のビジネス・シーズにはならないものでも特許化するなどの弊害が起こりそうである。大学教員の研究に対するモチベーションの観点からも，モラル・ハザードの危険は大いにありそうである。同様に，大学本来の使命である教育が阻害される懸念は，TLO先進国の米国でも盛んにいわれている。

私立大学でも，知的財産管理体制の整備を急いでいる。特許庁が発明協会に

委託，2002（平成14）年度から実施している「知的財産管理アドバイザー」の派遣事業の活用などである。現在の派遣先は全国で10大学，アドバイザーの出身母体は大手企業が中心である。しかし，私立大学の多くは大学の研究資金を賄うような数の特許保有は少ないのが実情といわれる（「日本経済新聞」2003年8月6日）。TLOを自ら立ち上げる能力をもたずアドバイザーの派遣を求めなければならない大学ゆえの実情なのか，バスに乗りおくれないためだけの行動ともみられることも多いそうである。今後の追跡調査が必要であろう。

② MOT

MOT（Management of Technology；技術経営ないしは技術マネジメント）とは，イノベーティヴな知＝科学技術が存在する大学，その他で創出された知を，革新（イノベーション）的技術として事業化するための方策を教育研究する新しい制度としての大学院レベルのコースである。産業力強化の実行力を持った人材の供給を実現するための教育研究の新しい領域である。将来，企業レベルでは，R&Dマネジメント担当のスタッフに必要なエクスパーティス（専門的知識・技能）を修得するコースとしてとらえられ，資格要件として位置づけられよう。

　a）米国の対応

先に述べたように，1990年代米国は研究開発に関して日本と対照的な対応を展開した。科学技術研究開発を国家的な戦略的課題として，専門職大学院での教育研究の焦点はMBA（Master of Business Administration；戦略経営および企業経営，とくに起業経営）からMOT経営へと変化したという。政府の誘導も含め産学官のすべてにおいて採用されたプロ・パテント政策に沿って，MOTが，新たなマネジメント領域として，また大学院レベルの教育プログラムとして新たに登場したのである。

米国のMOTコースの設置は，1980年時点で，45大学，1990年120大学，1994年159大学，1999年247大学に及んでいるという。米国では，リンカーンの発意によるランドグラント大学に見られるように，大学はその立地する社会へ

の貢献を社会的な責任としてとらえる伝統がある。MOTも，先に述べたTLOも，そうした米国の伝統的理念に合致するものであった。

　b）日本の対応

わが国では，2003（平成15）年4月に，早稲田大学大学院ビジネススクール，および東京大学工学部で開設されたMOTを嚆矢とする。

具体的内容について，早稲田大学を例として以下にみてみる[4]。

早稲田大学における日本初のMOT（技術経営専修）プログラムは，2003年4月早稲田大学大学院アジア太平洋研究科の中に新しく開校された早稲田大学ビジネススクール（WBS）に，従来のMBA大学院（戦略経営・起業経営）と並列の形で置かれている。取得できる学位はMOT（技術経営専修）修士であり，「技術系のMBA」とよばれる。

MOTとは，技術投資を実行することによって，「技術を市場化・事業化する」ための技術経営学である。そのねらいは，日本企業が従来得意分野としてきた主として製品開発，生産技術，品質管理を含む「オペレーショナルな分野」とは別に，新事業の創造やベンチャー起業に優れた「先進的MOT」のエキスパートの育成にある。

マクロ的な科学技術マネジメントの観点からのこれら制度の整備は，近年のことである。

4）各種の支援制度

科学技術行政体制は，科学技術基本法，科学技術基本計画を基本として，(旧)科学技術会議，及び総合科学技術会議のさまざまな答申等を踏まえて，関係行政機関がそれぞれの所掌に基づき，各機関等における研究の実施，研究環境の整備等を行っている。一口で言えば，すべての府省がさまざまの形で関わり，予算を獲得施行している。その全体像は膨大かつ複雑であるので，本稿と関連するものだけを抜粋した。民学官の間の協働を含め，研究開発（R&D）活動促進を目的とする振興策としては，以下にあげられるとおりである。

① 税制による民間における研究活動の振興とその目的
主な科学技術振興関係税制としては，以下のような範疇がある。詳細については，**表3**を参照されたい。
　ア．研究開発税制：民間等の研究開発投資の促進
　イ．寄附金控除等：科学技術・学術の振興
　ウ．学術研究法人の研究資産に対する非課税措置：科学技術・学術の振興
　エ．バイオテクノロジー研究用資産に係る固定資産税課税標準の特例措置：公共への危害防止に係る負担軽減
　オ．研究交流促進税制：研究交流の促進および地域経済の活性化
② 出融資等による民間における研究活動の振興
　（省略）
③ ハイテク・ベンチャー活性化のための環境整備
　研究開発型ベンチャー活性化のために，新産業の創出につながる新技術開発のための補助金・委託金等について，特定補助金等として指定を行い，中小企業者等を対象として特定補助金等の支出機会の拡大を図る制度
④ 中小企業，ベンチャー企業など，とくに開業間もない企業の優秀な人材確保のための施策
　ア．大学新卒者のベンチャー企業等への就職意欲を喚起する施策
　イ．起業家精神にあふれる人材の育成・輩出を図るための産業界と大学等の人的交流の促進
　ウ．大学等の先導的な企業化育成講座等に関する実証研究の実施
　エ．ベンチャー企業等へのインターンシップ（学生の就業体験制度）の一層の促進
⑤ ストックオプションに係る規制緩和

表3 主な科学技術振興関係税制

事　項	趣　旨	内　　　容	根　　拠	備　考
研究開発税制	民間等による研究開発投資の促進	Ⅰ．試験研究費の額が増加した場合の特別税額控除制度（Ⅱ及びⅢの制度との選択制） （1）試験研究費の額が過去5年間の試験研究費支出額のうち多い方から3期分の平均額を超える場合（ただし，当該年度の試験研究費が前年度及び前々年度を超える場合に限る），その超える額の15％相当額を税額控除（ただし，法人税額の12％相当額を限度）（法人税）。 （2）さらに，国立試験研究機関（独立行政法人を含む），大学等との共同研究などに係る特別試験研究費がある場合は，その額の15％相当額を（1）の税額控除上限額に加算（ただし，加算後の税額控除総額は法人税額の14％相当額を上限）。 （3）個人事業者の場合も同様（所得税）。	租税特別措置法第10条（所得税），第42条の4，第68条の9（法人税），地方税法附則第8条第1項	昭和42年度創設（平成17年度まで）
		Ⅱ．試験研究費の総額に係る税額控除制度（Ⅰ及びⅢの制度との選択制） 　a．試験研究費の総額に係る特別税額控除制度 　（1）試験研究費の総額の一定割合（8％～10％。3年間の時限措置として2％上乗せして10％～12％）を税額控除（ただし，法人税額の20％相当額を限度）（法人税）。 　（2）個人事業者の場合も同様（所得税）。 　b．産学官連携の共同研究・委託研究に係る特別税額控除制度 　（1）大学，公的研究機関等との共同試験研究及びこれらに対する委託試験研究について，上記aと合わせてこれらの試験研究に係る試験研究費の額の12％（3年間の時限措置として3％上乗せして15％）相当額を税額控除（ただし，上記aの特別税額控除額と合計して，法人税額の20％相当額を限度）（法人税）。 　（2）個人事業者の場合も同様（所得税）。		平成15年度創設（時限措置部分については平成17年度まで）
		Ⅲ．中小企業技術基盤強化税制（Ⅰ及びⅡの制度との選択制） （1）中小企業者等の試験研究費の額の12％（3年間の時限措置として3％上乗せして15％）相当額を税額控除（ただし，法人税額の20％相当額を限度）（法人税）。 （2）個人事業者の場合も同様（所得税）。 （3）（1）の税額控除額を法人住民税の課税標準から控除（地方税）。	租税特別措置法第10条（所得税），第42条の4，第68条の9（法人税），地方税法附則第8条第1項	昭和60年度創設（時限措置部分については平成17年度まで）
		Ⅳ．開発研究用設備の特別償却制度 （1）一定の開発研究用設備の取得等をして，これを国内にある研究開発の用に供した場合には，取得価額の50％相当額の	租税特別措置法第11条の3（所得税），第44条の3，第68条の20の2	平成15年度創設（平成17年度まで）

第7章 研究開発 (R&D) マネジメントと制度的環境の変化

事 項	趣 旨	内　　　容	根　拠	備　考
		特別償却を認める（法人税）。 （2）個人事業者の場合も同様（所得税）。	（法人税）	
寄附金控除等	科学技術・学術の振興	（1）個人又は法人が次の寄附金等を支出した場合は，寄附金控除等の優遇措置の対象とする。 ① 公益法人等に対する寄附金のうち，広く一般に募集され，教育又は科学の振興等に寄与するための支出で緊急を要するものに充てられることが確実であるものとして財務大臣が指定したもの（指定寄附金）	法人税法第37条第4項，所得税法第78条第2項	昭和21年度創設（法人税），昭和37年度創設（所得税）
		② 公益法人等のうち，教育又は科学の振興等，公益の増進に著しく寄与するもので一定のもの（特定公益増進法人）に対する寄附金でその法人の主たる目的である業務に関連するもの	法人税法第37条第4項，所得税法第78条第2項	昭和36年度創設（法人税），昭和37年度創設（所得税）
		③ 特定公益信託のうち，教育又は科学の振興等，公益の増進に著しく寄与し，一定の要件を満たすものとして主務大臣の認定を受けたもの（認定特定公益信託）の信託財産とするための拠出金	法人税法第37条第6項，所得税法第78条第3項	昭和62年度創設
		（2）公益を目的とする事業を営む法人に対する現物寄付で，教育，科学の振興等の公益の増進に著しく寄与すること等の要件を満たすものとして国税庁長官の承認を受けたものについては，みなし譲渡所得を非課税とする。	租税特別措置法第40条	平成15年度承認手続の簡素化等
学術研究法人の研究資産に対する非課税措置	科学技術・学術の振興	民法第34条の法人で学術の研究を目的とするものが，その目的のため直接その研究の用に供する資産に係る不動産取得税，固定資産税，特別土地保有税及び都市計画税を非課税とする。	地方税法第73条の4第1項，第348条第2項，第586条第2項，第702条の2第2項	昭和26年度（固定資産税），昭和29年度（不動産取得税），昭和31年度（都市計画税），昭和48年度（特別土地保有税）創設
バイオテクノロジー研究用資産に係る固定資産税課税標準の特例措置	公共への危害防止に係る負担軽減	遺伝子組換え技術等の試験研究に必要な機械・設備のうち，「組換えDNA実験指針」により公共への危害を防止するために必要なものを新たに取得した場合，固定資産税の課税標準を3年分に限り4分の3とする。	地方税法附則第15条第22項	昭和61年度創設（平成15年度まで）
研究交流促進税制	研究交流の促進及び地域経済の活性化	民法第34条法人が，研究交流促進法に基づき，国との共同研究に必要な施設を当該国の機関の敷地内に整備した場合等に，不動産取得税の課税標準を4分の3とするとともに，固定資産税の課税標準を取得から5年間は2分の1，その後5年間は4分の3とする。	地方税法附則第11条第18項，第15条第24項	平成11年度創設（不動産取得税）平成12年度創設（固定資産税）（平成16年度まで）

出所『平成15年度科学技術白書』より抜粋　　　　　　　　　　　　　　　（平成15年4月現在）

1) 岡田和秀「環境と意思決定」西田耕三・若林満・岡田和秀共編著『組織の行動科学』有斐閣，昭和56年
2) 総合科学技術会議議長及び議員名簿は以下の通り（平成15年3月末現在；なお，便宜的に有識者以外は役職名とし，個人名を挙げなかった）。
    議長   内閣総理大臣
    議員   閣僚6名 内閣官房長官，科学技術政策担当大臣，総務大臣，財務大臣，文部科学大臣，経済産業大臣
    関係機関の長 1名 日本学術会議会長
    有識者 7名 阿部博之東北大学名誉教授，井村裕夫京都大学名誉教授，大山昌伸株式会社東芝顧問（非常勤），黒田玲子東京大学教授，松本和子早稲田大学教授，薬師寺泰蔵慶應義塾大学教授，吉野浩行本田技研工業㈱代表取締役
3) 研究費の性格別構成比
2001年時点で，研究組織別研究費の性格別支出比率は，前掲表1から要約すれば以下のとおりである。

	基礎研究	応用研究	開発研究(%)
産業	5.8	20.4	73.9
政府研究機関	30.5	24.1	45.3
大学	53.5	37.5	9.0
民営研究機関	19.6	37.1	43.2
全体	14.6	23.4	62.0

4) 寺本義也監修・山本尚利著『MOTアドバンスト技術戦略』日本能率協会マネジメントセンター，2003。

(3) 内的環境の変化――制度的および準制度的環境の変化

　日本の1990年代の経営改革は，（狭義の）経営戦略として，EVA重視戦略や執行と経営の分離をはかる執行役員制，組織戦略として，社内分社（カンパニー）制，人事戦略として，年俸制，成果主義，などの用語で説明される。一方，それは研究開発（R&D）マネジメントへの戦略的影響を与えているように思える。以下では，①知的財産（特許）戦略，②組織戦略，③人的資源管理（HRM）戦略，および④管理ツール，に分けて簡略に素描する。

① 知的財産（特許）戦略
a) 開放型あるいは閉鎖型戦略の選択

その選択は，産業ごとの技術特性とのマッチングの問題である，と同時に今までの歴史的経緯による。その部品がモジュール化されており，新興かつ急速に進化・成長しているエマージング産業の代表のコンピュータ産業に見られるような開放型と，あるいは，下請け工場（のちに協力工場）とよばれた部品メーカーが，専ら組立メーカーの主導ですでに成熟している製品・製造技術の開発，という既存技術の一層の精練化に当たっている自動車産業に見られる閉鎖型の間の選択である。

前者では，技術を広く公開したり，特許についても広く供与して研究開発の競争的迅速化が，戦略として選ばれている。

後者では，前者と逆にむしろ徹底した囲い込みを行い，既存技術の洗練化・先鋭化を進めてリードし，潜在的参入者を含む他者の追撃を許さない戦略をとる[1]。

b）知的財産の販売

独占的な知的財産を，収益源としてとらえ戦略的に公開・販売する政策を採る企業もある。伝説的にいわれてきた米国のスリーエム社（MMM）は，多様な分野に跨るが分野ごとの知的財産を集中的に集め，製品化し「創業者利潤」といわれる初期の高い収益の回収を済ますと，当該知的財産を公開する戦略をとってきた好例である。

また，最近の新聞報道によれば外部への販売の手段として，従来とは違った電子取引市場を通すことを狙う企業も出てきている。大日本印刷は，特許を取得した中核技術を，米デュポンやボーイングなど欧米の大手企業が参加する知的財産対象の電子取引市場「イエット・ツー・コム」に参加し，特許取得済みの技術及びその関連技術約100件を登録した。微細加工技術などは同社の使用対象である電子部品だけでなく，他の化学や航空・宇宙産業などの幅広い分野で応用可能と見て広く取引相手を求めようとしている。

そうした戦略の採用は，研究費回収のスピードアップや確実化のためという。関連して，知的財産の販売は米国企業が一般的に積極的で，国内では日立製作所が近年拡大していると報じている。大半の企業は，知的財産の保護を重

視し，他者からライセンス供与の要請があった場合にのみ，その使用を認めるケースが多いという（日本経済新聞，2002年2月24日）。

② 組織戦略
a）企業内競争の促進策

企業内の組織間競争を促すため，あるいは強化するために，新たな管理組織デザインが標榜され，実行されている。EVA志向組織として，収益（率）重視の観点から，組織単位ごとのパフォーマンス測定を容易にするよう，カンパニー制，分社化などの採用がなされている。

また，権限と責任の明確化の必要性から，執行担当役員制とか，直接研究開発（R&D）マネジメントと関連させれば，CTO（チーフ・テクニカル・オフィサー）を設置することも行われているようである。

b）提携および企業買収（Acquisition & Development），または売却

研究開発（R&D）マネジメント戦略として，該当分野技術の研究開発に従事している自社以外の機関は，当然競合関係にあるととらえられ得る。競争の排除や制限のために，企業は伝統的に最広義の例えば特許カルテルなどの企業結合を行なってきた。その安易な採用は，公正な競争の維持の目的から，多くの国で「独禁法」の制定・施行を結果してきたことは良く知られている。

研究開発競争においても，究極の策として，提携および企業買収が戦略になることがある。

この戦略採用の契機は，必ずしも競争の排除や制限だけでなく用いられる。別の研究開発主体それぞれに保有されている相互に補完的な技術を内容とする，一組の技術のより迅速な開発の必要性から，一方が他方と提携関係の樹立を志向することは大いにありうることである。それが，買収という手段に進むこともありうることである。

売却は，上の①項で取り上げた知的財産の販売のもっともラディカルな形態といえる。すなわち，研究開発（R&D）に関わる特定部門を丸ごと他の企業や機関に売却する戦略である。当然，当の企業は当該分野の技術開発について

は，「撤退」することとなる。それは，集中と撤退という二者択一の戦略決定の問題である。

　c）産学連携組織

　共同研究促進のための，産学連携を統括する社内専門組織。既にふれた大学を主体とするTLOに呼応する，企業側の研究開発パートナー作りのための組織である。

　先駆的事例として松下電器産業は，「産学連携推進センター」を本社（大阪府門真市）の技術開発部門に置き，技術者出身の専任スタッフ10人を配置するという。東京にも出先拠点を設立し，すでに提携関係のある東京大学や京都大学のほか，ここ2～3年以内に全国の有力大学10校と提携する計画をもち，2003年度最大6億円程度を大学との共同研究に投資する予定という。将来は，中国との連携を進めたい方針と。大学と産業界の連携は，従来大学教授の個人的つながりを基にするものが多かったといわれるが，より組織的に行おうとする試みもみられる（日本経済新聞，2003年8月29日）。

　また，日立製作所は産学連携型への組織見直しとして，基礎研究所の再編とともに，人員についても3倍増させ，120人体制を整えた。日立製作所一社だけでなく，グループ各社に跨る基盤的研究開発を担う組織としての位置づけている。同基礎研究所には，政府が科学技術基本計画で優先的支援をする重点4分野としている「環境エネルギー」，「ナノ材料デバイス」，「健康システム」，「人間情報」の4部門が置かれる。大学との連携でこの分野に沿った研究テーマが関係府省に認められれば，数億円単位の研究費がもらえる可能性があるからである。

　同社は，産学連携型組織として，大学の研究所の誘致も計画している，と報じられている（日本経済新聞，2003年3月29日）。

　こうした各社の動きを可能にしているのは後述の国立大学教員の人事上の規制緩和や改正が，その環境を作っている。

③　人的資源管理（HRM）戦略

a）戦略的アプローチの重要性

そもそも経営戦略とは，企業経営の中長期にわたる将来のあり方についてのデザインと，その実現の方策についての議論である。

企業の人的資源管理（HRM）それ自体もまた，研究開発（R&D）と同じく機能的戦略の一環であり，研究開発戦略の手段の一環をなしている。その成否は，研究開発の死命を制するものである。

日本では，日本的マネジメント・システムというとき，自主管理運動，小集団活動など，日本に独自の労使関係のもとで形成された人的資源管理をさすことが多かった。内部労働市場論などの概念も，さらに日本的バイヤスを特定して用いなければならなかった。

現在，つとに1920年代に始まる日本の重化学工業化の過程で，また1930年代半ばに始まる統制経済の進展，そして大戦後の復興，そして成長という長いタイムスパンのなかで進化してきた日本的労使関係の下での日本的人的資源管理システムの再編という戦略的問題に直面している。

b）環境変化の動向

労働基準法，派遣法等の改定・施行により人的資源管理に関わる企業経営外の環境をなす法的制度は，大掛かりに変化しており，そのオリエンテーションは市場志向である（たとえば，労働契約における有期契約の標準化などとそれをめぐるいくつかのエピソードがある）。

先に述べた，TLOやMOTという新しい制度の成功裏の運用は，労働市場の構造変化を将来させてきた。たとえば規制緩和の結果，国立大学等の教員や研究職員のTLOの役員等の兼業，研究成果活用企業の役員等の兼業および株式会社等の監査役の兼業が可能となった。またその承認権限を人事院から所轄庁の長等に委任，さらに国立大学の長等に再委任する，などの改善が成された（国家公務員法の第103条に基づく人事院規則の整備）。

また，中小企業，ベンチャー企業など，とくに開業間もない企業の優秀な人材確保のために，企業が利用できる政府の支援策の例として以下が挙げられ

る。
　㋐　大学新卒者のベンチャー企業等への就職意欲を喚起する施策
　㋑　起業家精神にあふれる人材の育成・輩出を図るための産業界と大学等の人的交流の促進
　㋒　大学等の先導的な企業化育成講座等に関する実証研究の実施
　㋓　ベンチャー企業等へのインターンシップ（学生の就業体験制度）の一層の促進

これに関連して，大学をはじめ教育機関における研究開発補助スタッフの養成制度と教育システム（例：早稲田大学産業技術専修学校)[2)]の変革が求められている。

こうした外的環境の変化の動向に適応するとともに，更にそれを梃子として新しい人的資源管理戦略が構想され実施されなければならない。

また，研究開発（R&D）に従事する優秀な研究者，科学者をどう調達するのかの問題が派生している。とくに，外国人研究者，科学者の処遇の問題，先端研究者・科学者の国内外に及ぶ流動化（頭脳流失とか頭脳流入の別の現象）に伴う労働市場のデファクト・グローバリゼーションの趨勢への対応が喫緊の課題としてある。

その下での日本的慣行，すなわち，かの有名な三種の神器（終身雇用，年功制，および企業内労働組合）と呼ばれた日本的労使関係を捨てることで適応するには，いかなるバリアーがあるのかの検討が必要であろう。

その際，見落してならない中核的問題点として，研究開発（R&D）に関わるグローバルマネジャーの不足問題と，その解決策としてのMOTの普及問題がある。

そうした中，労使関係の4人のアクター，すなわち，（組織化された）労働者，使用者，政府，そしてプロテスト・グループの態度は，そして行動はいかなる変転を見せるのか，きわめて興味深い問題である。

④ 管理ツール

研究開発（R&D）マネジメントにおけるプロジェクト管理は，一組の有効なツールの活用によって，はじめて成功すると考えられる。ツールという用語が意味するように，それはある種の工学的合理性を持つレベルまで精練化されたものでなければならないと考えられる。

研究開発（R&D）マネジメントを行う際の管理ツールとして，古くから予算管理が用いられたことはよく知られている。しかし，最近の研究開発マネジメントツールの例[3]としては，ステージ・ゲート・モデルや，ポートフォリオ・マネジメント法がある。

ステージゲート・モデルは，米国で1990年代に総合化学メーカー（デュポン，ダウケミカル，P&G）を中心に採用されて以来，各種産業各社で採用されているという。

その典型は，図1のとおりである。個々の開発プロジェクトの開発効率を高める方法として，とくに開発時間の短縮に効果があるとされている。具体的には，設定された各種の判断基準により，当該開発プロジェクトのGO or KILL（進行，続行あるいは停止）の決定を行うものである。

ポートフォリオ・マネジメントは，ボストン・コンサルティング・グループ（BCG）により，戦略的事業選択の方法として開発され，長年にわたり利用された方法の研究開発（R&D）適応版といえるものである。そこでは，複数個

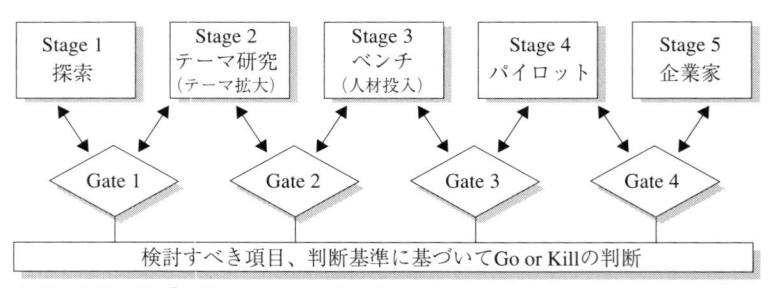

出所：小笠原敦「日本のR&Dの再生に向けて」より

図1　典型的なステージ・ゲート・モデル

の開発プロジェクトの（相対的）優先順位の決定がなされ，結果開発投資の方針が決定されることとなる。

　これら2つの管理ツールは，ともに開発プロジェクト個々に関わる技術評価が，きわめて難しいという難点をもつことは明らかである。本来，開発プロジェクトの戦略的重要性は，その成功の確率を，そして開発のコスト（あらゆる種類の犠牲の総計）の大小を問わないとき，一般的には同質とも言える。そうした条件の下で，当該プロジェクトの開発続行あるいは停止を決めたり，開発投資対象に優先順位をつけなければならないのが，研究開発（R&D）マネジメントの機能なのである。これらのツールの精練化がなされ，担当マネジャーたちのジレンマ，あるいはトリレンマの悩みが軽減されることを期待したい。

1）現在の自動車産業においても，ハイブリット車，燃料電池車の開発研究が行なわれているが，とくに燃料電池の開発については，自動車メーカー各社が数社ずつグループを形成，さまざまなレヴェルの協働を行っている。
　　家庭用ビデオレコーダーの開発，いわゆる「VHS戦争」の際の，日本ビクター社のとった戦略は好例である。「プロジェクトX」などのメディアにも紹介されている。
　　また，企業によっては競合他社の追い上げの回避のために，特定分野の技術，すなわち知的財産（特許）を網羅的に囲い込み，占有する戦略をとることがある。
2）早稲田大学産業技術専修学校の歴史については，『研究と成果』13号，早稲田大学専門学校，1996年を参照されたい。
3）小笠原敦「日本のR&Dの再生に向けて」『一ツ橋ビジネスレビュー』2003年 AUT.51巻2号を参照した。

5．おわりに——今日の研究開発（R&D）マネジメント戦略

　企業が競争優位を維持していくためのコア・コンピテンスは，一朝一夕にして形成できるものではない。企業は，その構築のために，マネジメント機能の一環として研究開発（R&D）を実行している。企業の保有している知識を増大させたり，一定の方向性を持ったものに変形していくことを，任務としてい

る。

　企業を取り巻く環境の激しい変化の中，研究開発（R&D）はいっそう戦略的な意味を持つようになっている。企業の研究開発投資は，外的・内的環境の変化の中，企業の維持・発展に決定的な意味を持つコア・コンピテンスを含む知的技術資産の維持・蓄積，増殖と展開を目的としている。

　その他の経営機能とともにMOTのエキスパーティス（専門的知識・技能）が，重要性を増している。

第8章
財務業績報告の新基軸
―― フロー報告の統合化へ向けて ――

小西 範幸

1. はじめに

　これまで企業の財務業績は取得原価を基にした稼得利益を中心に報告，あるいは評価されていたが，現在では公正価値を反映する包括利益とキャッシュフローを併せた業績報告，あるいは業績評価を行うことの重要性が一般に認識されつつある[1]。

　これまで，インカムフロー[2]とキャッシュフロー[3]の関係について，さまざまな視点から実証研究が行われてきた[4]。その代表的なものが，インカムフローまたはキャッシュフローの予測能力に関する研究であり，たとえば，会計の基本目的である将来のキャッシュフロー予測[5]，さらには株価予測や株価形成に対してキャッシュフロー情報がインカムフロー情報よりも有意であることを検証しようと試みている。また，これとは逆にインカムフロー情報の有意性についての実証研究もこれら以上に数多くある。これらの先行研究では，同じモデルを用いてもサンプリング企業によって異なる結果がでていたり，その時代の経済状況によって異なる結果がでていたりと，結果的には，キャッシュフロー情報の有意性，あるいはインカムフロー情報の有意性が完全に検証できているとは言い難い[6]。これは，企業の財務業績報告，あるいは財務業績評価には，キャッシュフロー情報とインカムフロー情報の両方が必要であることを示唆していると理解すべきである。

　そこで本章では，企業の財務業績をインカムフローとキャッシュフローの両

面から包括的に報告,あるいは評価することの有用性を議論するための第一歩として,インカムフローとキャッシュフローの基本的な関係について考察してみたい。そこでは,まず,間接法のキャッシュフロー計算書を用いて当期利益と営業活動によるキャッシュフロー(CFO)の関係を整理した後に,倒産企業における当期利益とCFOの相関のパターンを導出してみる。次に,アメリカの倒産企業を事例にとり,CFOと当期利益や経常利益等の各種利益との関係について相関係数と散布図を用いて検討し,そのパターンが見られるかどうかを検証してみたい。そして最後に,インカムフロー報告とキャッシュフロー報告の統合化を目指す包括的な財務業績報告のあり方を考えてみる。

2. 分析方法

(1) アメリカの倒産企業

ここでの事例研究においてアメリカの倒産企業を選んだ理由は以下の通りである。

日本においては,連結キャッシュ・フローが2000年3月期から公表されたばかりであり,分析するにはまだ十分な期間の連結キャッシュ・フロー計算書が入手できない。したがって,キャッシュ・フロー計算書は,資金収支表を組替えるか,比較貸借対照表と損益計算書等から間接的に誘導する方法でしか作成できず,この場合,資金概念が現金及び現金同等物にならない等の理由により完全なキャッシュ・フロー計算書を作成することができないので,アメリカのものを選択した[7]。

製品ライフサイクル概念に当てはめてキャッシュフローとインカムフローの関係を検討してみると,企業の成長段階や経営状態によりCFOとインカムフローの関係は変化することが分かるので,倒産という特定しやすい一定時点を選んだ[8]。では何故,倒産という時点を選択したかというと,倒産はさまざまな要因から生じるが,典型的には,インカムフロー業績の悪化から始まり,キャッシュフロー業績の悪化を経て支払不能に陥ることによって生じることか

ら，インカムフローとキャッシュフローの関係に一定のパターンが生じやすいと推測したためである。アメリカの倒産企業を選んだのは，日本における倒産企業の分析を行ってみると，倒産のタイミングが当該企業の財務業績，すなわちインカムフロー業績やキャッシュフロー業績に起因するというよりも，その他の要因，たとえば，金融機関，特にメインバンクの支援打ちきり時期に起因している傾向が強いためである。

ここでは，Moody's 社の提供する Company Data Direct を利用して，1995年から2001年の間にアメリカにおいて倒産した企業205社を抽出した。これには，6期間に満たない財務データしか入手できない企業は除外されている。Company Data Direct では，倒産を意味するものとして，①become privately held（「非公開企業」），②filed chapter 11（「連邦破産法第11章」），③declare bankruptcy（「破産」），④liquidated operations（「清算」）がある。①は公開企業から非公開企業への移行であり，②は再建を目指した連邦破産法第11章の適用を受けての自己申立てによる倒産であり，③は連邦破産法第11章及び7章の適用を受けての自己申立てによらない倒産であり，④は清算を目指した連邦破産法第7章の適用を受けての自己申立てによる倒産である。④の清算には，②の連邦破産法第11章の適用による再建を目指したが更生計画案がまとまらず，債権者等の利害関係人の要求があり破産裁判所によって連邦破産法第7章へ移行されたものが含まれる。

ここでは，持ち株会社（35社）を除外したのと同時に，金融・保険・不動産の分類に属する企業（24社）は分析対象企業から除外した。その結果，146社を分析対象企業とした。この146社については，10業種分類別にデータを採取したが，この業種分類別の分析については別の機会に報告する[9]。また，損益計算書において，売上総利益，営業利益，税引前「経常利益」，「経常利益」，当期利益等の損益項目が表示されていない場合，**表1**で示すように，これらの項目を設定し，計算してみた[10]。しかし，たとえば，Eagle 社のように収益から営業費を差引いて営業利益を計算しているために売上総利益が計算できない場合は，抽出できる利益項目のみを利用した。

表1　アメリカのインカムフロー計算の例

Net sales	売上高
Cost of goods sold	売上原価
Gross profit of sales	売上総利益
Selling and administrative expenses	販売費および一般管理費
Income from operations	営業利益
Other revenues and gains	営業外収益および利得
Other expenses and loss	営業外費用および損失
Income before income tax	税引前「経常利益」
Income tax	法人税
Income from continuing operations	「経常利益」
Extraordinary item	特別損益項目
Net income for the year	当期利益

(2) 相関係数と散布図

表2は，抽出したアメリカの倒産企業146社について，前ページで示した4つの倒産分類別によるCFOと各種損益，すなわち，売上総利益，営業利益，税引前「経常利益」，「経常利益」及び当期利益との相関係数を，表3で示す相関性の目安ごとに集計したものである。ここでは，①同一期のCFOと各種損益（「同一期」），②CFOと1期前の各種損益（「IF1期先行」），③CFOと2期前の各種損益（「IF2期先行」），④各種損益と1期前のCFO（「CFO1期先行」），⑤各種損益と2期前のCFO（「CFO2期先行」）の組合せにおける相関係数を求めた。

散布図は，CFOと各種損益を図に示したものであり，相関係数（r）が1または－1に近くなるほど，散布状況は直線の傾向を示すようになる。散布図を作成することにより，相関係数だけでは分からないCFOと各種損益との関係が見えてくる。たとえば，ここではデータの採取期間が6期から10期と短いため，1つのプロットでも他とは極端な違いを示すと相関係数はそれに大きく引きずられてしまうことがあり，相関係数の値ほど相関関係が強くないことがある。これについては，4節において分析結果を検討する中で例をあげて説明している。

表2 倒産分類別による相関係数の結果一覧

※相関係数の符号は、プラスとマイナスの両方を意味する。

倒産分類①

「同一期」

相関係数	売上総利益	営業利益	税引前当期経常利益	「経常利益」	当期利益
0.0~0.2	11	13	9	8	9
0.2~0.4	7	4	8	3	6
0.4~0.7	7	9	2	7	14
0.7~1.0	22	21	25	17	18
合計	47	47	44	35	47

「IF 1期先行」

相関係数	売上総利益	営業利益	税引前当期経常利益	「経常利益」	当期利益
0.0~0.2	6	5	7	6	6
0.2~0.4	9	9	3	2	5
0.4~0.7	11	14	14	13	15
0.7~1.0	13	11	12	7	13
合計	39	39	36	28	39

「IF 2期先行」

相関係数	売上総利益	営業利益	税引前当期経常利益	「経常利益」	当期利益
0.0~0.2	4	3	3	4	7
0.2~0.4	10	7	4	4	4
0.4~0.7	4	11	10	10	14
0.7~1.0	12	10	9	6	8
合計	30	31	28	24	31

「CFO 1期先行」

相関係数	売上総利益	営業利益	税引前当期経常利益	「経常利益」	当期利益
0.0~0.2	7	6	5	3	7
0.2~0.4	5	11	7	5	8
0.4~0.7	11	15	16	11	12
0.7~1.0	16	7	8	9	12
合計	39	39	36	28	39

「CFO 2期先行」

相関係数	売上総利益	営業利益	税引前当期経常利益	「経常利益」	当期利益
0.0~0.2	2	5	5	3	6
0.2~0.4	8	8	10	7	8
0.4~0.7	10	11	9	8	12
0.7~1.0	10	7	4	6	5
合計	30	31	28	24	31

倒産分類②

「同一期」

相関係数	売上総利益	営業利益	税引前当期経常利益	「経常利益」	当期利益
0.0~0.2	16	16	13	13	15
0.2~0.4	8	13	14	11	12
0.4~0.7	11	8	8	8	8
0.7~1.0	17	14	15	14	17
合計	52	51	50	38	52

「IF 1期先行」

相関係数	売上総利益	営業利益	税引前当期経常利益	「経常利益」	当期利益
0.0~0.2	10	10	8	7	13
0.2~0.4	3	14	15	9	10
0.4~0.7	18	7	10	5	9
0.7~1.0	8	7	5	6	7
合計	39	38	38	27	39

「IF 2期先行」

相関係数	売上総利益	営業利益	税引前当期経常利益	「経常利益」	当期利益
0.0~0.2	3	4	8	5	6
0.2~0.4	2	9	8	9	12
0.4~0.7	13	10	6	3	6
0.7~1.0	7	5	7	5	6
合計	29	28	29	22	29

「CFO 1期先行」

相関係数	売上総利益	営業利益	税引前当期経常利益	「経常利益」	当期利益
0.0~0.2	6	9	4	4	8
0.2~0.4	5	5	5	2	5
0.4~0.7	15	14	16	11	15
0.7~1.0	13	10	9	10	11
合計	39	38	38	27	39

「CFO 2期先行」

相関係数	売上総利益	営業利益	税引前当期経常利益	「経常利益」	当期利益
0.0~0.2	9	7	6	6	6
0.2~0.4	5	8	6	5	10
0.4~0.7	8	8	10	6	9
0.7~1.0	7	7	5	5	4
合計	29	28	29	22	29

倒産分類③

[同一期]

	売上総利益	営業利益	税引前当期純利益	経常利益	当期利益
0.0~0.2	5	3	1	0	2
0.2~0.4	4	4	6	4	5
0.4~0.7	6	7	7	6	6
0.7~1.0	4	6	4	1	8
合計	19	20	18	11	21

[IF 1期先行]

	売上総利益	営業利益	税引前当期純利益	経常利益	当期利益
0.0~0.2	4	5	5	3	5
0.2~0.4	6	3	3	1	1
0.4~0.7	5	7	6	3	9
0.7~1.0	1	2	1	1	3
合計	16	17	15	8	18

[IF 2期先行]

	売上総利益	営業利益	税引前当期純利益	経常利益	当期利益
0.0~0.2	4	6	4	2	8
0.2~0.4	2	7	8	4	3
0.4~0.7	8	2	1	1	4
0.7~1.0	1	1	1	1	1
合計	15	16	14	8	16

[CFO 1期先行]

	売上総利益	営業利益	税引前当期純利益	経常利益	当期利益
0.0~0.2	5	6	6	3	6
0.2~0.4	3	2	2	1	2
0.4~0.7	5	7	5	3	8
0.7~1.0	3	2	2	1	1
合計	16	17	15	8	17

[CFO 2期先行]

	売上総利益	営業利益	税引前当期純利益	経常利益	当期利益
0.0~0.2	7	5	5	2	3
0.2~0.4	3	5	1	1	4
0.4~0.7	5	5	6	4	7
0.7~1.0	0	1	2	1	2
合計	15	16	14	8	16

倒産分類④

[同一期]

	売上総利益	営業利益	税引前当期純利益	経常利益	当期利益
0.0~0.2	6	6	2	1	6
0.2~0.4	8	9	5	5	7
0.4~0.7	7	7	12	9	11
0.7~1.0	5	2	2	1	3
合計	26	24	21	16	27

[IF 1期先行]

	売上総利益	営業利益	税引前当期純利益	経常利益	当期利益
0.0~0.2	2	7	6	6	9
0.2~0.4	9	4	6	6	4
0.4~0.7	7	7	5	7	7
0.7~1.0	2	2	2	1	3
合計	20	20	19	14	23

[IF 2期先行]

	売上総利益	営業利益	税引前当期純利益	経常利益	当期利益
0.0~0.2	4	7	4	2	6
0.2~0.4	5	3	8	5	6
0.4~0.7	5	4	2	2	3
0.7~1.0	1	1	0	0	3
合計	15	15	14	9	18

[CFO 1期先行]

	売上総利益	営業利益	税引前当期純利益	経常利益	当期利益
0.0~0.2	6	6	4	4	4
0.2~0.4	8	6	6	3	8
0.4~0.7	8	6	7	7	7
0.7~1.0	0	2	2	0	4
合計	20	22	19	14	23

[CFO 2期先行]

	売上総利益	営業利益	税引前当期純利益	経常利益	当期利益
0.0~0.2	3	2	3	1	3
0.2~0.4	4	7	2	2	2
0.4~0.7	6	6	7	5	9
0.7~1.0	2	2	2	1	3
合計	15	17	14	9	18

第8章　財務業績報告の新基軸　205

表3　相関性の目安

相関係数	
0〜0.2／0.0〜−0.2	ほとんど相関がない
0.2〜0.4／−0.2〜−0.4	やや相関がある
0.4〜0.7／−0.4〜−0.7	かなり相関がある
0.7〜1.0／−0.7〜−1.0	強い相関がある

3．インカムフローとキャッシュフローの関係

(1) 当期利益からCFOへの調整

表1で示してあるアメリカの損益計算書[11]と**表4**で示してある間接法のキャッシュフロー計算書は，日本のものとは若干，表示分類が異なる。アメリ

表4　間接法のキャッシュフロー計算書の営業活動区分の例

```
当期利益                                              ×××
調整額：
①営業活動により生じた資産及び負債の増減額の調整
    ┌ 売掛金の増加                              −×××
    │ 棚卸資産の増加                            −×××
    │ 買掛金の増加                              ＋×××
    │ 未払費用の増加                            ＋×××
    │ 前払費用の増加                            −×××
    │ 未収収益の増加                            −×××
    └ 前受収益の増加                            ＋×××
②非資金損益項目の調整
    ┌ 減価償却費                                ＋×××
    └ 貸倒引当金の増加                          ＋×××
③CFI及びCFF以外の取引から生じた項目
      異常項目                                  ＋−×××
      法人税支払い                              −×××
④CFI及びCFFに含める損益項目
      有形固定資産売却益                        −×××   ×××
         営業活動によるキャッシュフロー                 ×××
```

＊増減が逆になる場合はプラス・マイナスが逆になる。

カの損益計算書においては，一般に，法人税（income tax）が差引かれて税引後の損益（income from continuing operations：「経常利益」）が計算されている。アメリカでは，法人税はCFOに限定区分されるため，CFOと比較するには，この税引後の「経常利益」が適当である。しかし，アメリカでは，損益計算書の特別損益区分に分類される異常項目がCFOに限定区分されるため，CFOと税引後の「経常利益」の活動区分が完全に一致するわけではない。企業の財務業績をインカムフローとキャッシュフローの両面から評価可能にする前提としては，インカムフロー報告とキャッシュフロー報告の表示分類を同じにする必要があり，その改善策の1つとしては，キャッシュフローを総額で示す直接法のキャッシュフロー計算書が有効である。しかし，現在，日米の企業の殆どが間接法を採用しているし，国際財務会計基準改訂7号「キャッシュフロー計算書」[12]においても企業が直接法と間接法を選択適用できるようにしている。

間接法によって示されたキャッシュフロー計算書におけるCFOの区分では，当期利益が調整項目を経てCFOに換算されている。**表4**で示されているように，調整項目は大きく4つに分けられ，それは，①営業活動（operations）により生じた資産及び負債の増減項目，②非資金損益項目，③投資活動によるキャッシュフロー（CFI）及び財務活動によるキャッシュフロー（CFF）以外の取引から生じた項目，④CFI及びCFFへ移さなければならない損益項目である。①には，棚卸資産や売掛金・買掛金等の増減が，②には，減価償却費，繰延税金，為替差損，連結調整勘定償却，持分法による投資利益等が，③には，異常項目，法人税の支払い，配当金の受取り等が，④には，有形固定資産売却損益，投資有価証券売却損益等が記載される。

(2) 相関のパターン

当期利益とCFOに相関関係が見られる場合，前述したように，①同一期に相関が見られる場合，②CFOと前期以前の当期利益に相関が見られる場合（「IF先行」），③当期利益と前期以前のCFOに相関が見られる場合（「CFO

先行」）がある。**表5**は同一期に相関が見られる場合であり（「同一期」），**表6**はCFOと1期前の当期利益に相関が見られる場合（「IF1期先行」）であり，**表7**は当期利益と1期前のCFOに相関が見られる場合（「CFO1期先行」）である。

倒産は，インカムフロー業績とキャッシュフロー業績が悪化した結果生じる事態である。そのため，倒産企業においては，当期利益とCFOがマイナスになったり，減少傾向が現われたりする。この場合，4つの調整項目の合計がプラスの場合とマイナスの場合が考えられ，プラスの場合には，CFOが当期利益の金額を上回り，マイナスの場合には当期利益がCFOの額を上回ることになる。

調整項目がプラスの場合，たとえば，受取勘定や棚卸資産，並びに支払勘定が共に減少した場合を考えてみる。

表5　同一期の相関パターン

項目／期間	I	II	III
当期利益	IF−I	IF−II	IF−III
調整項目	AD−I	AD−II	AD−III
CFO	CF−I	CF−II	CF−III

表6　IFに先行性があるパターン

項目／期間	I	II	III
当期利益	IF−I	IF−II	IF−III
調整項目	AD−I	AD−II	AD−III
CFO	CF−I	CF−II	CF−III

表7　CFOに先行性があるパターン

項目／期間	I	II	III
当期利益	IF−I	IF−II	IF−III
調整項目	AD−I	AD−II	AD−III
CFO	CF−I	CF−II	CF−III

$$\boxed{(受取勘定の減少＋棚卸資産の減少)-(支払勘定の減少-減価償却費)＞0}$$

　この場合，買掛金の支払いよりも商品の回転が速く売掛金の回収が多いため，キャッシュの支払いよりも受取りが多く，そのためCFOが当期利益を上回っていると考えられる。

　調整項目がマイナスの場合，たとえば，受取勘定や棚卸資産，並びに支払勘定が共に増加した場合を考えてみる。

$$\boxed{(支払勘定の増加＋減価償却費)-(受取勘定の増加＋棚卸資産の増加)＜0}$$

　この場合，売掛金の未回収や在庫商品の増加分が買掛金の未払分の増加を上回るためにキャッシュの回転率が悪化し，そのため当期利益よりもCFOが下回っていると考えられる。

　したがって，一般的には，インカムフロー業績が悪く，かつ調整項目がマイナスの場合，すなわち，商品の売残りが増えたり売掛金の回収が遅れているために買掛金の支払いが圧迫され，インカムフロー業績以上にキャッシュフロー業績が悪くなった場合に倒産の危険が高くなると考えられる。1つの取引で考えてみると，インカムフロー業績の結果がキャッシュフロー業績によって追随されるのが一般的だが，このように倒産企業では，キャッシュフロー業績の悪化が先に現われることが多いと推測できるのである。

4．キャッシュフローの先行指標性

　表2からCFOとどの損益の相関性が5つの組み合わせの中で強いのか，すなわち，①「同一期」，②「IF1期先行」，③「IF2期先行」，④「CFO1期先行」，⑤「CFO2期先行」の中で強いのか，さらに，それは4つの倒産分類，すなわち，①「非公開企業」，②「連邦破産法第11章」，③「破産」，④「清算」の中のどれで強いのかを調べてみた。その結果を(1)から(5)に要約してみる。

(1) 「経常利益」と1期前のCFOとの相関関係が強い

表2では，再建を目指した連邦破産法第11章の適用を受けての自己申立てによる倒産分類②における「CFO1期先行」のCFOと各種損益の相関関係に強い傾向があることが判明した。各種損益の中でも，CFOと「経常利益」との相関が一番強く，強い相関がある（0.7～1.0／－0.7～－1.0）割合は27社中10社の37％で，これにかなり相関がある（0.4～0.7／－0.4～－0.7）11社を加えると27社中21社となり，その割合は78％にものぼる。この次に，CFOと当期利益との相関が強く，強い相関がある割合は39社中11社の28％で，これにかなり相関がある15社を加えると38社中26社となり，その割合は68％になる。つまり，会社更生を目指した連邦破産法第11章の適用を受けて倒産した企業においては，利益，とくに「経常利益」とその1期前のCFOとの相関関係が強いことが判明した[13]。

「経常利益」とCFOの相関が強くなった理由としては，1）CFI及びCFFに含める損益項目である固定資産売却損益等と，CFI及びCFF以外の取引から生じた項目である異常項目等の多くが特別損益項目に表示されるために，「経常利益」の方が当期利益よりもCFOに活動区分が近似していること，2）法人税の支払いが含まれているCFOと税引後のものが計算されている「経常利益」との活動区分が近似することが考えられる（**表1**と**表4**を参照）。

(2) 倒産分類別分析―「連邦破産法第11章」に相関性が強い

「CFO1期先行」の中では，倒産分類①の非公開企業への移行におけるCFOと「経常利益」の相関係数が，前述した倒産分類②の「連邦破産法第11章」の次に相関係数が高い傾向を示している。しかし，「非公開企業」では，他の倒産分類に比べると，「利益1期先行」の相関性も「CFO1期先行」と同様に強い傾向を示している。その理由としては，「非公開企業」は，必ずしも業績悪化のために上場をとりやめたのではなく，たとえば，証券市場からの資金調達の必要がなくなったために非公開企業へと移行した場合など，健全な企業活動における状況と同様にCFOとインカムフローの関係が安定的に推移している

場合が多いからと推測できる。これは,「同一期」にもある程度の相関性が読み取れることからも検証できる。

倒産分類③「破産」と④「清算」では,「同一期」と「IF 先行」の CFO と「経常利益」の相関性は弱い。これらに比べ,「CFO 先行」では,半数前後の企業では CFO と各種利益の相関は,かなり相関があるか,または強い相関があるという結果を示している。特に,「CFO 2 期先行」にこの傾向が強い。この理由としては,倒産分類④は再建の見込みがないため清算を選択した企業であり,倒産分類③は強制的に外部から清算または更生を求められた企業であるため——この場合,殆どは清算を求められた企業であるため,倒産のタイミングが会社更生を目指す倒産分類②「連邦破産法第11章」よりも遅れる傾向があるためと推測できる。

(3) 倒産 2 期前のマイナス CFO と倒産 1 期前の「経常損失」の組合せ

最も強い相関が見られた倒産分類②「連邦破産法第11章」の「経常利益」に対して「CFO 1 期先行」の27社について散布図を作成してみた。図1の散布

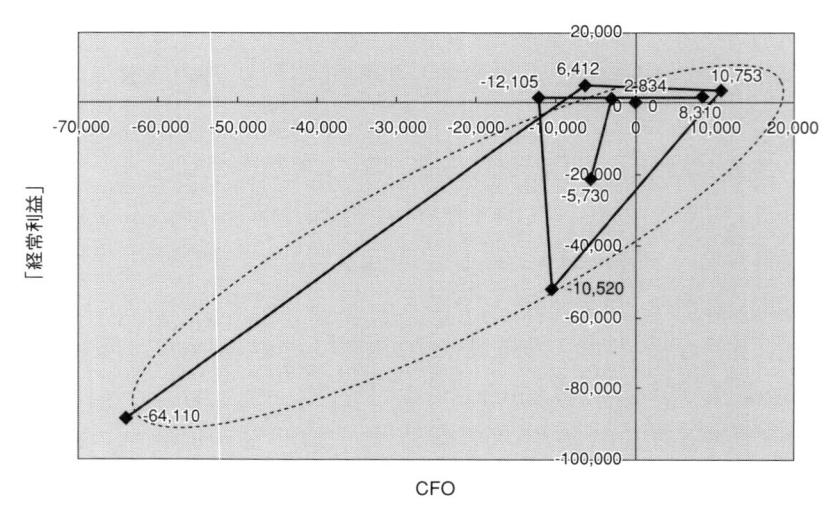

図1　Atkinson 社：CFO 1 期先行した場合の「経常利益」と CFO の散布図

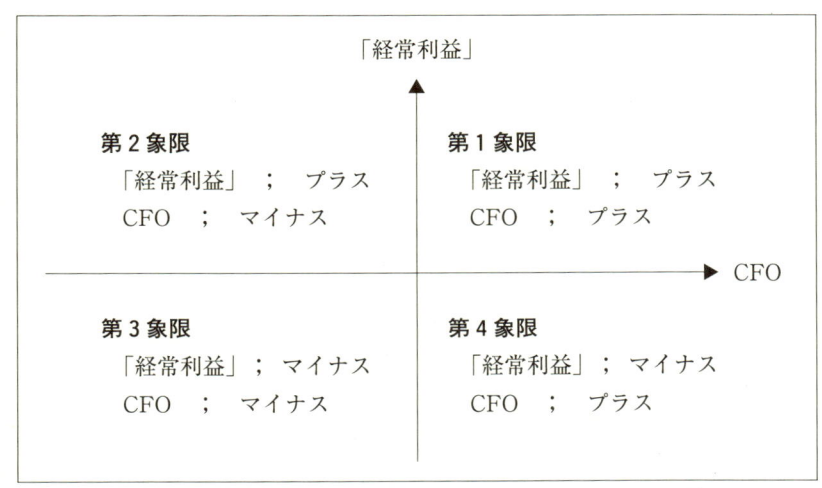

第 8 章 財務業績報告の新基軸　211

```
                        「経常利益」
                           ↑
        第 2 象限           │    第 1 象限
        「経常利益」；プラス │    「経常利益」；プラス
        CFO　　；マイナス   │    CFO　　；プラス
                           │
    ───────────────────────┼───────────────────────→ CFO
                           │
        第 3 象限           │    第 4 象限
        「経常利益」；マイナス│   「経常利益」；マイナス
        CFO　　；マイナス   │    CFO　　；プラス
```

図 2　散布図の各象限における「経常利益」と CFO の値

　図は，Atkinson 社の「経常利益」とその 1 期前の CFO との関係を表わしたものである。Atkinson 社の相関係数は0.9を示すが，実は，倒産 2 期前の CFO と倒産 1 期前の「経常利益」が急激に下がったために，これに引きずられて相関係数が高くなっているのである。このような事例は，27社中15社（56％）に見られ，他の12社においても倒産 3 期前から倒産 1 期前にかけて「経常利益」，並びに CFO に大きな変動が見られる。このように，中・長期間にわたってインカムフローとキャッシュフローの関係に一定のパターンを求めるのは限界があるようなので，倒産直前の 3 期間あるいは 4 期間の「経常利益」と CFO の関係を調べてみることにする。

　図 2 を見ると，第 1 象限では「経常利益」と CFO はプラスであり，第 2 象限では「経常利益」はプラスで CFO がマイナスであり，第 3 象限では「経常利益」と CFO はマイナスであり，第 4 象限では，「経常利益」がマイナスで CFO がプラスであることが分かる。**表 8** は，倒産直前 3 期間における「同一期」の CFO と「経常利益」の組合せ（プロット）がどの象限にあるかを示したものである。これによると，倒産 1 期前には，第 3 象限と第 4 象限のプロットの合計数が27社中22社に上る。これは，倒産 1 期前には，81％もの企業が

「経常損失」を計上していることを示しており，この内，CFOはマイナス（第3象限）とプラス（第4象限）の企業が11社ずつである。これに対して，倒産1期前にCFOがマイナス領域の第2象限と第3象限のプロットの合計数は15社（56%）であることから，倒産1期前の大きな特徴としては，「経常損失」の計上をあげることができる。倒産2期前および3期前では，プロットは各象限に散らばっているため，特徴を見出すことはできない。

　表9は，倒産直前3期間（正確には，CFOは倒産4期前から2期前までの期間）における「CFO1期先行」のCFOと「経常利益」のプロットがどの象限にあるかを示したものである。この表における「倒産1期前」は，倒産2期前のCFOと倒産1期前の「経常利益」の組合せを意味し，第3象限のプロット数が27社中14社にのぼる。これは，過半数を超える52%の企業が倒産2期前にCFOがマイナスになるのに加え，倒産1期前には「経常損失」を計上していることを示していることになる。この次に，第4象限にある8社，すなわち，倒産2期前にプラスのCFOと1期前に「経常損失」を計上する企業が多い。では何故，倒産2期前のマイナスではなく（第2象限），プラスのCFOとの組合せが2番目に多いのであろうか。その疑問を解くために図3を作成してみた。なお，倒産の「2期前」および「3期前」では，プロットは各象限に散らばっているため，特徴を見出すことはできない。

表8　倒産直前3期間の「同一期」の「経常利益」とCFOのプロット

	第1象限	第2象限	第3象限	第4象限
倒産1期前	1	4	**11**	**11**
2期前	5	7	8	7
3期前	10	2	7	8

表9　倒産直前3期間の「CFO1期先行」の「経常利益」とCFOのプロット

	第1象限	第2象限	第3象限	第4象限
「倒産1期前」	4	1	**14**	**8**
「2期前」	8	5	4	10
「3期前」	10	3	6	8

(4) 倒産2期前のCFOの急激な減少傾向

倒産2期前の「経常損益」と3期前のCFOのプロットから倒産1期前の「経常損益」と2期前のCFOのプロットへの動きを示してみたのが**図3**である。この図では，矢印は縦軸においては倒産2期前から1期前の「経常損益」の変動を，横軸においては倒産3期前から2期前のCFOの変動を示している。

図3の第3象限にある倒産2期前にCFOがマイナスになり，倒産1期前には「経常損失」を計上している14社（**図3**のA：1社，B：1社，C：2社，D：4社，E：2社，F：1社，G：3社の合計）の内，4社（A：1，B：1，C：2）はCFOと「経常利益」が共にマイナスである第3象限の中での変動であり，10社（D：4，E：2，F：1，G：3）は他の象限からの変動である。この10社全ての矢印は左向き，すなわちCFOは減少してきており，その内6社（E：2，F：1，G：3）はCFOがプラスからマイナスに転じている。

27社全社の矢印の向きを調べてみると，16社（A：1，D：4，E：2，G：3，H：1，I：3，K：1，M：1，59％）は左下がり，すなわちCFOは倒産3期前

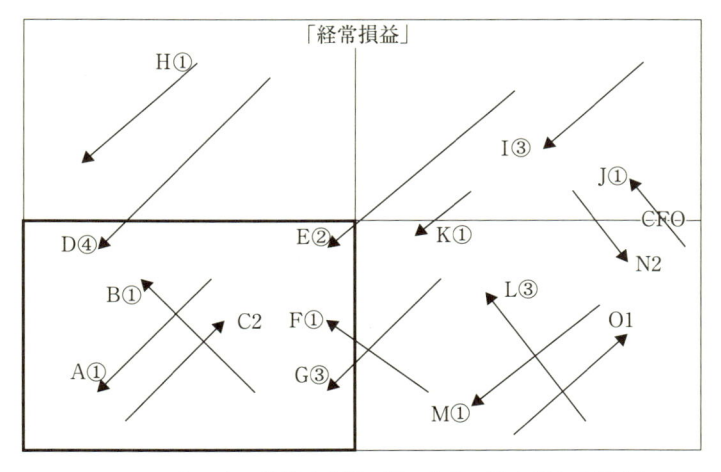

アルファベットの次の数値は企業の数である。数字が丸で囲まれているのはCFOが減少傾向にあることを示している。

図3　「CFO1期先行」の場合の倒産直前2期間のプロットの動き

から2期前にかけて減少し、「経常損益」も倒産2期前から1期前にかけて減少している。これにCFOのみが減少傾向を示す矢印が左上がりの6社（B：1，F：1，L：3，J：1）を加えた22社（82％）において、CFOは倒産3期前から2期前にかけて減少しているのである。残りの5社（C：2，N：2，O：1）は矢印がCFOの増加を示す右上がりか右下がりであるが、Cの2社はマイナスの範囲内での改善であるため、CFOがプラスに改善されていると解釈できるのはNとOの合計3社のみである。しかし、この3社の「経常損益」業績は悪い。

(5) 倒産予測に関するCFOの有用性

ここで取り上げた倒産企業27社中24社（89％）で、倒産1期前に「経常利益」のマイナス値、かつ／あるいは減少傾向による倒産のシグナルを示すよりも1期早い倒産2期前において、CFOのマイナス値、かつ／あるいは急激な減少傾向によって倒産のシグナルを知り得ることが証明できた。1つの取引を考えてみると、一般に、インカムフロー業績の結果がキャッシュフロー業績によって追随されるが、ここでは、キャッシュフロー業績の悪化が先に現われた。それは、「連邦破産法第11章」適用による倒産では、徐々に減少傾向からマイナス値に移行しつつある当期損益より一足先に一気に支払超過に陥り倒産に至るというパターンが多いためと推測できる。また、キャッシュフロー業績の悪化、すなわち支払不能の兆候が見え始めるのが倒産の直前2期前からであるというのは、当期利益をCFOに調整する項目の大部分は営業活動により生じた資産及び負債の増減額であるため、すなわち、CFOの大部分は運転資本の回収および支払いから生じるため、それらの回収期間および支払期間が短期であるためと推測できる。

図4は、倒産直前2期間の「同一期」のプロット、すなわち倒産2期前の「経常損益」及びCFOのプロットから倒産1期前の「経常損益」及びCFOのプロットへの動きを示してみたものである。しかし、「同一期」からは、図3の「CFO1期先行」のような明確な結論を得ることはできなかった。また、「同

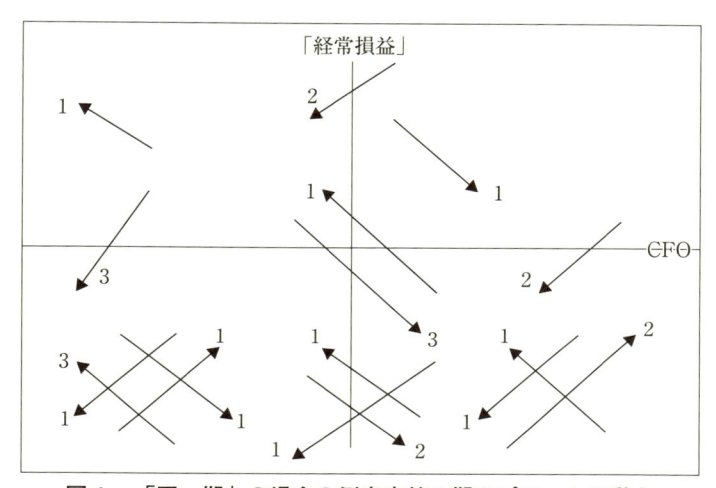

図4　「同一期」の場合の倒産直前2期のプロットの動き

矢印の横の数値は，企業の数である。

一期」のCFOと「経常利益」の数値を比べると，倒産直前期にCFOが「経常損益」よりも下回っている傾向はみられなかった。

5．包括的な財務業績報告のあり方

現在，企業の財務業績報告のあり方を再検討しようとする試みが国際会計基準理事会（International Accounting Standards Board, IASB）によって行われている。ここでは，その中で提案されている新しい損益計算書，すなわち包括利益計算書について検討した後に，包括的な財務業績報告の課題を考えてみる。

(1) 包括利益計算書

2001年に国際会計基準委員会（International Accounting Standards Committee：IASC）原則書案において，企業が報告すべき業績が検討された[14]。そこでは当期利益は後退し，代わって，資本取引以外の全ての純資産増減額，いわ

ゆる包括利益が財務業績の指標として取り上げられ，これは業績報告書（performance reporting）で報告されることが妥当であると述べられた。さらに，①損益計算書の再検討に止まらず，キャッシュフロー計算書及び持分変動計算書（statement of changes in equity）も含めた3つの計算書を再検討する必要があること，②業績報告書とキャッシュフロー計算書とは，まったく同じ区分を用いること[15]，③直接法によるキャッシュフロー計算書の作成を強制することなどが議論された[16]。これらの議論の根底には，企業の財務業績の報告，あるいは評価はインカムフローとキャッシュフローの両面からすべきものであるという共通の認識があるように思える。

　これらの議論は，その後，IASBに引継がれ，業績報告書は認識収益費用計算書（statement of recognised income and expense）を経て現在では包括利益計算書（statement of comprehensive income）と呼ばれるようになっている。**表10**は2003年5月のIASBボード会議で傍聴者用資料として配られた包括利益計算書の一般様式である。最近の議論の中心は，業績報告におけるインカムフロー概念，すなわち包括利益概念とその表示形式であり，当初議論の中心の1つであったはずのインカムフローとキャッシュフローの両面による業績報告のあり方に関する検討，すなわち，上記の②と③の検討は，残念ながら後方に押しやられてしまった形となっている。

　次に，**表10**を利用して，IASBの包括利益計算書を検討してみる。包括利益計算書では，最後に包括利益が計算されている[17]。その計算過程は，①事業活動（business activities），②財務費用（financing activities），③税金（tax），④廃止事業（discontinuing activities），⑤キャッシュフロー・ヘッジ（cash flow hedges）に区分され，マトリックス形式が採用されている。マトリックス形式では，縦軸（列）を企業の持続損益（sustainable income）を表示する列と価格や見積りの変更を表示する列に区分表示し，横軸（行）を総資本に対するリターンと借入負債の提供者へのリターンに区分表示する。事業活動では，さらに，(a)営業（operating），(b)その他の事業（other business），(c)金融収入（financial）の活動区分が表示され，(a)の区分で「営業利益」が，(b)の区

表10　包括利益計算書の一般様式

	合計	再測定前利益	再測定
収益	1,000	収益	—
売上原価	-400	原材料費，労務費等	棚卸資産減損
販売費及び一般管理費	-250	減価償却費	有形固定資産・無形資産減損
		賃貸料／その他収益	
		引当金繰入額（初期認識）	引当金繰入額（再測定）
		勤務費用	年金数理計算損失
			（キャッシュフローの見積り）
営業利益	350		
処分損益	100	—	処分損益
有形固定資産再評価	150	—	有形固定資産再評価
投資不動産	—		投資不動産の公正価値変動
のれん	-100	負ののれん	のれん減損
外貨換算調整勘定	-50	—	外貨換算調整勘定
その他の事業利益	100		
持分法投資損益	50	持分法投資損益	—
貸倒引当金繰入額	-10	—	貸倒引当金繰入額
持分有価証券投資	-60	—	持分有価証券投資のリターン
債券投資	20	受取利息	投資債券の公正価値変動
年金資産	-150	—	年金資産のリターン
金融収益	-150		
事業利益	300		
借入負債利子	-80	支払利息	引当金割引率の変動
年金財務費用	-120	時の経過に伴う割引の戻し	年金債務割引率の変動
財務費用	-200		
税金	-30	—	—
廃止事業	-10	廃止事業関連損益純額	廃止事業関連損益純額
キャッシュフロー・ヘッジ	50	—	キャッシュフロー・ヘッジ手段の公正価値の変動
利益	110		

分で「その他の事業利益」が計算され，そしてこの2つの利益に(c)の区分で計算される「金融収益」を加えて「事業利益（business profit）」が小計されている。営業活動とは，事業活動のうち，金融活動およびその他の事業活動に含まれないものである。その他の事業活動には，固定資産処分損益，再評価損益，外貨換算調整勘定のような特定項目を表示し，金融収入活動には，金融資産から生じた損益を表示する。

(2) 財務業績報告の課題

キャッシュフロー計算書では，①営業活動，②投資活動，③財務活動によるキャッシュフローが計算される。営業活動の表示に関しては，**表4**の間接法と**表11**の総額表示する直接法が選択適用される。これに対して，包括利益計算書では，①営業活動，②その他の事業活動，③金融収入活動，④財務費用，⑤税金，⑥廃止事業，⑦キャッシュフロー・ヘッジからのインカムフローが総額で計算される。それぞれの区分では，「営業利益」，「その他の事業利益」，「金融収益」と，これらの小計である「事業利益」が計算され，これに財務費用，税金，廃止事業およびキャッシュフロー・ヘッジが加減されて，最後に包括利益が計算される。

インカムフローとキャッシュフローの関係を理解することを容易にするためには，まず，包括利益計算書とキャッシュフロー計算書の活動区分を一致させる必要がある。それは，本事例研究において，CFOの活動区分とこれに一番近似する「経常利益」との相関が強いことからも明らかである。しかし，キャッシュフロー計算書において，財務業績指標の中心となるCFO，すなわち営業活動の概念は曖昧である。それは，次に紹介するキャッシュフロー計算書における営業活動概念の定義をみれば明確になる。

国際会計基準では，営業活動は，「主たる収益稼得活動であり，投資活動または財務活動以外のその他の活動を含む」ものであり[18]，アメリカでは，「投資活動または財務活動として定義される活動以外の取引」である[19]。一方，わが国では，営業活動は，「商品及び役務の販売による収入，商品及び役務の購入による支出等，営業損益計算の対象となった取引のほか，投資活動及び財務活動以外の取引によるキャッシュ・フロー」とし[20]，営業活動によるキャッシュ・フローの区分では，**表11**に示すように，営業損益計算に関連する収支の項目を集計して小計をだし，その後に経常損益計算と関係する収支項目と法人税支出等を加減して営業活動によるキャッシュ・フローが計算される（作成基準注解（注7）様式1）。これは，わが国独自のものであり，インカムフローとキャッシュフローの比較可能性を高めている。

表11　日本における直接法の営業活動によるキャッシュ・フローの表示例

営業収入	XXX
原材料又は商品の仕入支出	－XXX
人件費支出	－XXX
その他の営業支出	－XXX
小　　　　計	XXX
利息及び配当金の受取額	XXX
利息の支払額	－XXX
損害賠償金の支払額	－XXX
法人税等の支払額	－XXX
営業活動によるキャッシュ・フロー	XXX

　営業活動は，主たる収益稼得活動，すなわち営業損益計算の対象となった取引に限定し，投資活動または財務活動以外のその他の活動を含めないことが重要であると考える。そのためには，投資活動または財務活動以外のその他の活動に関しては，たとえば，異常項目や税金は個別の区分を設けるか，利息の支払いは財務活動の区分に限定列挙するようにしなければならない。

　しかし，現代の企業活動は主たる収益稼得活動だけで成り立っているのではなく，これ以外の活動の比重は高まる傾向にある。そこで，業績評価の中心的な活動を，日本において最も良く利用されている損益計算書における経常活動か，あるいはIASBが包括利益計算書で提案している事業活動かに決め，その区分をキャッシュフロー計算書にも設けることがその改善策として考えられる。上述したように，経常活動の区分は，営業損益計算に営業外損益が加わったものである。営業外損益は，受取利息及び割引料，有価証券売却益等の営業外収益と支払利息及び割引料，有価証券売却損，有価証券評価損等の営業外費用が該当する（損益計算書原則四）。これらの区分には，キャッシュフロー計算書における投資活動と財務活動が混在しているので，特別損益の区分も含めて改めて整理し直し，経常活動概念より広い概念である事業活動の区分を設けることを，まず，第一に提案したい。こうすることによって，損益計算書と

キャッシュフロー計算書の狭義の営業活動と事業活動の区分は一致する。

表10の包括利益計算書における事業活動の区分には，営業活動と投資活動に加え，財務活動のプラス項目である金融収入活動の区分が含まれている[21]。わが国では，キャッシュ・フロー計算書が作成されるようになる以前には資金収支表が作成されていた[22]。資金収支表では，事業活動の区分が設けられ，ここでは，営業活動と投資活動に加え，「決算支出等」として配当金や法人税の支払いが記載されていた。いずれにせよ，事業活動の概念を理論的にも，また実証的にも検討する余地は十分残されている[23]。

公正価値評価が今後ますます用いられることによって，包括利益とキャッシュフローの数値が乖離する傾向に拍車がかかり，両者の差異を認識することの重要性が一層高まっていく中で，包括利益からキャッシュフローへの調整を行う間接法のキャッシュフロー計算書を理解することが困難になっていくことが容易に予想できる[24]。したがって，キャッシュフロー計算書に事業活動の区分を設け，直接法のみを採用し総額表示することにより，たとえば，売上収益と売上収入を比較可能にすることにより，インカムフローとキャッシュフローの関係を理解することを容易にする必要がある。それと同時に，損益計算書にも事業活動の区分を設定し，マトリックス形式を採用することで，包括利益と稼得利益，正確には持続損益とが個別に表示できるようにし，これら3つのフローの関係を理解することを一層容易にする必要がある。

忘れてならないのは，これまで検討した損益計算書及びキャッシュフロー計算書と同時並行的に貸借対照表の再検討も行わなければならないことである。ダイナミズムに変化する現代社会や組織においては，企業の財務業績が包括的に評価できるような体系的な業績報告システムの構築が今まさに求められているのである。

注

1）現代の会計観が収益費用アプローチから資産負債アプローチへ移行したことに伴い，財務業績報告の一翼を担う貸借対照表の測定プロセスが大きく変化した。これに伴

第8章　財務業績報告の新基軸　221

　　い，フロー報告のあり方の再検討が今日求められている。
2 ）ここでは，稼得利益（当期利益）と包括利益を総称してインカムフローを用いることにする。
3 ）ここでは，現金を片仮名でキャッシュと示しているのは，①わが国のキャッシュ・フロー計算書における「キャッシュ」概念，すなわち現金及び現金同等物と，貸借対照表における「現金」概念とを混同しないため，②世界各国のキャッシュフロー計算書における「キャッシュ」概念，とくに現金同等物の範囲がさまざまであるためである。
4 ）いくつかの文献を次にあげてみる。
　　河栄徳『キャッシュ・フロー情報の実証分析：キャッシュ・フローの予測能力と価値関連性』日本会計研究学会・自由論題報告配布資料（2001, 9）．
　　百合草裕康『キャッシュ・フロー会計情報の有用性』中央経済社（2001）．
　　Ali, A., "The incremental information content of earning, working capital from operations, and cash flows," *Journal of Accounting Research*（spring 1994）pp. 61-74.
　　Bernard, V. and Stober, T., "The nature and amount of information in cash flows and accruals," *The Accounting Review*（October 1989）pp. 624-652.
　　Finger, C., "The ability of earnings to predict future earnings and cash flow," *Journal of Accounting Research*（summer 1994）pp. 210-223.
　　Hopwood, W. and McKeown, J., "Empirical evidence on the time-series properties of operating cash flows," *Managerial Finance* 18（1992）pp. 62-78.
　　Livnat, J. and Zarowin, P., "The incremental information content of cash-flow components," *Journal of Accounting and Economics*（May 1990）pp. 25-46.
5 ）FASB, *Statements of Financial Accounting Concepts No.1*, "Objectives of Financial Reporting by Business Enterprises,"（1978）para. 37.
6 ）この種の実証研究には，業種分類別分析の必要性が認められているが，現在の日本の業種分類では，特定の企業活動の特徴を見出す分類になっていないため，日本企業の業種別分類分析の意義は限りなく低くなっている。
7 ）小西範幸「国際会計基準Ⅱ―改訂国際会計基準第7号のわが国への適用―」鎌田信夫編著『現金収支情報の開示制度』所収，税務経理協会（1997）pp. 197-218.
8 ）Stickney, P. C. and Brown, R. P., *Financial Reporting and Statement Analysis ―A Strategic Perspective―*, Dryden（1999）pp. 69-71.
9 ）アメリカにおいては，SIC（Standard Industrial Classifications）コードとNAICS（North America Industry Classification System）コードが存在する。NAICSコードは，1997年に行政管理局（Office of Management and Budget）から発表され，SICコードに350以上の新しい産業を追加して，その分類基準もSICの10分割から20分割へと変更を行っている。Company Data Directでは，基本的にSICコードを利用している。これらのコードの根底には，産業構造分析があり，業種分類の基準は，売上高

や生産高である。
10) 経常利益の表示はアメリカでは一般に行われないが、計算することは可能である。
11) アメリカでは、損益計算書はさまざまな呼ばれ方をしているが、その代表的なものとしては、income flows statement や statement of income flows がある。
12) IASC, *International Accounting Standards 7* (revised 1992), "Cash Flow Statements,"（1992）.
13) 変化率を用いた分析でも同様な結論を得た。
14) IASC Steering Committee on Reporting Financial Performance, *Draft Statement of Principles Reporting Recognized Income and Expense*（2001, 10）.
15) ここでは、次の3つの区分が提示された。すなわち、①事業活動（business activities），投資活動および財務活動に区分する案、②事業活動とその他の活動に区分する案、③事業活動と財務管理活動（treasury activities）に区分する案である。
16) その他の議論には、一旦未実現損益として表示されたものを実現した段階で実現利益へ振替える処理、すなわちリサイクリングの禁止がある。
17) IASBボード会議で配られた傍聴者用資料の包括利益計算書の一般様式では、利益（profit）とのみ記載されている。
18) IASC, *International Accounting Standard 7* (revised 1992), "Cash Flow Statements,"（1992）para. 6.
19) FASB, *Statement of Financial Accounting Standards No.95*, "Statement of Cash Flows,"（1987）para. 21.
20) 企業会計審議会「連結キャッシュ・フロー計算書等の作成基準の設定に関する意見書」（1998）作成基準の設定について、三、3(2)。
21) IASBは、これとは別に金融収入活動の区分が含まれていないものも例示としてあげている。
22) 大蔵省令第41号「企業内容等の開示に関する省令」（昭和63年10月）。
23) 事業活動の詳細な検討が、鎌田信夫「業績報告書としてのキャッシュ・フロー計算書」『税経通信』Vol.57, No.5（2002）pp17-27において行われている。
24) 筆者は、包括利益が稼得利益よりも有用かどうかの結論は、理論的にも、また実証的にもついていないと考えている。

第9章
コーポレート・ガバナンスと監査
——日本経団連がコーポレート・ガバナンスと監査に関して公表した見解を中心にして——

山﨑 秀彦

1．はじめに

　コーポレート・ガバナンスとは，一般に，企業統治または企業支配権[1]などと訳される。企業統治といった場合には，①企業はいったいだれのために経営を行っているのか，②その統治，経営を行うトップ・マネジメントの構造はどうなっているのか，③そこにはどんな機能が与えられているのか，④こうしたトップ・マネジメントの職務を監視するメカニズムはどうなっているのか及び⑤トップ・マネジメントの職務の評価はだれが行い，トップ・マネジメントの人事権をだれが（どこが）掌握しているのか，などといった点が問題とされる（神戸大学［1999］，307～308頁）。本稿では，このうち，④の側面に焦点をあてて検討を行う。
　最近では，コーポレート・ガバナンスの問題を監査との関連で取りあげようとする論者も増えてきている。たとえば，日本監査研究学会の「外部監査とコーポレート・ガバナンス」特別委員会は，米国の「2002年サーベインズ＝オックスレー法（企業改革法）」が示した企業会計の枠組みの根底には，「会計と監査及びコーポレート・ガバナンスが三位一体となって機能すること」が不可欠な要素として盛り込まれていることを指摘したうえで，外部監査は，企業内でガバナンス機能を担う監査委員会や内部監査部門と連携することによって，当該ガバナンス機能を補完することができると主張している（日本監査研究学会［2003］，4～6頁）。

また，山浦［2003］は，わが国の商法監査制度との関連でコーポレート・ガバナンスの問題を取りあげ，(1)商法の監査制度が，本来，株主（そして，間接的に債権者）の立場からの取締役に対するガバナンス機能を意図したものであったことは明らかであること（114頁）及び(2)会計士監査がガバナンス機能に貢献できる可能性として，次の5つの側面があることを指摘している（121～124頁）。

① 株主の所有権を通してのガバナンス機能への貢献：株主は，年次報告書ならびに監査報告書を通じて業績査定，ひいては経営者の能力評価を行い，株主権を行使して，経営者の任免をはじめとするいくつかの意思決定に参画するが，商法において，会計士監査は，当該年次報告書を監査することを任務とする旨規定されている。
② 経営者レベルの不正等の摘発機能（予防機能も含む）を通してのガバナンス機能への貢献：従来から，会計士監査では不正や誤謬，さらには違法行為の摘発は副次的目的であるとされてきたが，とくに経営者レベルの不正等の摘発機能は株主によるガバナンスに直接的に貢献する。
③ 市場へのディスクロージャーを通じてのガバナンス機能への貢献：監査済の財務諸表は銀行の融資や私募による株式や社債の発行にあたっても利用されるが，そうした，資本市場での一種の「投票制度」は，非効率的な経営や外部利害関係者を無視した経営に対する一種の「懲罰」となり，この懲罰を避けようとする経営者の意識がそのままガバナンス機能となる。
④ 経営管理機能への貢献を通してのガバナンス機能への間接的貢献：会計士監査の副次的サービスには，内部統制を調査し，その有効性を評価し，発見事項を経営者に知らせたり，あるいはその他，監査中に発見した種々の事項や要望事項を経営者に知らせる，ということが含まれる。こうしたことが経営にフィードバックされれば，ガバナンス機能に対して間接的に貢献することになる。
⑤ 政府を通してのガバナンス機能への間接的貢献：たとえば，米国や英国の

金融機関に対する監査では，違法行為等の発見事項を規制当局へ直接通報する制度が設けられている。

このような「可能性」が考えられるとしても，コーポレート・ガバナンスにおける監査の位置づけは，わが国の会計・監査「制度」の枠組みの中では，いまだにはっきりとはしていない。本稿は，監査を受ける側の株式公開会社の経営者の代表と考えられる，社団法人日本経済団体連合会（以下，日本経団連という）がコーポレート・ガバナンスと監査の問題についてどのような考え方を示してきたのか，そしてそれが商法等の改正にどのような影響を与えたのかを明らかにすることによって，わが国における，コーポレート・ガバナンスと監査に関する現状と問題点を検討する。

2．日本経団連がコーポレート・ガバナンスと監査に関して公表した見解

日本経団連は，2002年5月に経済団体連合会（以下，経団連という）と日本経営者団体連盟とが統合して発足した総合的経済団体であり，会員数は1,584社・団体（2003年5月31日現在），「民主導の活力ある経済社会」の実現に向け，自由・公正・透明な市場経済体制を確立し，わが国経済ならびに世界経済の発展を促進することをその使命として掲げている（http：//www.keidanren.or.jp/japanese/profile/pro001.html；2003年11月25日ダウンロード）。

(1) 1991年「経団連企業行動憲章」

1991年9月24日，経団連は，証券会社による大口顧客への損失補填問題等，証券・金融業界の一連の事件を契機として，「経団連企業行動憲章」（以下，「1991年憲章」という）を制定した。これは，「わが国の商慣行は閉鎖的かつ不透明である」との米国の批判や「企業行動の原理が社会の意識と乖離し，外部からわかりにくいものとなっている」との批判に応え，企業として自己規律の

あり方が外部からも見える形にする努力を払うべきである，との経団連の考え方に基づくものであった（http://www.keidanren.or.jp/japanese/profile/pro002/p02003.html：2003年11月25日ダウンロード）。

「1991年憲章」は，「企業の社会的役割を果たす7原則」，「公正なルールを守る5原則」及び「経営トップの責務3原則」から構成されているが，このうちの「経営トップの責務3原則」の第3原則において，「企業行動に関する社内チェック機能を持つ部門を設置し，担当役員を置くなど，企業の実態に応じた社内体制を整備する。監査機能を強化し，違法・不公正あるいは社会的常識に反する企業行動は，事実の確認により処分対象とする」ことを定めている。

わが国においては，それまで，企業をめぐる不祥事，とくに会計に関する不祥事が起こるたびに，経営トップは「知らなかった」という弁明を繰り返してきた。「1991年憲章」は，コーポレート・ガバナンスという観点ではなく，自己規律の一環という形ではあるが，企業行動に関する社内チェック機関の設置と監査の強化を経営トップの責務として明確に位置づけた。監査機能の強化を，違法・不公正あるいは社会的常識に反する行動（のチェック）と結びつけている部分には，監査の役割，監査機能の限界といった点から疑問が残るものの，コーポレート・ガバナンスの確立・強化に監査を役立てようという姿勢がみられ，その点は大いに評価できる。

(2) 1996年改訂「経団連企業行動憲章」

1992年から1996年にかけて表面化した，イトーヨーカ堂，キリンビール及び高島屋等による，いわゆる「総会屋」に対する利益供与問題に端を発した大企業批判の高まりを背景として，経団連は，1996年12月17日，「経団連企業行動憲章」の改訂を行った（以下，改訂された憲章を「1996年憲章」という）。「1996年憲章」は，「1991年憲章」の「企業の社会的役割を果たす7原則」，「公正なルールを守る5原則」及び「経営トップの責務3原則」を10の憲章に整理・統合したものであり，その趣旨の徹底を図るための「企業行動憲章実行の手引き」（以下，「1996年実行の手引き」という）とともに公表された。

「1996年憲章」の憲章本文においては，コーポレート・ガバナンスないし監査の問題は，明示的には取りあげられていない。第3憲章において，「株主はもとより，広く社会とのコミュニケーションを行い，企業情報を積極的かつ公正に開示する」ことが謳われているだけである。ただ，「1996年実行の手引き」において，企業内部の監査機能について，1974年及び1981年の商法改正においてその充実，強化が図られてきたこと，近年では，これに加えて，株主代表訴訟に関わる1993年の商法改正や1995年の製造物責任法の制定によって，株主や消費者による企業監視の動きが強まってきていることが指摘され，企業は，行政への依存から脱却し，これまで以上に自己責任に基づく経営を行うとともに，経営の透明性を一層高めることが要請される，としている（序文・5）。その他には，①役員・従業員が業務を行うに際し独占禁止法上，問題があるのではないかと疑問を感じたときに直接相談ができる法務部門の整備，独占禁止法遵守に関する定期的社内監査計画の立案，実施等，独占禁止法の遵守体制を整備すること（「1996年実行の手引き」，2章・3・2・2）及び②社会的なニーズ等を把握し，企業行動が社会的常識から逸脱したものとならないよう，企業行動に対する社外からのチェック――社外監査役，社外重役等によるチェック――を受けること（同，9章・3・4）が定められた。

したがって，「1996年憲章」及び「1996年実行の手引き」は，「1991年憲章」と比べて，コーポレート・ガバナンスないし監査に関しては，後退したとの感を否めない。すなわち，「1991年憲章」においては，憲章本文（経営トップの責務3原則）において，企業行動に関する社内チェック機関の設置と監査の強化が規定されていたのに対して，「1996年憲章」では，憲章本文にはそのような規定はおかれず，実行の手引きにおいて，しかも，独占禁止法や企業倫理に限定する形で，社内監査や社外からのチェックを受けることが規定されているに過ぎないからである。

(3) 2002年改訂「企業行動憲章」

2000年には雪印乳業の集団食中毒事件，三菱自動車工業のリコール隠し，

2002年には雪印食品・日本ハム等によるいわゆる「狂牛病対策」に伴う牛肉偽装事件，東京電力の原子力発電所トラブル隠し等が発覚し，企業不祥事の「内容」が，従来のいわゆる「総会屋」等の反社会的勢力との「癒着」から企業の日常活動の中での不正やその隠蔽へと変質してきたので，これに対応して，日本経団連は，2002年10月15日，「1996年憲章」及び「1996年実行の手引き」を改訂した[2]（以下，改訂された憲章及び実行の手引きを「2002年憲章」及び「2002年実行の手引き」という）。

　「2002年憲章」は，憲章本文そのものは，1996年のそれとほとんど同じであるが，実行の手引きについてはかなり改訂が行われ，とくに，不祥事を起こした企業に対する措置が明確化され，厳格化された。すなわち，それまでは，行動憲章違反の事態が生じた場合，会員の自己責任に基づく申し出をもとに措置が決定されてきたが，場合によっては，定款13条[3]委員会が独自の判断で，日本経団連としての措置を会長に具申し，決定していくこととなった。さらに，措置の内容も，従来の厳重注意，役職の退任または会員企業としての活動自粛のほか，会員資格の停止，退会の勧告及び除名が付け加えられた。ただし，コーポレート・ガバナンスないし監査に関しては，「1996年実行の手引き」と比べてあまり改訂されておらず，次の3点が規定されているだけである。すなわち，

①役員・従業員が業務を行うに際し独占禁止法上，問題があるのではないかと疑問を感じたときに直接相談できる窓口の整備，独占禁止法遵守に関する内部監査計画の立案，実施等を行うこと（「2002年実行の手引き」，第2条について・3・（1）・②）
②企業倫理監査（内部監査部門，監査役，第三者等）を実施し，経営トップに報告すること（同，第9条について・3・（6）・⑤）
③社会的なニーズ等を把握し，企業行動が社会的常識から逸脱したものとならないよう，企業行動に対する社外からのチェック――社外監査役，社外取締役等によるチェック――を受けること（同，第9条について・3・

(6)・⑥・(ハ))

が定められた。

　このうち，①と③については，字句の修正が行われただけであるので，「1991年実行の手引き」と「1996年実行の手引き」との実質的な違いは，②の新設，すなわち，内部監査部門，監査役，第三者等による「企業倫理監査」の実施だけである。しかし，そもそも，監査対象として企業「倫理」がなじむものであるのかという根本的な疑問も含めて，企業倫理監査には問題点が多いと考えられる。しかも，その結果が経営トップに報告されるということは，経営トップをその対象外とすることを意味し，2003年12月2日に，日本経団連会員企業である武富士の会長が，同社に批判的な記事を執筆したジャーナリストの電話を盗聴した電気通信事業法違反の疑いで警視庁に逮捕されるという事件を引き起こしたことを考え合わせると，経営トップの「倫理観」こそが問われるべきなのではないかとも考えられる。いずれにしても，「1991年憲章」においては明示されていた「監査機能の強化」という考え方自体が見られなくなったことは，日本経団連――財界――が，2002年5月29日の商法及び株式会社の監査等に関する商法の特例に関する法律（以下，商法特例法という）の改正によって，監査機能及びそれを含む概念としてのコーポレート・ガバナンスは強化され，充実した（充実するもの）と考えていると推察される。以下においては，日本経団連が今回の商法・商法特例法の改正に対して，どのような考え方をとってきたのかを，コーポレート・ガバナンスと監査の問題を中心にして概観することにする。

⑷ 「コーポレート・ガバナンスのあり方に関する緊急提言」

　1997年9月16日，経団連のコーポレート・ガバナンス特別委員会（座長：片田哲也氏）は，コーポレート・ガバナンスの当面の対策と指針について，「コーポレート・ガバナンスのあり方に関する緊急提言」（以下，「緊急提言」という）としてとりまとめ，公表した。「緊急提言」は，「監査役（会）機能の強化

を中心とした監査態勢の強化」と「株主代表訴訟制度の見直し」から構成されているが，ここでは前者だけを取りあげる。

「緊急提言」は，まず，過去の商法改正により，わが国の監査役（会）の権限は強化されてきているが，取締役会からの監査役（会）の独立性・地位の安定性が確保されていないことから，充分に機能しているとは言いがたい状況にあることを指摘している。そこで，株式公開会社の監査役（会）に関して，次の4点の改善を行う必要があるとしている。

① 社外監査役の要件の厳格化：社外監査役の要件を，現行法上「就任前5年間会社又はその子会社の取締役又は支配人その他の使用人でなかった者」から「過去に会社又はその子会社の取締役又は支配人その他の使用人でなかった者」として，厳格化する。
② 社外監査役の法定員数の増員：社外監査役の員数を，現行法上の「1人以上」から「選任時に全監査役の半数以上」とする。
③ 監査役の選任議案に対する監査役会の同意：監査役の選任議案の株主総会への提出について，監査役会の同意を経て，取締役会が株主総会に提案することとする。
④ 監査役が任期途中に辞任した場合の説明義務：監査役が任期の途中で辞任する場合には，その理由について，監査役会が株主総会で説明する責任を負うものとする。

「緊急提言」は，さらに，会計士監査の充実のため，次の3点の措置を講じることが望ましいとしている。
① 監査役会との連携強化
② 監査法人内の関与社員の交替
③ 他の会計士による監査の事後的審査

「緊急提言」は，商法（商法特例法を含む）における監査役制度，とくに社外監査役制度の強化によって，コーポレート・ガバナンスの問題に対処しよう

とする，経団連の立場をよく表している。なぜならば，会計士監査の充実のための措置についても言及しており，そこで取りあげられている監査役会との連携強化，監査法人内の関与社員の交替や他の会計士による監査の事後的審査等の問題は，確かに重要な論点であるが，いわゆる「レジェンド問題」の解消という面から考えると，「国際的に通用する」監査にとっては，あたりまえのことである，ということができるかもしれないからである[4]。なお，こうした経団連の立場は，今回の商法・商法特例法改正における，いわゆる委員会等設置会社構想に対する消極的な立場につながっていくことになる。

(5) **「わが国公開会社におけるコーポレート・ガバナンスに関する論点整理」**
2000年11月21日，経団連のコーポレート・ガバナンス委員会（委員長：御手洗冨士夫氏）は，株主総会のあり方，取締役・監査役会のあり方及びIR・ディスクロージャーのあり方，について「わが国公開会社におけるコーポレート・ガバナンスに関する論点整理（中間報告）」（以下，「論点整理」という）としてとりまとめ，公表した。「論点整理」は，経済活動の国際化の一層の進展，IT革命等，企業を取り巻く激しい環境変化に対応して，企業が，より一層株主価値を重視したコーポレート・ガバナンスを構築する必要性を指摘したうえで，とくに，経営のスピード化・戦略性の向上，企業行動の透明性の確保及びディスクロージャーやアカウンタビリティの充実といった視点が重要な要素になるとしている。本稿においては，「論点整理」が，ディスクロージャーやアカウンタビリティの充実という視点から，取締役（会）・監査役（会）のあり方について，どのような検討を行ったのかをみていくことにする。

まずは現状認識である。「論点整理」は，近年，多くの企業で，経営体制の強化に向けて，新たな取り組みがみられること，たとえば，外国人株主の多い企業を中心に，取締役人数の削減，社外取締役の導入，執行役員制度の導入などの自主的な改革が進んでいることを指摘している。そして，企業がそうした改革を進めるのは，たとえば，経営効率や適法性のモニタリング機能が不充分である，という問題意識を持っているからであり，経営が戦略性を持って大胆

で迅速な意思決定を行うことを可能とするとともに，内部統制を充実させ，その客観性を高める必要性があるとしている。

「論点整理」は，つぎに，①監査役制度の活用，②社外取締役の導入及び③執行役員制の3点について，次のような企業の自主的取り組みがみられるが，そこには課題も存在している，としている（本文・3・2）。

①監査役制度の活用

［取り組みの内容］現行のわが国の監査役（会）制度は，取締役の職務執行を別の機関がモニタリングするという点で合理的な制度であり，法的にも単独で調査権，取締役の行為の差止請求権を有するなど強い権限を持つ独立した経営のモニタリング機関であると評価し，監査役制度を活用する。大物監査役や社外監査役が内部監査の充実や取締役会で積極的な意見陳述を行って，モニタリング機能を果たしている実例も多い。

［課題］OECDのコーポレート・ガバナンス報告でも言及されているにも拘わらず，わが国の監査役（会）制度，とりわけ社内監査役についての海外での認知度が低く，海外の投資家に対して周知する必要性がある。また，監査役と会計監査人との関係を整理し，連携を強化することが必要である。これとの関連で，公認会計士の商法上の責任の拡大について検討をすべきである[5]。

②社外取締役の導入

［取り組みの内容］代表取締役への牽制を強化したり，取締役会の緊張感を高めたりするために，取締役会の中に社外取締役を導入する。社外取締役の大所高所からの意見，高い見識，市場の声に敏感な感覚を意思決定や経営判断に反映させる。

［課題］社外取締役については，会社の業務についての専門的知識や経験からして，業務意思決定や監督の機能を十分に果たせない可能性がある。社外取締役を多くの企業が導入した場合，社外取締役の供給源をどこに求めるか。社外取締役にとっては過酷な取締役の無過失，無限，連

帯責任を見直す,あるいは,会社に対する賠償責任額のキャップ制を導入するといった対応をしなければ,優良な人材を得られないのではないか。また,委員会制度を設けるなどして,人事や報酬の決定権を付与しなければ実効が上がらないのではないか。社外監査役を中心とした監査役(会)機能の強化を法制化すれば負担が大きいため,社外取締役を導入した企業に対しては,監査役を不要とすべきではないか。

③執行役員制

[取り組みの内容] 使用人兼務取締役が取締役会の本来のモニタリング機能を阻害しているとの認識から,取締役会を日常一般的な業務執行の決定から解放するために,執行役員制を導入して取締役会の規模を縮小し,取締役会を重要な業務意思決定と取締役の職務執行の監督機関として特化する。

[課題] 執行役員制については,意思決定機能や執行機能の重層化を招くとの意見が多い。また,既にコーポレート・ガバナンス改革の中心施策として導入している企業も多いものの,こうした企業においては,画一的な法制化は,これまでの取り組みとの齟齬をきたすとの懸念が強い。他方,法的性格付けの明確化が必要との意見もあった。

「論点整理」は,コーポレート・ガバナンスと監査との関係を,まず,監査役制度の活用という点から取りあげており,社内監査役[6]について海外での認知度が低いことが問題であり,海外の投資家に対して周知する必要があるとの認識を示している。社内監査役については,「論点整理」がいうように,取締役の職務執行をモニタリングするのに適切な「別の機関」(本文・3・2・1) ということができるかどうかがまずは問われなければならないであろう。すなわち,社内監査役の人事権が,事実上,モニタリング対象の取締役(代表取締役)に握られている場合には,社内監査役の「外見的独立性」は低いと言わざるをえないからである。社内監査役についての海外での認知度を高めようとする場合には,まず,その外見的独立性を高める必要があるであろう。

社内監査役の問題は，そのまま使用人兼務取締役や社内取締役[7]にもあてはまる。すなわち，代表取締役に対するモニタリング機能を考える場合，使用人兼務取締役や社内取締役は，社内監査役同様，「外見的独立性」が低い。したがって，「論点整理」が指摘する「執行役員制を導入することによって，取締役会を重要な業務意思決定と取締役の監督機関として特化する」という取り組みは，コーポレート・ガバナンス改革の施策として積極的に支持されるべきであろう。これに対して，「論点整理」が課題において取りあげている「執行役員制については，意思決定機能や執行機能の重層化を招く」との意見は，取締役会と執行役員との関係を正しく理解していないものということができるであろう。コーポレート・ガバナンスの観点からは，絶大な権限を有する経営者の職務執行をモニタリングできるシステムの構築こそが，まず第一に考えられなければならないのである。

「論点整理」は，さらに，コーポレート・ガバナンスに対する「IR・ディスクロージャーのあり方」について，次のように述べている（本文・4）。

> 資本市場の要請に対応し，柔軟かつ効率的・合理的な経営を行うためには，公開会社のコーポレート・ガバナンスは，法律による規制よりも，市場原理によって律せられることが望ましい。ただし，その前提として，資本市場が的確に企業を評価するための積極的な情報提供が不可欠である。情報提供のあり方は，法令に基づくもの，証券取引所が要請するもの，企業が任意に行うもの（IR），の3つの点から検討できる。

以下においては，そうした情報提供のあり方のうち，法令に基づく情報提供と証券取引所の要請する情報提供の2点を取りあげる。

法令に基づく情報提供に関して，「論点整理」は，今後さらにディスクロージャーを充実させる方向性として，ディスクロージャーの公正性を担保するよう会計監査制度を改善することといった意見もあるが，法定開示に関しては，商法開示と証券取引法開示が重複しており，しかも齟齬をきたしていることが

まずもって問題であり、株式公開会社に対しては、商法会計と証券取引法会計の会計基準が単一であるべきであると考えられるとしている。「論点整理」においては、コーポレート・ガバナンスを改善する場合の会計監査の活用は、意見としてはあるという程度の取扱いなのである。

証券取引所の要請する情報提供に関して、「論点整理」は、それが、近年、コーポレート・ガバナンスの分野にも及んできていることを指摘している。すなわち、東京証券取引所（以下、東証という）は、1998年3月期から、決算短信に「コーポレート・ガバナンスの充実に関する施策」——具体的には、各企業が自主的に取り組んでいる経営管理組織の整備状況などが開示される——を記載することを要請している[8]が、「論点整理」によれば、こうした法律によらない自主ルールは、資本市場の要請に則して柔軟に見直しが可能であるため、基本的には評価できるとされている。ただ、コーポレート・ガバナンスに関する取り組みの開示は、株価への積極的な影響をもたらしているので、当該ルールがどのような事項の記載を要求するかについては、ひきつづき注視していく必要がある、ともされている。

(6) 「商法等の一部を改正する法律案要綱中間試案」に対する経団連の見解

法務省民事局参事官室（以下、「参事官室」という）は、2001年4月18日に、法制審議会会社法部会がとりまとめた「商法等の一部を改正する法律案要綱中間試案」（以下、「試案」という）を公表するとともに、「参事官室」自らが作成した「商法等の一部を改正する法律案要綱中間試案の説明」（以下、「試案の説明」という）を公表し、同年4月27日から5月31日まで意見聴取を行った。経団連は、これを受ける形で、同年4月27日に「会社機関の見直しに関する考え方」（以下、「見直しに関する考え方」という）、同年6月7日に「『商法等の一部を改正する法律案要綱中間試案』に対するコメント」（以下、「中間試案に対するコメント」という）を公表した。この「商法等の一部を改正する法律案」は、内閣によって第154回国会に提出され、2002年5月22日に参議院で可決、成立し、同年5月29日に公布された（法律番号44；以下、同法を「商法等改正

法」という)。

　ここでは，コーポレート・ガバナンスと監査に関連すると思われる事項について，「試案」の概要，これに対する経団連の見解そして最終的な商法等改正法の規定という順番でみていき，経団連の見解が改正法に対してどれくらい反映されたかをみることにする。

　「試案」は，企業統治の実効性の確保，高度情報化社会への対応，企業の資金調達手段の改善及び企業活動の国際化への対応という4つの視点から会社法制の見直しを行ったものであり，大きく分けると，次の4つの部分——株式関係（第一から第八），会社の機関関係（第九から第十九），会社の計算・開示関係（第二十から第二十二），その他（第二十三から第二十八）——から構成されている。このうち，コーポレート・ガバナンスと監査に関係すると思われるのは，会社の機関関係の内の，第十五から第十七及び第十九である。

(a)　大会社についての社外取締役選任義務

　「試案」の第十五は，商法特例法上の大会社について，取締役のうち1人以上は，その就任の前大会社又はその子会社の業務を執行する取締役若しくは支配人その他の使用人ではなかった者でなければならないとし，さらに，当該取締役は，大会社又はその子会社の業務を執行する取締役若しくは支配人その他の使用人を兼ねることができないものとする，としている。こうした社外取締役の義務づけは，「試案の説明」によれば，現在の取締役会の問題点の1つとして指摘されている，取締役会が代表取締役の支配下にあり，十分な監督ができていないという問題に対処するための措置であるとされる（第十三）。

　これに対して，「見直しに関する考え方」は，「大会社に対する社外取締役の設置強制は，経済界が支持してきた監査役（会）機能の強化が議員立法[9)]で進められている中，これを考慮しない提案である。社外監査役に加えて社外取締役を設けるかどうかは会社の自治に任せるべきである。また，現実的にも供給源が限られていることから，適切な人材の確保が困難である」という意見を述べている。「中間試案に対するコメント」は，さらに，商法特例法上の大会

社についての社外取締役の選任義務に対しては，強く反対する，としたうえで，次のような理由を明らかにしている。

　　全ての会社に一律に社外取締役1名以上の選任を義務化すべきではなく，社外監査役に加え，更に社外取締役を選任するかどうかは，会社の自治に任せるべきである。
　　「コーポレート・ガバナンス法案」[10]においては，会社経営に対するモニタリングの強化を図る観点から，監査役（会）の制度改正が盛り込まれ，社外監査役を，社外性要件を強化したうえで，監査役の半数以上とする法案が既に提出されている。単独での違法行為差止権等，監査役の有する権限を背景に，社外監査役によるモニタリングが望ましいとの認識にたったものである。しかるに，これに加えて社外取締役を義務化することは，自社の経営理念に基づき自社にふさわしいコーポレート・ガバナンスを構築し，市場においてその評価を受けることを阻害するものと言わざるを得ない。

　「商法等改正法」においては，大会社に対する社外取締役の選任義務規定は一切新設されず，この点に関しては，経団連の主張が通ったということができるであろう。たしかに，2001年12月12日に公布された「商法及び株式会社の監査等に関する商法の特例に関する法律の一部を改正する法律」（以下，「商法特例法改正法」という）によって，監査役の取締役会への出席に関する規定が，「監査役ハ取締役会ニ出席スルコトヲ要ス此ノ場合ニ於テ必要アリト認ムルトキハ意見ヲ述ブルコトヲ要ス」（強調筆者）に変更され（商法第260条の3第1項），監査役の員数等が「監査役は，三人以上で，そのうち半数以上は，その就任前に大会社又はその子会社の取締役，執行役又は支配人その他の使用人となつたことがない者でなければならない」（強調筆者）に変更され（商法特例法第18条第1項），監査役機能の強化が図られたが，監査役の外見的独立性は，社外監査役も含めて依然として低いと言わざるを得ない。なぜならば，社

外監査役の社外性の要件が強化されても，社外監査役を含む監査役の指名権・選任権が，事実上，代表取締役等の経営者にとどまると考えられるからである。その意味では，取締役会が代表取締役の支配下にあり，取締役会の監督機能が十分に発揮されていない，という「試案の説明」が指摘した問題点は解消されていない。

(b) **商法特例法上の大会社以外の株式会社における会計監査人による監査**

「試案」の第十六は，大会社以外の株式会社で資本の額が1億円を超えるものは，定款で，商法特例法第2条第1項の書類について，会計監査人の監査を受ける旨を定めることができるものとする，としている。「試案の説明」によれば，この措置を設けることによって，証券取引法により既に公認会計士又は監査法人の監査を受けている会社は，大会社でなくても，会計監査人を選任することができるようになり，商法特例法上の特例規定の適用が受けることができることとなることが指摘されている（第十四）。

これに対して，「中間試案に対するコメント」は，基本的に賛成するとしたうえで，次のような理由を述べている。

> 会計の専門家が会計監査を行うことは望ましいことであり，定款の定めにより全ての株式会社が会計監査人の監査を受けることを選択できるよう定めることも検討の余地がある。

「商法等改正法」においては，大会社以外の株式会社における会計監査人による監査に関する規定は，「試案」通りの規定が新設され（第2条第2項），この点に関しても，経団連の主張が通ったということができるであろう。

この問題に関して，「中間試案に対するコメント」は，「試案」の考え方を超えて，全ての株式会社に対して，会計監査人の監査を受けることの選択権を与えることも検討の余地があるとしている。筆者は，ここに，公認会計士又は監査法人による「任意監査」の発展の可能性を感じる。そこでは，「中間試案に

対するコメント」が指摘するように,「任意監査」であっても,何らかの恩典を考えることも必要かもしれない。しかし,経営者が,監査を受けること自体に「メリット」を感じるようにすること,そして法律等によって強制されなくても自主的に監査を受けていくようにすること——このような形で「任意監査」を発展させることは,コーポレート・ガバナンスと監査の問題を考える場合の1つの重要なポイントとなるかもしれない。

(c) 会計監査人の会社に対する責任についての株主代表訴訟

「試案」の第十七は,商法第266条第5項及び第267条から第268条の3までの規定——取締役に対する「株主代表訴訟」に関する規定——を,商法特例法第9条の会計監査人の責任に準用するものとする,としている。「試案の説明」によれば,こうした会計監査人の責任の見直しは,大会社における会計監査人による会計監査の重要性に鑑みた結果であるとされている(第十五)。

これに対して,「中間試案に対するコメント」は,「基本的に賛成するが,株主代表訴訟制度の改正をまって検討すべきである」としている。そして,代表訴訟を認めたとしても,それによって会計監査人の責任の範囲が拡大するわけではないこともその理由としてあげている。

「商法等改正法」においては,会計監査人の会社に対する責任についての株主代表訴訟に関する規定は一切新設されず,この点に関しては,経団連の主張が通ったということができるであろう。なお,現在,法制審議会によって,会計監査人の会社に対する責任を株主代表訴訟の対象とすることが提案・検討されている(詳しくは,注5を参照されたい)。

(d) 大会社による監査委員会,指名委員会及び報酬委員会(以下,「各種委員会」という)制度並びに執行役制度の導入

「試案」の第十九は,「各種委員会」制度及び執行役制度の採用と「各種委員会」制度及び執行役制度の内容について,次のように述べている。かなり大部ではあるが,今回の商法・商法特例法改正の1つの目玉であり,コーポレー

ト・ガバナンスにも深く関係するので，ほとんどそのまま紹介することにする。

一　「各種委員会」制度及び執行役制度の採用
　　1　大会社は，定款をもって，「各種委員会」及び執行役を置くことを定めることができるものとする（以下，この定款の定めをした大会社を「会社」という）。
　　2　1の場合においては，会社は，監査役を置くことを要しないものとする。
　　3　（省略）
　　　注1　会社については，「各種委員会」及び執行役を置くことを定めるとしたことが第三者にも分かるような商号を付することとするかどうかについては，なお検討する。
　　　注2　（省略）
　　　注3　「各種委員会」制度及び執行役制度については，選択制ではなく，大会社すべてに適用すべきとする意見があるが，どうか。
　　　注4　「各種委員会」及び執行役制度を採用した会社についての取締役会（第260条関係）の権限等については，(1)取締役会は，会社の業務執行を決し，取締役及び執行役の職務の執行を監督するものとし，(2)取締役会は，その会社の基本的な経営事項（経営上のリスク管理システムの構築，中長期の資金調達計画等）及び本法において別段の定めがある事項を除くほか，執行役に業務執行を決定させることができるものとし，(3)執行役は，3ヶ月に1回以上，業務執行の状況を取締役会に報告することを要するものとする。
二　「各種委員会」制度及び執行役制度の内容
　　1　「各種委員会」制度
　　　㈠　「各種委員会」の設置
　　　　⑴　会社は，取締役会の決議をもって，「各種委員会」を組織する取締役を定めなければならないものとする。
　　　　⑵　「各種委員会」を組織する取締役は，3人以上で，そのうち過半数は，その就任の前会社若しくはその子会社の執行役若しくは支配人その他の使用人又はその子会社の業務を執行する取

締役でなかった者（以下，「社外取締役」という）でなければならないものとする。

(3) 社外取締役及び監査委員会を組織する取締役であって社外取締役でない者は，会社若しくはその子会社の執行役若しくは支配人その他の使用人又はその子会社の業務を執行する取締役を兼ねることができないものとする。

注5　現行法下での常勤監査役の存在にかんがみ，監査委員会については，常勤の取締役を1人以上置かなければならないこととすべきかどうかについては，なお検討する。

注6　社外取締役の要件につき，「親会社の執行役でないこと」や「執行役と一定の身分関係がないこと」等の独立性をも要求するかどうかについては，なお検討する。

注7　社外取締役の割合が過半数でよいかどうかについては，各委員会ごと（特に監査委員会）に，なお検討する。

(二)　「各種委員会」の権限

注8　「各種委員会」の権限につき，以下に掲げる法定事項のほか，定款，株主総会決議又は取締役会決議により，権限を付与することができることとするかどうかについては，その権限の内容も含めて，なお検討する。

(1)　監査委員会

ア　監査委員会は，執行役の職務の執行を監査するものとする。

イ　会社が執行役に対し，又は執行役が会社に対し訴えを提起する場合においては，その訴えについては，監査委員会を組織する取締役が会社を代表するものとする。（後略）

注9　監査委員会，指名委員会及び報酬委員会のほかに新たに訴訟委員会を設けることとするか，設けることとした場合の権限等については，なお検討する。

(2)　指名委員会

指名委員会は，取締役の選任に関する議案の内容を決定するものとする。

注10　決定権限ではなく，推薦の権限に止めるべきであるとの考えもあるが，ど

うか。
注11　執行役（特に代表執行役）の選任に関する議案についても同様に取り扱うべきものとするかどうかについては，なお検討する。
　　　(3)　報酬委員会
　　　　　　報酬委員会は，左の事項を決定するものとする。
　　　　　ア　取締役又は執行役が受ける報酬に関する方針
　　　　　イ　各取締役又は各執行役が受ける報酬（ウに掲げるものを除く）の額
　　　　　ウ　取締役又は執行役の報酬として，第五の十の２の決議のある新株引受権又は株式の時価，利益の額その他の数値に基づいて算定される額に相当する金銭その他の財産を取得できることとなる権利を与えるべき場合においては，各取締役又は各執行役についてその内容
注12　報酬の方針，内容等の開示のあり方については，なお検討する。
　（三）「各種委員会」の運営
　　　(1)　「各種委員会」は，その職務遂行の状況を取締役会に随時報告しなければならないものとする。
　　　(2)　（省略）
注13　（省略）
　　　(3)　（省略）
２　執行役制度
　（一）執行役
　　　(1)　執行役は，取締役会において，選任するものとする。
　　　(2)　執行役は，取締役会が委託した会社の業務執行を決定するものとする。
注14　取締役会に権限を残すべき個別事項は，計算書類の承認，株主総会の招集の決定，取締役会を招集すべき取締役の決定，競業行為の承認，利益相反取引の承認，中間配当の決定及び譲渡制限株式の譲渡承認とし，それ以外のもの（新株発行，社債募集，額面・無額面株式の転換，株式分割の決定，第260

条第2項の個別事項等）については執行役に決定させることができるものとすべきと考えるが，どうか。

注15　執行役を兼任しない「業務担当取締役」は，認めない趣旨である。
注16　取締役と執行役との兼任については，業務執行と監督との分離を徹底すべきとの観点から，禁止すべきとの意見があるが，どうか。

(3) 執行役は，いつでも取締役会の決議をもって，解任することができるものとする。ただし，任期の定めがある場合において，正当の理由なくして，その任期の満了前にこれを解任したときは，その執行役は，会社に対して，解任によって生じた損害の賠償を請求することができるものとする。

(4) 執行役がその任務を怠ったことにより会社に損害を生じさせたときは，その執行役は，会社に対し連帯して損害賠償の責めに任ずるものとする。

執行役が第294条の2第1項の規定に違反して財産上の利益を供与したときは，その執行役は，会社に対し供与した利益の価額を賠償する責めに任ずるものとする。

これらの執行役の責任は，総株主の同意がなければ免除することができないものとする。

注17　（省略）
注18　（省略）
注19　（省略）

(5) （省略）

(二) 代表執行役

(1) 会社は，取締役会の決議をもって，会社を代表すべき執行役を定めなければならないものとする。

(2) (1)の場合においては，数人の代表執行役が共同して会社を代表すべきことを定めることができるものとする。

(3) （省略）

(4) （省略）

注20　本文の一及び二の制度（「各種委員会」制度及び執行役制度；挿入筆者）と並列的な制度として，代表取締役を存置したままで，現行法下の業務担当取締役若しくは使用人兼務取締役に相当する会社役員又は現在の実務で採用されている執行役員を，すべての株式会社を適用対象として，法律上の制度として規律すべきとする意見があるが，どうか。

三　個別規定の整備　　（省略）

注21　（省略）

　これに対して，「見直しに関する考え方」は，「選択制とはいえ，3つの委員会と執行役を一体の制度として導入することは硬直的である。設計の模範としたと思われる米国でも，委員会の設置は上場規則で定めており，しかも監査委員会のみが必置とされている。企業が部分的な選択（代表取締役制度と執行役制度の選択，監査役制度と監査委員会の選択等）ができるように改めるべきである」と反対意見を明らかにしている。これを受けて，「中間試案に対するコメント」は，「3つの委員会と執行役を一体の制度とすることには強く反対する」としている。「中間試案に対するコメント」は，さらに，「各種委員会」と執行役制度の構成に関して，次のような意見を明らかにしている。

1．大会社は，定款をもって，「各種委員会」の全部もしくは一部，または，執行役を置くことを定めることができる。
2．社外取締役半数以上で構成される「監査委員会」を設けた場合には，その会社は，監査役を置くことを要しない。
3．社外取締役半数以上で構成される「指名委員会」を設けた場合には，その会社における取締役の任期は2年を超えて定めることができる。この場合，指名委員会は取締役の選任に関する取締役会議案の内容のみならず，解任に関する議案の内容も決定することができる。また，執行役を置いた会社においては，指名委員会は執行役を選解任する取締役会議案の内容も決定することができる。
4．社外取締役半数以上で構成される「報酬委員会」を設けた場合には，

その委員会で決定した報酬については，株主総会における決議は要しない。
5．社外取締役半数以上で構成される「訴訟委員会」を設けた場合には，株主代表訴訟について，裁判所は，訴訟委員会の意見を聞き，代表訴訟が適切でない旨の当該委員会における決定が経営判断の原則に反しない限り，訴訟を却下しなければならない。
6．「執行役制度」を選択した会社においては，代表取締役は置かない。
7．「各種委員会」制度や執行役制度の採用の有無にかかわらず，商法266条1項1号及び4号は，過失責任を原則とすべきである。また，「第十五」の三で指摘された商法266条2項及び3項の規定のあり方についても取締役の社外性の如何にかかわらず，見直すべきである。

「商法等改正法」においては，大会社による「各種委員会」制度及び執行役制度の導入について，基本的には「試案」の内容に沿う形で規定が新設されたので，この点に関しては，経団連の主張が通らなかったということができるであろう。このような結果になったのは，経団連の主張が，「現状の取締役会制度については，理念的には，業務執行を監督すべき者が同時に業務の執行を行っていることに問題があるとの指摘があり，現象面では，取締役の人数が増えすぎて機動性を欠くこと，従業員兼務取締役が大半となったため，代表取締役の実質的な支配下に置かれている等の問題点が指摘されている」という「試案」の問題意識（「試案の解説」第十七・一）に何らこたえるものではなく，もっぱら，「各種委員会」を設置した場合に「恩典」を与えるべきである，というものだったからであるということもできよう。

「試案」の十九に付された21の注のうち，少なくとも6つ（注1・3・5～7・16）は，「試案」本文の内容よりも，「委員会等設置会社」の積極的活用を目指す（業務執行者とその監督者を分離し，後者による前者に対する「監督」を強化する）方向性を持っており，特に，注3の「各種委員会」制度及び執行役制度を大会社すべてに適用すべきという意見，注5の監査委員会について常

勤の取締役を1人以上置かなければならないこととすべきという意見，注6の社外取締役の要件について「独立性」をも要求するという意見，注7の監査委員会について社外取締役の割合を過半数から見直すという意見及び注16の取締役と執行役の兼任を認めないとする意見などは，「商法等改正法」では実現しなかったが，コーポレート・ガバナンスと監査という観点からは，その実現を目指すべき考え方であるといえるであろう。

3．むすび

　日本経団連は，大企業に関する不祥事が明るみにでるたびに，コーポレート・ガバナンスと監査の問題を自主的な取り組みとして充実・強化しようとしてきた。こうした姿勢そのものは，評価されるが，その取り組みの内容そのものは，まだまだ十分なものであるとはいえない。
　まず，監査に関しては，「1991年憲章」は，違法・不公正あるいは社会的常識に反する企業行動をチェックするという面を強調してはいるが，経営者に対して監査機能の強化を求めていた。これに対して，「2002年憲章」においては，企業倫理監査の実施と社外監査役や社外取締役等の社外からの企業行動のチェックを受けることとが求められているにすぎない。確かに，この間，わが国においては，「監査基準」の改訂が行われ，形式的には，米国の監査基準や国際監査基準と比べても，遜色のない制度ができあがったといえるが，制度の運用という面では，監査人の報酬という問題を1つとったとしても，まだまだ問題があるといわざるをえない。監査報酬の「自由化」が「経営者からの報酬引き下げ圧力」→「報酬引き下げ競争」につながりかねない，との危惧を抱いているのは筆者だけであろうか[11]。経営者に対して，監査の意義・重要性をさらに理解させることの必要性を強く感じる。筆者は，この点に関して，日本経団連の積極的な取り組み（イニシアティブの発揮）を期待するが，「中間試案に対するコメント」において，「会計の専門家が会計監査を行うことは望ましいことであり，定款の定めにより全ての株式会社が会計監査人の監査を受け

ることができるよう定めることも検討の余地がある」(強調筆者)とされている点は，大いに注目すべきであると考える。

　次に，コーポレート・ガバナンスに関しては，日本経団連が，今回の商法・商法特例法の改正において，委員会等設置会社制度ではなく，監査役制度の「強化」を主張したことの是非が問われるであろう。

　日本経団連は，監査役制度，特に社外監査役制度の拡充・強化を主張したが，このような措置が実効性をもつためには，監査役及び社外監査役の経営者(代表取締役)からの「独立性」が確保されていなければならない。経営者(代表取締役)と監査役の関係は，本来，業務執行者とその監督者という関係にある。したがって，株主総会を頂点として，その下に取締役会(代表取締役)と監査役が並立し，チェック・アンド・バランスを行うという構造は，株主総会の無機能化や経営者支配が進んでいる現代企業においては，有名無実化しやすい。特に，監督者である監査役の経営者(代表取締役)からの「独立性」が十分に確保されていない場合には，いくら，単独で調査権，取締役の行為の差止請求権等の強い権限を持っていたとしても，経営者を牽制することが非常に困難である。なお，この場合の「独立性」には，監査役候補者の選択(推薦)に対する経営者の影響力の行使という側面も含まれる。こうした問題を解決できるのは，委員会等設置会社の指名委員会である。監査委員会の候補者を誰にするか，その際に経営者の影響力を極力排除する仕組みが必要なのである。

　図1は，日本経団連が主張するように，監査役会の機能強化をはかった，監査役設置会社の統治構造モデルである。取締役が業務執行者とその監督者とを兼任することによって，取締役会の監督機能が無機能化することがよく分かるであろう。このような取締役会構造においては，代表取締役の力が圧倒的なものとなり，いくら監査役会の機能を強化したとしても，取締役・監査役の「指名権」，「報酬決定権」も，事実上代表取締役に握られてしまい，取締役会及び監査役会が，業務執行者に対する十分な監督機能を果たすことが難しくなってしまうと思われる。

　コーポレート・ガバナンスの観点からは，業務執行機能と監督機能を分離す

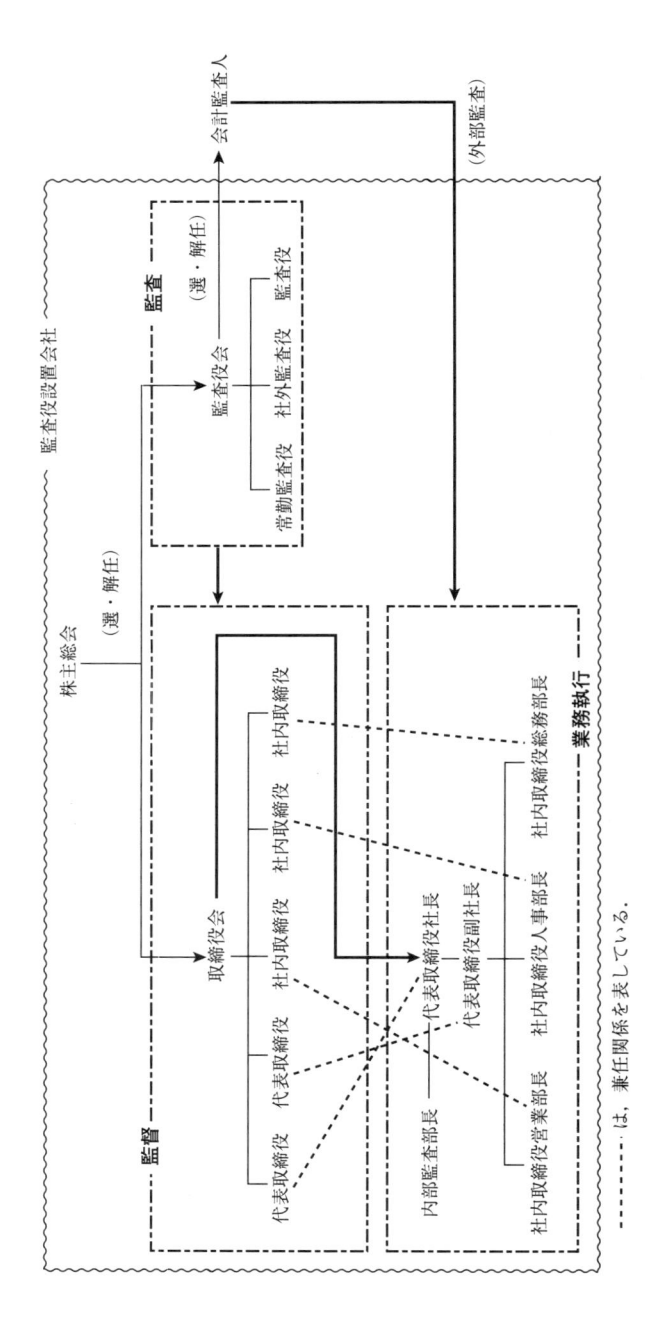

図1 監査役設置会社の統治構造モデル

ることが最も重要である。したがって，取締役会は経営の基本方針等の基本的経営事項についてのみ決定を行い，執行役にその他の業務執行を委任したうえで，取締役及び執行役の職務の遂行を監督する。こうした委員会等設置会社の構造は，従来の取締役会と監査役会という構造よりも，少なくとも，コーポレート・ガバナンスという点からはすぐれた制度であると考えられる。

　今後は，「試案」の「注」において提案された，次のような委員会等設置会社強化策を実施することの是非が検討されるべきであろう。すなわち，まずは，取締役と執行役の兼任を禁止し，業務執行と監督との分離を徹底することである。そして，社外取締役について「独立性要件」を定めたうえで，監査委員会の構成メンバー（以下，監査委員という）はすべて社外取締役とすることである。さらには，監査委員のうち，少なくとも1名は常勤とすることである。このような常勤監査委員が，内部監査の責任者となり，外部の会計監査人と連携するような仕組みができあがれば，監査の実効性も大きく向上するのではないだろうか。

　図2は，以上の考え方をまとめた，委員会等設置会社の統治構造に対する改善試案である。現行の商法・商法特例法の規定との相違点を中心にして，当該改善案のポイントを明らかにすることによって，本稿を終えることとしたい。

　まず，委員会等設置会社の会社構造を「監督」を担う部分と「業務執行」を担う部分とに明確に分離することが重要である。そのためには，取締役と執行役の職部分担をはっきりと区別したうえで，両者の兼任を一切禁じる必要がある。そして，取締役（取締役会）の監督機能を実効あるものとするためには，①取締役，特に社外取締役の業務執行者からの独立性を確保すること，②監査委員会による監査機能を充実強化させることが必要である。①に関しては，監査委員会，指名委員会及び報酬委員会が十全な機能を果たすことができるような制度設計が求められる。たとえば，監査委員会については，すべての委員を社外取締役とすることや，指名委員会及び報酬委員会においても，社外取締役の発言力が確保されるような委員構成とすること，社外取締役の「独立性要件」を厳格化することなどが必要となるであろう。②に関しては，会計監査人

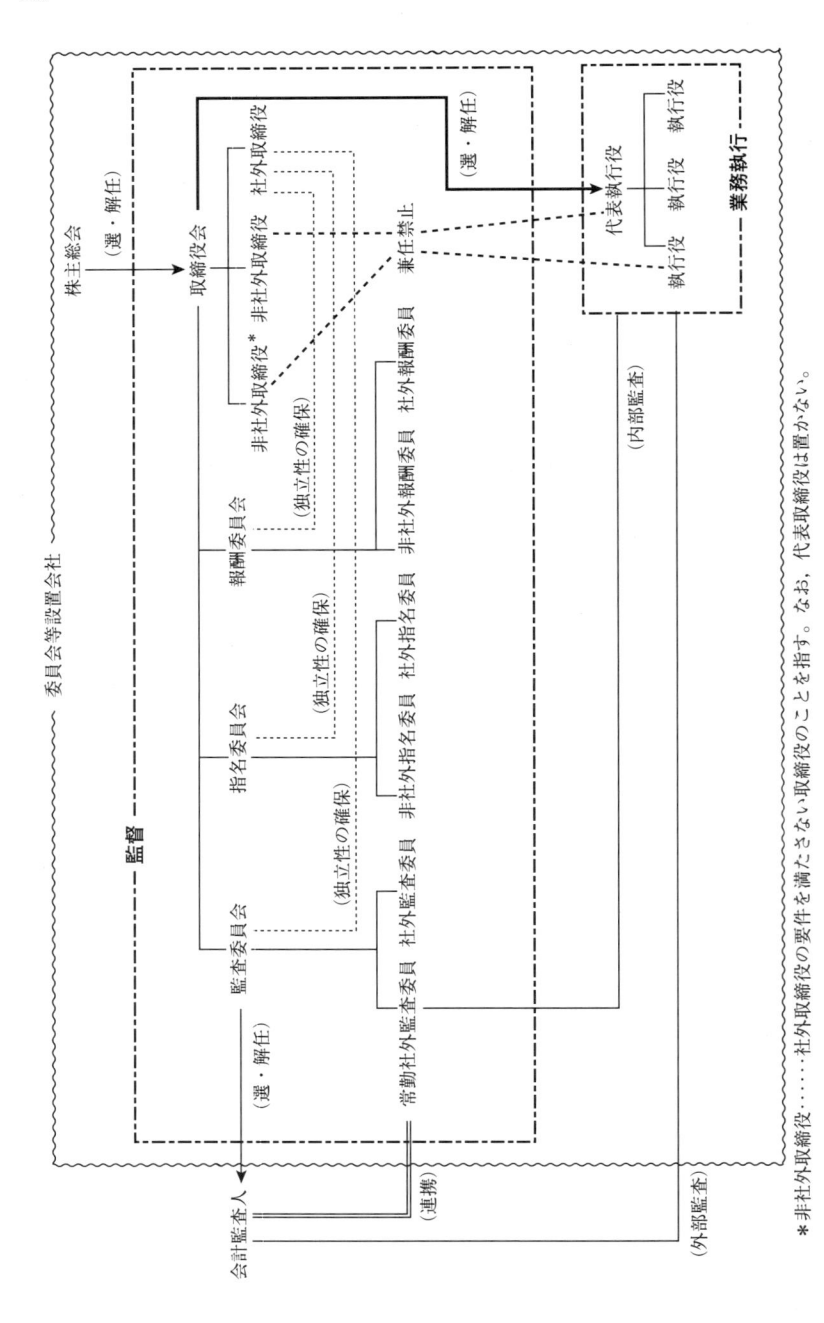

図 2 　委員会等設置会社の統治構造案

*非社外取締役……社外取締役の要件を満たさない取締役のことを指す。なお、代表取締役は置かない。

による「外部監査」を業務執行者に対する「監督」という枠組みの中に位置づけること，及び監査委員会に常勤の社外取締役（常勤社外監査委員）を必置させることとし，当該社外監査委員を内部監査の責任者とすること等が必要となるであろう。つまり，外部監査と内部監査を監査委員会のもとに，しかも業務執行者に対する「監督」という枠組みの中で位置づけ，両者の連携をはからせるのである。

注
1) 企業支配権とは，広義には，企業経営者が行う重要な政策決定を評価し，認否する法的な権利を指し，狭義には，経営者の任免権を指す。法的には，企業の所有者（株式会社企業の場合には株主，公営企業の場合には政府あるいは地方自治体）に帰属する（神戸大学［1999］，151頁）。
2) 企業行動憲章実行の手引きは，1997年11月7日にも改訂が行われた。したがって，「2002年実行の手引き」は，第3版である。なお，企業行動憲章及び実行の手引きは，現行のものだけではなく，改訂される前のものも含めて，日本経団連のホームページ（http : //www.keidanren.or.jp）からダウンロードすることができる。
3) 日本経団連の定款13条は，除名について次のように定めている。
　　　第13条　会員が次の各号の一に該当するときは，総会において会員総数の3分の2以上の議決を得て，これを除名することができる。
　　　　　⑴　本会の定款その他の規則に違反したとき。
　　　　　⑵　本会の名誉をき損する行為をしたとき。
　　　　2　前項の規定により会員を除名する場合は，当該会員にあらかじめ通知するとともに，除名の議決を行う総会において，当該会員に弁明の機会が与えられなければならない。
4) 監査役会との連携強化の問題については，監査役会ではなく，監査委員会との連携強化の問題になってしまうが，2003年4月15日に，日本公認会計士協会から，公開草案「会計監査人と監査委員会又は内部監査人との連携に関するガイドライン」が公表された。関与社員の交替の問題については，日本公認会計士協会の倫理規則（2002年7月6日改正）によって，監査業務の主要な担当者が7年間を超えて継続して同一の関与先の監査業務に従事することが独立性の保持に疑いをもたれる関係や外観にあたるとされ（倫理規則の独立性（第14条）の解説），継続して監査責任者となる最長の期間は7年とされるようになった（日本公認会計士協会監査基準委員会報告第12号「監査の品質管理」，付録一・6項）。なお，監査人の外観的独立性の問題に関しては，弥永［2002］を参照されたい。他の会計士による監査の事後的審査の問題について

は，1999年度から，日本公認会計士協会によって品質管理レビューが実施されるようになった。この品質管理レビューとは，証券取引法に基づく公開会社の監査を実施している監査事務所が行う監査の品質管理状況を，少なくとも3年に1度，日本公認会計士協会の品質管理委員会がレビューする制度である。なお，2002年度からは，個人の監査事務所を含むすべての監査事務所について，「監査事務所としての品質管理」と「個々の監査業務の品質管理」の両方をレビュー対象とするいわゆるフル・レビューが実施されている（日本公認会計士協会［2003］，99頁）。

5) こうした考え方を受けて，現在，法制審議会によって，会計監査人の会社に対する責任を株主代表訴訟の対象とすることが提案・検討されている（「会社法制の現代化に関する要綱試案」，第4部・第4・11・(5)・①；法務省民事局参事官室は，2003年10月29日に同要綱試案を公表し，同年12月24日まで，意見聴取を行った）。なお，同要綱試案は，会計監査人の会社に対する責任について，次のような，いわゆる一部免除制度を導入する方向でも検討を行うとしている（第4部・第4・11・(5)・②）。すなわち，同要綱試案は，

・会社は，定款の定めに基づき，会計監査人との間において，会計監査人の会社に対する責任について，当該会計監査人が職務を行うにつき善意かつ無重過失であったときは，会計監査人が会社から受ける報酬等の［2～6］年分の額［又は定款で定めた範囲内であらかじめ定める額とのいずれか高い額］を限度として責任を負うべき旨を約することができるものとすることは，どうか，

・会計監査人が負うべき責任の限度額を法定する方法によるものとするかどうか，取締役等と同様の株主総会の特別決議による事後的な免責等の他の方法を認めるべき必要性があるかどうかについては，なお検討する，

としている。

6) 社外監査役という表現はよく使われるが，社内監査役という表現はあまり使われない。その理由の1つは，社外監査役の制度が商法に導入されるまでは，ほとんどすべての監査役が被監査会社の従業員出身であるという意味での社内監査役であり，ことさら「社内」という文言を冠する必要がなかったからである。ここでは，監査役のうち，商法上の社外監査役に該当しないものを社内監査役とよぶことにする。

7) 取締役のうち，商法上の社外取締役——会社ノ業務ヲ執行セザル取締役ニシテ過去ニ其ノ会社又ハ子会社ノ業務ヲ執行スル取締役，執行役又ハ支配人其ノ他ノ使用人トナリタルコトナク且現ニ子会社ノ業務ヲ執行スル取締役若ハ執行役又ハ其ノ会社若ハ子会社ノ支配人其ノ他ノ使用人ニ在ラザルモノ（第188条第2項第7号の2）——に該当しないものをいう。

8) 東証は，2003年3月期の決算発表資料（決算短信）から，コーポレート・ガバナンス関連情報の記載を全上場会社の必須の記載事項とした。

9) 自由民主党の太田誠一衆議院議員他4名によって提出され，成立した「商法及び株式

会社の監査等に関する商法の特例に関する法律の一部を改正する法律」のことを指す。同法案は，コーポレート・ガバナンスの実効性を確保するため，監査役の機能の強化，取締役等の責任の軽減に関する要件の緩和及び株主代表訴訟制度の合理化を行うことを目的として，第151回国会に提出され，2001年12月5日に参議院で可決，成立し，同年12月12日に公布された（法律番号149）。
10) 注9）で取りあげた法案を指す。
11) 2004年2月18，日本公認会計士協会の奥山章雄会長は，日本道路公団など道路4公団の会計関連業務を中央青山監査法人が26,000円という低価格で落札したことについて記者会見を行い，「業務内容に対してあまりにも低い価格ならば，職業倫理上問題があり，処分を検討する」と述べている（http://www.nikkei.co.jp/news/keizai/20040219AT1C180031802004.html；2004年3月1日ダウンロード）。

参考文献

神戸大学大学院経営学研究室編［1999］，『経営学大辞典第2版』，中央経済社。
日本監査研究学会「外部監査とコーポレート・ガバナンス」特別委員会［2003］，『外部監査とコーポレート・ガバナンス――第2年度最終報告――』，日本監査研究学会。
日本公認会計士協会［2003］，「平成14年度・品質管理レビュー実施結果の概要」，『JICPAジャーナル』，15巻9号，9月，99～101頁。
山浦久司［2003］，『会計監査論《第3版》』，中央経済社。
弥永真生［2002］，『監査人の外観的独立性』，商事法務。
企業行動憲章規定強化／大手町博士のゼミナール／読売＠マネー（http://www.yomiuri.co.jp/atmoney/dr/20021105 md 01.htm；2003年11月25日ダウンロード）。

執筆者紹介 (掲載順)

編者・池本正純（いけもと・まさずみ）1946年生まれ。
[現職] 専修大学経営学部教授。[専門] 経済理論，企業の経済学。
『企業者とはなにか』（有斐閣，1984年）。「構造変化が求める商人的企業者像」（『エコノミスト』毎日新聞社，1984年9月）。「市場メカニズムと取引コスト」（『専修大学社会科学年報』第20号，1986年）。

丹沢安治（たんざわ・やすはる）1951年生まれ。
[現職] 中央大学総合政策学部教授。[専門] 組織の経済学と企業戦略。
『財産権・所有権の経済分析―プロパティー・ライツへの新制度派的アプローチ―』（翻訳，ヨーラム・バーゼル著，白桃書房，2003年）。『新制度派経済学による組織研究の基礎―制度の発生とコントロールへのアプローチ―』（白桃書房，2003年）。『ネットワーク社会とニュービジネス』（編著，アグネ承風社，1998年）。

伊東洋三（いとう・ようぞう）1943年生まれ。
[現職] 専修大学ネットワーク情報学部教授。[専門] ミクロ経済学。
「Symmetric Game における Bargaining Set」（『専修経営学論集』第12号，1972年）。「分割関数形ゲームの交渉集合，カーネル，仁」（『専修経営学論集』第15号，1974年）。「公共財経済における比率均衡とコア」（『専修経営学論集』第35号，1983年）。

坂口幸雄（さかぐち・ゆきお）1969年生まれ。
[現職] 専修大学経営学部助教授。[専門] 財務管理論。
「企業再建時の株式発行に関する考察―第三者割当増資の選別機能―」（『会計学研究』第27号，専修大学会計研究所，2001年3月）。「財務危機における第三者割当増資の効果―発行価格の割引率の決定要因の検証を通じて―」（『専修経営研究年報』第26号，専修大学経営研究所，2002年3月）。

岡田和秀（おかだ・かづひで）1938年生まれ。
[現職] 専修大学経営学部教授。[専門] 経営学；マネジメントの国際移転。
"Introduction of F. W. Taylor's Scientific Management into Japan ― Centering on the Role and Function of Organization," *U.S. Japan Comparison in National Formation & Transformation of Technology ― Centering Around Mass Production*，㈶日本科学技術財団，1992年。『人間・組織・管理』（共著，文眞堂，1992年）。「マネジメントのグローバルな移転―マネジメント・学説・背景―」（『現代経営と経営学史の挑戦』文眞堂，2003年）。

小西範幸（こにし・のりゆき）1961年生まれ。

　[現職] 岡山大学経済学部助教授。[専門] 会計学。

　『キャッシュフロー会計の枠組み―包括的業績報告システムの構築―』（岡山大学経済学研究叢書第31冊，2004年）。「キャッシュ・フロー計算書分析の視点と課題―比率分析を中心として―」（『産業経理』vol. 60, No. 1, 2000年）。"A Comparative Analysis of the Disclosure of Cash Flow Information in Japan and U.S.," *Third International Cash Flow Accounting Conference* (1995).

山﨑秀彦（やまざき・ひでひこ）1956年生まれ。

　[現職] 専修大学経営学部教授。[専門] 会計監査論。

「監査における未確定事項の取扱い」（『會計』164巻2号，2003年）。「不確実性を伴う事項の開示と監査」（『現代監査』13号，2003年）。「被監査会社が継続企業として存続する能力に関する監査人の評価」（『會計』160巻5号，2001年）。

専修大学社会科学研究所　社会科学研究叢書6
現代企業組織のダイナミズム

2004年4月9日　第1版第1刷

編　者	池本　正純
発行者	原田　敏行
発行所	専修大学出版局
	〒101-0051　東京都千代田区神田神保町3-8-3
	㈱専大センチュリー内
	電話　03-3263-4230(代)
印　刷	電算印刷株式会社
製　本	

Ⓒ Masazumi Ikemoto et al.　2004　Printed in Japan
ISBN 4-88125-150-3

Ⓡ〈日本複写権センター委託出版物〉
本書の全部または一部を無断で複写複製（コピー）することは、著作権法上での例外を除き、禁じられています。本書からの複写を希望される場合は、日本複写権センター（03-3401-2382）にご連絡ください。

◎専修大学出版局の本◎

専修大学社会科学研究所　社会科学研究叢書

① グローバリゼーションと日本
　　専修大学社会科学研究所 編　　　　　　A 5 判　本体 3500 円

② 食料消費のコウホート分析──年齢・世代・時代──
　　森　宏 編　　　　　　　　　　　　　　A 5 判　本体 4800 円

③ 情報革新と産業ニューウェーブ
　　溝田誠吾 編著　　　　　　　　　　　　A 5 判　本体 4800 円

④ 環境法の諸相──有害産業廃棄物問題を手がかりに──
　　矢澤昇治 編　　　　　　　　　　　　　A 5 判　本体 4400 円

⑤ 複雑系社会理論の新地平
　　吉田雅明 編　　　　　　　　　　　　　A 5 判　本体 4400 円

⑥ 現代企業組織のダイナミズム
　　池本正純 編　　　　　　　　　　　　　A 5 判　本体 3800 円

天然ガス産業の挑戦──伸びゆく各国の動向とその展望──
　　小島　直他　　　　　　　　　　　　　A 5 判　本体 2800 円

日本のビール産業──発展と産業組織論──
　　水川　侑　　　　　　　　　　　　　　A 5 判　本体 2400 円

日本の経済発展における政府の役割
　──産業政策の展開過程の分析──
　　雷　新軍　　　　　　　　　　　　　　A 5 判　本体 5600 円

台湾の経済発展と政府の役割
　──いわゆる「アジア NIES 論」を超えて──
　　陳　振雄　　　　　　　　　　　　　　A 5 判　本体 4500 円